本研究为

山东省社会科学规划研究项目文丛·一般项目

全国高校外语教学科研项目

研究成果

地方高校大学外语教师专业自主发展探究

刘乃美　庄冬文　著

厦门大学出版社　国家一级出版社
全国百佳图书出版单位

图书在版编目(CIP)数据

地方高校大学外语教师专业自主发展探究/刘乃美,庄冬文著.—厦门:厦门大学出版社,2019.9
ISBN 978-7-5615-7545-1

Ⅰ.①地⋯　Ⅱ.①刘⋯②庄⋯　Ⅲ.①地方高校—外语教学—师资培养—研究—中国　Ⅳ.①H09②G451.2

中国版本图书馆 CIP 数据核字(2019)第 176421 号

出 版 人	郑文礼
责任编辑	高奕欢
封面设计	李嘉彬
技术编辑	朱　楷

出版发行　厦门大学出版社

社　　　址	厦门市软件园二期望海路 39 号
邮政编码	361008
总　　　机	0592-2181111　0592-2181406(传真)
营销中心	0592-2184458　0592-2181365
网　　　址	http://www.xmupress.com
邮　　　箱	xmup@xmupress.com
印　　　刷	厦门市金凯龙印刷有限公司

开本	720 mm×1 000 mm　1/16
印张	15.5
插页	2
字数	282 千字
版次	2019 年 9 月第 1 版
印次	2019 年 9 月第 1 次印刷
定价	56.00 元

本书如有印装质量问题请直接寄承印厂调换

厦门大学出版社
微信二维码

厦门大学出版社
微博二维码

前　言

　　教育是社会进步的基石,是振兴民族、提高全民素质的根本途径。教育大计,教师为本。教师承担着为国家培养合格建设者和接班人的责任和使命。教师的专业素质是影响教学质量的关键因素。2018 年 1 月,中共中央、国务院下发的《关于全面深化新时代教师队伍建设改革的意见》指出:高校教师不仅要具有深厚的专业理论素养,还应熟悉复杂多变的教育实践,具备运用理论素养解决实践问题的能力;在教学方法上要深入浅出,做到有理有据;学校要积极为教师搭建发展平台,加强院系教研室等学习共同体建设,开展教学研究与指导;建立完善的传帮带机制,推进教学改革与创新。到 2035 年,培养造就大批的骨干教师、卓越教师和教育家型教师。因此,如何建设一支符合时代要求的高素质、高水平的教师队伍成为教育领域研究的重要课题。

　　在我国的高等教育机构中,地方高校的比例超过 90%,成为我国高等教育的主体组成部分。但地方高校的发展,特别是在经费投入、师资队伍建设、政策扶持等方面还存在着很多问题,这就要求地方高校必须通过寻求高等教育改革新的突破点,来提升办学质量和教学水平,而基于教师专业发展的师资队伍建设和改革,无疑是地方高校提升教育教学质量、增加竞争力的重要突破点。因此,如何促进地方高校教师的专业发展,既是教师自身的需要,也是提高教师队伍整体素质、实现可持续发展的必由之路。笔者经历了我国大学英语教育教学自改革开放以来的每一次变革,研究成果是笔者从事地方高校外语教学工作多年的经验感悟和研究总结,展现了大学英语教师在专业自主发展中的探索历程。

　　全书共分七章,各章主要内容如下:

　　第一章为研究背景,概述了教师专业发展研究的迫切性和必要性,探讨了外语教师专业发展中存在的现实问题和教师诉求,提出了本研究的思路和目的。第二章为文献综述,厘清了与教师专业自主发展相关的概念,分析了国内外高校教师专业发展和研究的历程和现状,探讨了大学英语教师专业发展研究中存在的问题,论述了支撑教师专业自主发展的相关理论。第三章分析了大学英语课程与通识课程的有关问题,梳理了地方高校大学英语课程建设和发展的历程,介绍了在临沂大学"四三三六"课程模式建构中促进教师专业发展的举措。第四章在有效教学理念下,探讨了教师课堂交际的有效性问题。就外语教师课堂中的交际手段——语言交际(包括教师语码转换)和非语言交际(包括多模态 PPT 使用的有效性)等问题进行了综述性和实证性研究。第五章分析了教师学习共同体的相关概念和理论支撑,提出了地方高校外语教师专业发展的 LPP 模式;详细论证了临沂大学大学英语教师学习共同体自主建构过程,并针对如何实现教师学习共同体中隐性知识显性化进行了探索。第六章论述了行动研究的内涵、特征和模型,针对教师学习共同体指导下的"课堂关键问题"行动研究进行了探讨,提供了共同体成员开展行动研究的具体案例,包括黄家峰老师对艺体生课堂沉默的研究、廉玲玲老师对多媒体课件艺术性的研究、苗纪美老师对课堂提问有效性的研究和葛娜娜老师在大班课堂互动方面的研究。第七章是对全书的总结。

教育是一种"传道、授业、解惑"的师者情怀,也是一场完善治学态度、追求自我发展、实现学术进步的自我修行。唯有不断反思、不断完善、不断修正,才能超越自我,达到心中的教育理想。路虽远,行则将至;事虽难,做则必成。教育的理想并不遥远,只要怀着一颗坚定的心,心无旁骛地追求,终将抵达理想的彼岸,地方高校教师专业发展也将会出现日新月异的变化。

本书有的章节已经以学术论文的形式发表,感谢《外语教学》《外语界》等期刊编辑部的提携。鉴于作者的水平和经历有限,书中的错误在所难免,恳请读者和同行批评指正。

著 者
2019 年 3 月

目　录

第一章 研究背景

21 世纪是中华民族实施伟大复兴的世纪,而社会的发展和进步离不开教育。教师担负着培养社会发展所需的高素质人才的责任。有好的教师,才有好的教育。教师的素质、水平和能力是影响教学质量的关键因素。随着"一带一路"和筹建"亚投行"等倡议与政策的实施,要实现《国家中长期教育改革和发展规划纲要(2010—2020 年)》(以下简称《纲要》)提出的培养大批具有国际视野、通晓国际规则、能够参与国际事务和国际竞争的国际化人才目标,就必须加强教师队伍的建设。开展教师教育和教师发展研究,是提升教师专业素质、提高中国国际竞争力、实现中华民族伟大复兴的必要前提,也是关系到国家、民族兴旺发达的重要举措。

1.1 社会变革的要求

21 世纪是一个知识化和学习化的新时代,学知(learning to know)、学做(learning to do)、学会共同生活(learning to live together)和学会发展(learning to be)是教育的四大支柱。教师的地位因此空前凸显,无论怎样强调教学质量或者教师质量的重要性都不过分(联合国教科文组织总部中文科译,1996,p.139)。

经过 100 多年的历史演变,教师教育经历了从最初的随意化、经验化到专业化的发展过程。20 世纪 50 年代,世界各国政府逐渐意识到一个不容置疑的真理:国际竞争就是人才竞争,而人才竞争的关键就是教育和培养高素质的教师。教师教育的意义和作用与国家和人类的未来紧密相连。60 年代中期,许多国家对教师素质的关注达到了前所未有的高度。高质量、高素质的教师要有知识,有道德,有事业追求,既是高起点的人,也是不断进取和终身学习的专业人才。

终身教育的理念出现于20世纪50年代末,形成于60年代初。这种教育理念逐渐影响到世界各国的教育思潮。曾任联合国教科文组织教育研究所所长的保罗·朗格朗(Paul Lengrand)是终身教育的倡导者。他指出,近百年来,社会把人的生活分为前半生受教育、后半生工作是没有科学根据的。教育应是人一生中不断持续学习的过程,是在人需要的时候以最好的方式,提供给他/她相应的教育(转引自王长纯,2009,p.3)。社会化学习理论认为,人所处的环境和面对的问题是不断变化的,知识也是不断更新和发展的,因此,学习不只是人生某个阶段的活动,而应是在人生的任何一阶段都要坚持的行为,这应贯串于人生的整个历程,这就是学习的终身性。在人类知识以惊人的速度增长的今天,终身学习既是一种趋势,也是一种生活方式,既是学习化社会的基石,也是一种现代文明的生活方式,如今它已悄然步入人们的生活。信息科技的高速发展和网络资源的极大丰富,也使终身教育成为一种可能和必然。在终身教育理念下,教师的继续教育在世界各国迅速发展起来,成为新世纪教育改革与发展的趋势,也成为教育领域研究的焦点和热点。

自改革开放以来,我国政府十分重视教师教育,出台了一系列关于教师教育的政策和措施,推动了教育事业的蓬勃发展。1994年,我国开始实施《教师法》。1996年,国家教委颁布了《关于师范教育改革和发展的若干意见》,提出要健全和完善师范教育体系,为师范教育改革指明了方向。1999年,中共中央、国务院颁布了《关于深化教育改革全面推进素质教育的决定》,提出加强和改革师范教育,大力提高师资培养质量,使我国的教师教育体系进入快速发展阶段。2001年4月1日,国家开始全面实施教师资格认定。同年,教育部制定了一系列教师专业培训标准和要求,如"跨世纪园丁工程"等。随后,许多国家教育发展的纲领性文件也相继出台,如《教育部关于"十五"期间教师教育改革与发展的意见》(2002年)、《2003—2007年教育振兴行动计划》(2004年)及《国家教育事业发展"十一五"规划纲要》(2007年)等都不断强调变革教师教育体系的重要性。2007年,党的十七大明确提出了"优先发展教育,建设人力资源强国"的战略部署。同年,教育部也启动了高等学校本科教学"质量工程"。与此同时,地方各级教育行政部门和学校也制定了相应的教师培训标准和方案,大力支持教师专业发展。2012年,教育部、国家发展改革委、财政部《关于深化教师教育改革的意见》从构建开放的教师教育体系、创新教育模式、完善教师培养制度、深化课程改革、加强教师队伍建设等8个方面提出了意见和建议。教师质量问题再次成为社会关注的热点。《纲要》(2010—2020 年)也提出要优化队伍结构,提高教师专业水平和教学能力,要严格教师资质,提升教师素质,努力造就一支师德高尚、业务精湛、结构合理、充满活力的高素质专业化教师队伍。2018 年 1 月,中共中央、国务院发布了《关于全面深化新时代教师队伍建设改革的意见》,提出要建设一支高素质专业化创新型的教师队伍。同年 3 月,又颁发了《教育部教师工作司 2018 年工作要点》,将教师队伍建设和教师发展提高到前所未有的高度。

同时,随着信息时代的高速发展,高新科技进入了高等教育领域。信息技术的高度发达,一方面为学生提供了便捷的学习条件和广阔的自主发展空间。他们使用手机等移动设备,随时随地获取信息,学习过程中遇到的大部分问题也能够通过网络资源很方便地得到解决,并能个性化地开展自主学习。另一方面,信息技术为教师职业发展提供了广阔空间,对教师的专业知识和数字化使用技能提出了新的要求,给传统的教学模式带来了巨大的冲击,给教师以极大的挑战。随着新的教育教学理论的不断涌现,大学教师的角色和功能发生了变化,如何面对前所未有的机遇和挑战、如何开展教师教育、如何提升自身素质等问题成为高等教育改革和发展的重要课题。

我国是外语教育大国,外语教师的专业素养直接影响到外语教育质量与成效以及学生外语水平的高低。大学英语教师是高校外语教育的主体,教师队伍的水平与我国英语人才的培养和高等院校自身的发展具有密切关系。2004 年,教育部在全国 180 所高校实施了大学英语教学改革,要求教师注重培养学生的英语综合能力,加强学生的自主学习能力,并把课堂教学逐步转向以学生为中心的模式。这些要求冲击着大学英语教师传统的教学行为,促使他们思考如何开展教学改革,提升教学质量。2007 年,教育部颁布了《大学英语课程教学要求》,指出教师素质是提高教学质量的关键,也是大学英语课程建设和发展的关键,要求学校加强教师队伍的建设,鼓励教师开展课堂教学改革,因地制宜地开展各种形式的教师学习和教研活动,促进教师在教学和科研中进行有效的合作,不断地提高学术水平。

2017 年,教育部颁布了《大学英语教学指南》(以下简称《指南》),增加了关于教师发展的内容,指出:高等院校应为教师发展提供支持和政策保障;要加强教师职业生涯的规划与指导,提高教师的教学技能,为教师专业和教学发展提供条件;要重视大学英语教师队伍建设,优化教师队伍的年龄、性别、职称和学历结构,提升大学英语教师的实力和竞争力。《指南》还提出了大学英语教师"三个主动适应"的要求,即主动适应高等教育发展的新形势、大学英语课程体系的新要求以及信息化环境下大学英语教学发展的要求。要求英语教师除掌握专业理论和知识外,还应具备课程建设意识,具有选择教学内容的能力、调整教学方法和手段的能力,以及以学生为主体的教学改革意识和熟练运用现代教育技术的能力等。《指南》要求英语教师转变教育教学理念,增强学术研究能力,树立终身学习的信念。把提升专业水平和综合素养、研究教学方法、提高教学绩效作为教师发展的主要内容,把主动参与学术研究和教学改革、不断学习作为教师发展的主要途径,在同事的帮助下实现团队的发展和个人的自我价值(王守仁,2016)。

社会变革为大学英语教师带来各种机遇和挑战,如何适应瞬息万变的社会发展是每一位教师不得不思考的问题。一方面,只有更新教学理念,改变传统的教学方法,不断地丰富专业知识,熟练掌握和运用现代科学技术,才能跟上时代的步伐。另一方面,社会变革也带给教师自身发展新的机遇,促使教师通过各种渠道参与学习,不断提升自身水平。信息技术手段的迅猛发展,为教师打破传统的发展模式提供了优越的条件。教师能够通过网络参与各种学习活动,听取专家学者的课程讲解,聆听世界级大师讲授的课程,从而提升个人的教学和科研能力。因此,信息技术改变了教师"各自为战"的状态,促使教师与来自世界各地的同行、专家开展合作与交流、共享知识和经验,形成一种以教师为中心的、自主发展的学习共同体新模式。

面对新的挑战和竞争,面对构建学习化社会的需求,大学英语教师发展的内容有了新的变化,在传统的专业知识、教学技能和教育精神等方面有了新时期内涵意义上的拓展。教师在终身教育理念指导下,需要紧跟时代步伐,充分利用先进技术的优势,主动学习,把握本领域最前沿的信息;在学习和实践中提炼自己的教学理念,重新定位自己;不断追求内在素质的提高,实现专业能力的提升,投身到教学改革的大潮中。只有这样,才能胜任未来教育的需要。

1.2　研究范式变革的趋势

研究范式是托马斯·库恩(Thomas S. Kuhn)在《科学革命的结构》一书中提出的。他认为,范式(paradigm)是指一个科学共同体成员共同拥有的东西,是由共有的信念、价值、技术等构成的一个整体。具体来说,是共同体成员所共同遵守的游戏规则,它包括共同的信念、建构基础、研究技术等要素(康德，1990，p.22）。对于一个学科的发展来说，范式规定着该学科或领域研究群体的共同理论、规则、方法、基本观点与研究方向（库恩，1980，p.8）。据此，教师专业发展领域的研究范式是指研究者在某一时期所共有的教师发展的信念、研究方法、研究内容和研究取向。研究者在进入某一研究领域之前都要掌握其共同的话语表达方式和规则，熟悉研究内容和方法，然后才可能进入该领域，掌握一定的话语权。因此，教师发展的研究范式是研究者进入教师发展研究"场域"的"入场券"（张晓冬，2009）。

教师发展研究主要经历了六种范式的转换，即知识范式、能力范式、情感反思教育范式、建构论范式、批判论范式及反思论范式。知识范式是指在教师教育领域中，人们重视文化知识的传授，认为教师要具备一定的专业知识，教师的专业化就是知识化。20世纪60年代，知识范式转向了能力范式，这个时期的人们逐渐认识到教师既要有一般的知识，还要有综合能力，如能够表达和传递知识、教会学生的能力，以及与学生沟通、共同处理课堂事物的能力。随着研究的深入，研究者发现教师单单拥有知识和能力还是不够。当教师拥有的知识达到一定程度时，影响其教学水平和质量的是情感因素，如教师对学生要有爱心，要关注学生的情感发展。因此，教师是否具有情感人格方面的能力成为教师教育的重要内容，这就促成了教师教育研究中的情感反思教育范式的产生。建构论范式的产生受到皮亚杰（Piaget）等对人的认识机制的研究以及建构主义哲学思潮的影响。人们逐渐意识到知识是动态变化的，是学习者和教学者共同建构的，教师要不断丰富自身的知识体系，才能不断成长。批判论范式则强调教师既要关心书本知识，还要关心学科以外的事情，如社会、经济和文化的合理性等方面。要对社会保持一种关心和审视的眼光，并主动进入社会生活，同时保持一定的独立立场，培养独立思考的能力。反思论范式提倡教师要具有反思思维，不断反思自己的教育理念和行为，不断自我调整和自我建构，这样才能获得专业的持续成长。目前，该范式逐渐得到人们的重视，为教师教育领域所接受。总的来说，教师研究范式经历了理性主义—工具主义—人本主义的价值转变过程。

教师发展研究范式具有国际性和区域性的双重特点，前者是针对研究的主题内容而言，后者是针对研究的具体环境和研究者行为而言。具体来说，它是在一定区域内受到区域文化和制度影响的有地域特色的研究行为。我国的教师研究始终受到发达国家，特别是美国的影响。教师发展研究范式转变的每个阶段都有其特定的研究内容、方法和目标，经历了从理性思辨到技术取向、工具指向到人本倾向再到认识论倾向的研究范式转换过程（李太平，

2006)。研究目的从提高教师的专业地位转向提高教师的教学能力和促进教师的全人发展;研究范式经历了从依附发达国家的研究范式到积极探索具有中国化、区域化特色的教师发展范式的转变;研究主体的重心逐渐下移(张晓冬,2009)。在研究过程中,每种范式都具有不同的教师专业发展观和教师专业知识观,都有其不同的研究内容、方法、话语表达方式以及研究目标,都对教师教育研究产生了重大的影响。

我国的外语教师教育研究同样受到行为主义的影响,在很长一段时间内采取自然科学的研究方法,研究工作中也经常用统计学的方法对与教学相关的因素进行统计、比较和判断,再把研究结果转换成为外语教学的一种实证陈述。行为主义心理学家桑代克(Thorndike)认为,教育是一种人类工程,它通过测量人的本性和成就而获益,就如同机械工程和电子工程使用英尺、卡路里、伏特等获益一样(Pinar,2002,p.90)。在这种思维方式下,外语课堂教学可以被分割、测量和操控。教材的使用、习题的操练、教师的教学和考试都形成了一套所谓的科学的课程模式,基于心理测量的 TOEFL 等各类语言考试成为测量外语知识和能力的工具。尽管这些工具具有可靠的预见性,但课堂教学和练习变得越来越枯燥,缺乏对人的关注,学习变成了一个乏味、痛苦的过程。

1980 年,国外课程研究领域出现了后现代课程的教育观和哲学观,促使课程研究范式发生了转换。该课程观认为课程要围绕人的整体发展而非知识的积累来展开。从此,外语教育研究渐渐地从传统的行为主义模式中走出来,发展成为以诠释为内涵的社会科学研究方法。在外语教育领域内,关于教学研究的新课题和新方法不断涌现出来,核心就是外语教师发展研究(吴一安,周燕,2008;Freeman & Richards,1996)。作为一个新兴领域,外语教师研究从根本上改变了以往的研究方法和价值观,代表了一种新的社会科学研究范式,激励研究者从追求普遍宏大叙事为特征的抽象研究中走出来,走向实践,观察日常的生活现象,置身于现实世界中。通过现场访谈、观察、笔记等方式,对人们赋予意义的现象、行为进行理解和阐释,把握偶然的、多样化的教育内涵。新型的研究方法,如叙述研究、案例分析、话语分析、批评研究、现象学等质性研究方法,打开了社会科学走向开放和学科融合的新视野(吴宗杰,2008)。随着研究范式的转变,以往常规研究中一系列不被认为是研究对象的问题和内容被提出来,如教师身份、教师情感、教师的全人发展等。在研究方法上,外语教师研究也跳出了传统的由自然科学定义的实验控制研究,采用阐释性、质性与定性的研究。在评判标准上把教师发展作为研究者的最终价值取向,不再单纯地追求客观的科学知识(吴宗杰,2008)。

质的研究与传统的研究具有不同的理论范式,它是一种将观察者置身于被观察者世界中的研究活动,通过一系列阐释性、经验性的活动让被观察的世界变得清晰起来。因此,质的研究的本质是"在研究对象的现场背景下,试图对人们赋予意义的现象进行理解和阐释"(Denzin & Lincoln,2000,p.7)。质的研究在本体论、认识论、方法论和修辞学等方面有着明显的特征。从本体论上看,它是对经验实在的研究。从认识论上看,研究者与研究对象处于互动与平等的关系。从方法论上看,其研究过程是研究者采用某些技术手段收集大量的资料后,对资料进行归纳和整理,然后做出新的阐释。质性研究者采用一种人文关怀意识,在对话基础上共建意义。从修辞学上看,质性研究多使用描述性的叙事语言,即"深度描述"。

本研究以"范式"的视角审视教师发展研究,目的在于全面认识和反思我国外语教师发展的研究过程,并认识此过程中的优势和不足。本研究使用质性研究方法对作者多年来在教师发展中所亲历的问题进行相关探讨,这种方法能够使作者作为一个主动的研究者参与到外语教师发展的研究活动中来。

1.3　地方高校发展的需求

自 20 世纪 50 年代起,世界各国的高等教育逐渐从精英教育转入大众化教育阶段。我国高等教育的最明显变化就是招生人数的迅速增加,按照 2014 年《中国教育统计年鉴》数据统计,高中毕业升入高等教育机构的人数比例从 1998 年的 46.1% 增长到 2004 年的 82.5%,标志着我国高等教育进入大众化教育阶段。

在我国,地方高等院校是高等教育的主体,成为实施大众化教育的主力军,为地方经济和社会发展培养了大批的人才。在大众化的进程中,一方面,地方高校遇到了前所未有的发展契机,不论在数量还是规模上都有了空前的发展。《2015 年全国教育事业发展统计公报》显示,我国地方所属所管普通院校(2134 所)已经占到全国普通高校总数(2285 所)的 93.4%。这充分表明,地方普通高校已经成为高等教育的主要承担者,其发展水平在很大程度上决定着我国高等教育的发展水平。另一方面,高等院校的高速发展也带来了更多的挑战。与学生数量的快速增长相比,地方高校的师资力量、办学经费的增长速度却相对缓慢;在追求创建综合性高校的过程中,很多学校在没有充分考虑学校传统和自身特点的情况下,盲目增开了一批新专业,由于师资力量的问题,导致学校办学特色不足,同质化现象严重,学习竞争力受到挑战,如何处理这些矛盾成为地方高校发展中急需解决的问题。

举例来说,在扩招后的各级各类高校中,我国的英语教师在数量和质量上发生了翻天覆地的变化,教师的学历层次也有了很大提高,但是教师的数量和质量始终不能满足英语教育的需要。有相当数量的英语教师未接受教师教育和培训,特别是地方高校教师入职门槛低,大批的本科毕业生涌入高校英语教师队伍,教师在入职资格、教育背景、教学对象、学术环境、科研经历和自我提升等方面与重点高校的同类教师存在很大的差异。

以临沂大学为例,从 1999 年到 2017 年,在校生从 1 万人扩大到近 4 万人,外语教师从 56 人发展到 157 人。这些教师多数是综合院校或者师范院校的本科、硕士毕业生,经过短期的教育理论培训之后直接上岗。虽然他们的可塑性强,但由于没有将专业知识和教学理论与实际教学锻炼相结合就开始了繁重的教学工作,缺乏一定的教育学理论基础、教育方法及教学实践经验,导致他们在教学中面临许多困难,无法兼顾教学与自我发展。同时,他们外出进修的机会非常有限,主要靠个人在日常教学实践中摸索,导致其专业知识实践化和自我创新速度缓慢,甚至停滞不前。2008 年教育部对临沂大学本科教学水平进行评估时,有的教师面临由于没有直接的硕士学位、职称不够而不能承担教学任务的现实,不得不通过各种途径来提升学历。另外,高等教育的发展催生了大学内部的一系列改革,如教师聘任制、人事代理制等等。为了生存和发展,多数教师在市场法则和权力宰制的双重压力下珍惜来之不易的机会,努力奋斗着。由于各种条件的限制,他们只有通过参加学术会议和短期培训等形式来提升专业能力,但这已远远不能满足新形势对大学英语教师的要求,也很难满足教师在教学实践中对教学理论的需求。

不仅如此,教师还面临着科研压力和晋升职称难的困境。由于临沂大学发展起步晚,资源积累不够雄厚,学校知名度不高,在申请高级别课题和科研创新方面缺乏必要的条件和机会。而且学校将职称的晋升、岗位级别的评定以及绩效工资等与教师发表论文的质量、申请课题的级别以及出版专著或教材等"量化科研指标"密切相连,这对多数教师来说是一个很大的挑战。特别是青年教师,与资深教师相比,他们在科研水平、人脉资源、科研条件等方面都不占优势,在各级各类科研项目的申报中也处于弱势。在临沂大学,科研项目的数量和质量是教师评定职称时的必要条件,而职称的高低在某种程度上也决定了科研项目申报是否能成功。因此,多种因素导致青年教师很难完成学校规定的科研指标。现实中的各种困难,令一些教师安于现状,不思进取,产生了倦怠情绪。因此,无论是在提升教师的综合素质方面,还是在促进高校快速发展方面,地方高校都面临着巨大挑战。

高等教育大众化在促使在校学生人数增长的同时,也导致了地方高校生源基本素质的多样化,学生的基础、学习能力、学习习惯差异很大。由于教师、教室容量的限制,多数课程只能采取大班授课的方式,因此教师不仅在教学方法、教学手段等方面需要根据教学实际进行调整,还要不断更新学科知识,提高自身的教学能力和综合素质。教师的使命不再仅仅是"传道、授业、解惑",教师一方面要以学生为中心,培养学生的自主学习能力,另一方面还要不断发展和完善自己,以适应瞬息万变的时代要求,这也为高校带来许多新的问题。

虽然已经经过了几十年的改革开放和发展,但我国英语教育师资队伍力量仍然比较薄弱,在英语教师的培养和专业发展等方面还存在一系列的问题和挑战(程晓堂,孙晓慧,2010)。因此,如何提升高校英语教师的专业发展能力,以促进地方社会经济和地方高校的长久发展,是教师专业发展中面临的巨大挑战,也是学界研究的重要课题。

1.4 外语教师专业发展的现状、困境与诉求

1.4.1 教师专业发展的现状

21世纪以来,我国外语教育领域正在进行一场全面的课程改革,如何建立一支具有时代特征的高素质、高水平的外语教师队伍,是全面提升我国外语教学质量、培养国际化创新人才的关键。那么我国的大学英语教师专业发展现状究竟如何呢?我们在山东省4所地方院校的大学英语教师中就以下问题进行了调查,旨在了解目前地方高校外语教师队伍的素质现状、发展期望、心理困惑和诉求等。

1.地方高校外语教师的科研现状是怎样的?

2.地方高校外语教师对其专业发展的态度是什么?他们的专业规划和发展途径是怎样的?

3.影响高校外语教师专业发展的因素是什么？其专业发展有何需求？

(1)基本情况

根据上述问题,2015 年 7 月,我们在山东省 4 所地方高校的 280 名大学英语教师中开展了问卷调查。所调查的教师中,女性占 75.5%,是男性教师的 2 倍以上。绝大多数教师都获得了硕士学位,被调查的样本中,拥有博士学位的教师仅 70 名。助教和讲师职称的教师各占 45% 和 75.8%,副高职称的教师仅占 8.5%。调查发现,青年英语教师是高校师资队伍的主力军,他们不仅人数众多,承担的工作量也非常大。

(2)科研现状

所调查的教师每年发表论文的数量不够理想。近 5 年内,10% 的教师没有发表论文,大部分的教师发表的论文为 1～3 篇,但多数为省级,只有 10.9% 的教师发表了核心期刊论文。近 5 年内主编及参编专著的教师比例分别为 2.7% 和 3.5%,可见发表高质量的科研成果难度很大。教师主持及参加的科研项目主要集中在校级、市厅级占 20%,省部级的数量仅占 9.5%。影响教师做科研的主要因素是"教学负担过重"和"论文发表的概率低"(57.7%)。另外,"研究方法的欠缺"(41.1%)、"学科和跨学科知识的欠缺"(36.7%)和"科研意识薄弱"(28.5%)也都是重要的影响因素。

(3)专业发展的态度

多数教师都十分关注自己的专业发展,但不满意自己专业发展的现状。有 5.2% 的教师表示"非常不满意",而仅 3 人表示对自己的专业发展现状"非常满意"。针对教师专业发展是否意味着获得相关的证书、职称和职务这一问题,42.4% 的教师认为这些不能代表教师专业发展水平的高低,38.6% 的教师表示不确定。只有 20% 的教师表示认同。绝大部分教师认为在新的时期,专业发展要有新的内涵,发展的标志除了体现在证书的质量、职称的高低等方面,还应表现在教学方法是否有所改进、教学能力是否有所提高、教师对本质工作是否热爱以及教师是否具有强烈的责任感等方面。

(4)专业发展的措施

调查发现,随着大学英语教学的不断改革,教师在参加各类进修学习的时候也面临着一些问题。如参加的教学研修绝大多数(71.7%)是由各类出版社提供的教材培训会,其他途径的培训机会相对较少。近 5 年内,40.5% 的教师没有参加过国内学术会议,没有参加过国外进修或访学的教师达 80.9%,75.5% 的教师没有参加过国际学术会议,可见,教师参加国内外学术会议的机会还很欠缺。

教师专业规划及发展途径方面的现状更不容乐观,有的教师(25.7%)没有明确的发展计划,有大致专业规划的约27.4%,只有18.1%的教师有清晰的5年专业规划。教师最期望的专业发展途径首先是国外进修(72.2%),其次为攻读博士学位(75%)和多出科研成果(80.9%)。由此可见,地方高校多数教师的专业发展还处在提高学历和学位的阶段,专业发展规划不是十分理想。

(5)影响教师专业发展的因素

调查发现多种因素影响教师的专业发展。56%的教师认为工作量太大,没有时间寻求专业发展;60%的教师认为自身底子弱,缺乏带头人,不知道如何入手;55%的教师抱怨没有进修的机会,没有机会参加学术会议,特别是国际性会议;也有的教师(30%)抱怨所在院系缺乏科研活动,没有学术氛围。可见,影响外语教师专业发展的因素很多。

1.4.2 外语教师专业发展中的问题与诉求

通过分析,我们发现大学英语教师专业发展现状不容乐观。影响发展的因素既有主观的也有客观的。综合相关文献资料,归纳如下:

1.传统的外语教师培训模式总体效益不高

第一,我国的外语教师培训效率较低。虽然国家和各级政府对教师专业发展工作十分重视,对教师专业发展项目的投入越来越大,不同类型和形式的教师专业发展项目推陈出新,但是各种矛盾和误区也随之而来。教师专业发展培训的实效性较差,各类培训常以碎片化知识和信息的形式传达给教师(陈向明,张玉荣,2014),脱离了教师工作实际,难以发挥对教师教学的指导意义(赵萍,杨泽宇,2015)。再加上教师进修途径有限,缺少个性化的进修机会,如结合教学或科研的课程进修,到海外学习、感知当地文化等机会更是少之又少。多数教师能够参加的学习活动仅是由国内几大出版社组织的寒暑假短期而缺乏系统性的专业培训。各级各类政府部门或专业机构组织安排的系统的、能够实质性地提高教师专业素质的培训则是寥寥无几。虽然这些培训模式能够有效地促进教师专业能力的发展,但已不能满足新形势对教师的要求,也不能满足教师在教学实践中的需要。而且由于培训时间短暂和集中,培训效果对教师发展的作用十分有限;在我国目前培训资源紧缺的情况下,大规模的培训也不具可行性。

第二,大学英语教师专业技能培训内容与模式不适应教师发展需要。多数培训针对教学理念、教学方法等进行,还停留在提高语言能力和教学技能、技巧等层面上;对培训内容、培训时间长短、指标要求都有限制,很少关注课堂教学的有效性;培训目标与每个高校的实际教学情况有很大的差异,对教学实践的指导效果也不明显。有些培训模式虽然设计合理,但没有被有效使用;有的过于理论化,缺乏解决实际教学问题的训练,可操作性欠佳,教师接受培训后收获甚微。而且"这些培训过于关注理论水平的提高,并把申请项目和发表文章作为教师发展的重要考查目标,忽视了教师实际教学能力的提高"(束定芳,2012),对教师的全人发展也不够重视。

第三,繁重的教学任务妨碍了大学英语教师的培训活动。参加培训活动需要花费大量的时间和精力,且多数培训针对教师队伍中的精英层进行,普通大学外语教师很少有机会参与。即使有的教师参加了培训,也是迫于外界的压力,培训成为一种行政行为,在一定程度上压抑了教师的积极性和主动性,对教师专业持续发展的作用十分有限。

单志艳等在《中国教师发展报告 2012》中对我国目前的教师培训进行了总结,其主要问题有:(1)教师培训的目标定位还停留在经验和技术型的教师层次,与教师发展需求相差甚远。(2)教师培训模式陈旧,多为传统的讲座式和灌输式。教师被动地接受所学,较少主动体验参与,很难激发教师学习的主动性。(3)培训对教师自主发展重视不足。(4)培训的效益不高,雪中送炭式的培训不足,锦上添花式的培训较多。培训机会不足和马太效应同时存在。教师培训投入与产出不平衡,培训经费使用效率不高(2013,p.24)。总的来说,现行的培训模式在需求上缺乏针对性,组织形式上具有强制性,观念上表现为滞后性,效果上体现为低效性(鱼霞,毛亚庆,2004)。

2.大学外语教师长期处于职业发展的隔离状态

随着社会经济的发展,多数大学外语教师意识到教师职业能力持续发展的重要性,他们发展职业能力的积极性很高,但在教师申请国内进修、在职就读学位或脱产进修时会受到学校多种条件的限制,再加上有的教师在教学中缺乏合作意识,最终导致其专业发展长期处于隔离状态。如多数教师独自备课写教案,很少与同事讨论、交流对教材、教学方法、教学计划等的看法,缺乏与同事合作上课或互相听课的意识;不了解外语教育领域的最新发展动态,缺乏科研能力和科研训练;有的教师虽然参与了某些课题的研究,但大部分工作由主要负责人完成,其他教师只是做一些辅助性的工作。而且多数教师不属于任何专业团队,听不到不同的见解,更不用说教师之间的互相帮助、资源共享、共同进步了,这种现状对教师专业发展造成了很大的障碍。另外,由于大部分外语教师的工作量大,课时多,很难有机会脱岗进修培训;特别是占很大比例的女性青年教师,她们课时多、科研任务重,加上结婚生子、照顾家庭等繁杂家务事,耗费了许多精力,无暇顾及个人的专业发展,造成专业发展的懈怠和滞后。

3.忽视了青年教师队伍的发展

随着教育改革的不断推进,越来越多的 80 后年轻人加入大学英语教师的行列,挑起了教学、科研和管理的重任,成为高校教师队伍的核心力量。这个群体不拘泥于传统,他们思维活跃、视野开阔、个性张扬,在大学英语教学中展现出独特的见解和新颖的教学方法。他们虽然方法独特且深受学生喜欢,但无法取得预期的教学效果。在教学实践中,他们越来越强烈地意识到提升自身专业素养、提高课堂教学技能和科研水平的必要性和紧迫性,却苦于缺乏有责任感、教学经验丰富的带头人的引导。多数青年教师在不断犯错与纠错的过程中摸索着缓慢前进。这种任其沉浮、自然成熟的现状,导致很多青年教师陷于一种茫然孤独的状态,走了不少弯路。与此同时,高校对青年教师的发展缺乏关注。大学外语教师是一个特殊的群体,承担着较大的工作和学习压力,多数教师每周工作量超过 12 个学时,肩负着衡量教学质量标准的国家四、六级考试。但是许多高校并不了解大学英语教师发展的过程,往往简化或者有意忽略了青年教师自身的成长过程及规律性,更不了解他们何时、何地、何种场景下会遇到什么问题,需要何种类型、何种程度的帮助。有的高校即使采取了一些措施,也常常像"蜻蜓点水"一样,流于形式,脱离了青年教师的具体工作情境(林沛生,1993)。

4.缺乏科学性的评价体系

教师评价是教育评价的重要组成部分,但我国的教育评价体系欠科学。传统的教师评价多采用"奖优罚劣""末位淘汰"的奖惩性评价方式,对教师进行解聘、晋升、加薪、调动、降级,忽视了教师评价的激励和改进功能的发挥。如很多高校采取学生评价的手段来判定教师的教学质量与优劣,但研究发现教师的性别、个性特征、科研状况、对学生的宽严度、学生的认知水平等变量对教师评价结果会产生一定的影响,这些因素会导致教师评价结果偏离教学的真实情况。有的学者对这种评教方式的可信度、存在的价值持怀疑态度。国内许多高校对这种教师评价结果过分看重,甚至在教师的职称评聘、岗位考核中采取一票否决的做法,只看重学生评教结果,造成了很多不良后果。原因在于,这种鉴定性、选择性功能评价是一种终结性的、面向过去的评价(王帅,2015)。评价体系主要看重的是教师过去具备的素质、已承担的职责和已取得的成就。评价标准只是看教师是否达到了学校的要求、是否可以继续聘用等。

从某种程度上来说,这种评价方式可以促进改革,对建设优秀、稳定的教师队伍起到了积极的作用,但这种动力是自上而下的,只会引起少数人的共鸣和响应,无法调动全体教师的积极性,很难促进全体教师的教学质量的提高。

另外,现有的评价体系缺乏务实精神,如多数高校虽然定位是教学型的,但评价体系却偏向考查教师的科研能力。也忽视了青年教师的呼声,由于他们属于人才梯队的底层,参与学校决策的机会少,在教师评价中常常处于劣势。因此,地方高校要充分发挥教师评价的激励、改进和导向功能,明确教师评价的目的不只是为了奖惩,从而真正起到"以评促改""以评促建"的作用。

1.5　研究思路、目的和意义

长期以来,为了提高教师的综合素质,提升教学质量,各级教育行政部门和学校制定了一系列的促进教师专业发展的项目,开展了一系列的活动,但这些活动多是通过行政主导、指标考核等外部驱动的方式来促进教师专业发展的。教师被动地参与这项项目,很难产生主动性和积极性,且有的项目并不符合教师的实际需要。基于此,本研究把教师自主作为教师专业发展的一种内在动力,充分发挥教师的主体性和自觉性,促使教师拥有自我发展的意识和能力,自主发现专业发展中的问题,提升分析和解决问题的能力,承担自身专业发展的责任,实现教师的"自我驱动"式的发展模式。

王海燕(2011,p.14-15)认为,教师专业发展是具体的、真实的和个性化的,教师发展的研究应该在教师实际生活中进行,应该关注教师发展的过程性和连续性。如果针对教师生活的一个阶段或单一活动展开观察与研究,简化因果关系是很难发现教师真实发展过程的,那些脱离教师生活的抽象概括很难促进教师的成长。基于此,本研究将深入大学外语教师教学和科研一线,通过探讨大学外语教师所面对的现实问题,找到解决问题的策略。本研究在教师专业发展理论探讨的基础上,以社会建构主义、教师自主发展等理论为指导,采取质性研究的方法,把地方高校作为一个"场域",深入现场,近距离接触该场域范围内的大学英语教师群体,探讨在校本教育教学改革的过程中,大学英语教师专业能力发展的历程。通过非正式交谈、面对面地深入访谈、参与性观察以及微信、E-mail、QQ、个人博客等网络交流方式,收集与英语教师的日常教学活动相关的第一手资料。研究对象涉及研究者本人、学生和同事等。

作者将搜集到的资料进行分类、逐级登码和归档编号,探索大学英语教师专业发展的现状、存在的问题以及解决问题的策略,构建具有本土化特色的大学英语教师专业发展新模式。

　　本研究以具体的教师活动为基点开展教师专业自主发展的微观研究,能够丰富我国大学外语教师专业发展的学术研究。在教师专业发展的策略研究中,探讨如何破解外语教师专业发展中的限制因子,激发大学外语教师发展的内在动力,从而改变我国外语教学中理论与实践相脱离的现状,探索出一条适合地方高校大学外语教师专业自主发展的新路子,特别是在提升地方高校外语教师的教学和科研能力等方面,对其他高校大学外语教师同行能够有所启迪。

第二章　文献综述

20 世纪 80 年代以来,教师专业发展成为世界性的潮流,实现教师专业发展、促进教育质量提升成为教师教育领域的研究主题。本章就与教师专业自主发展相关的概念、特征、结构、发展路径、国内外研究的现状和存在的问题、教师专业发展的理论基石等问题进行梳理,为开展地方高校教师专业自主发展的研究做好铺垫。

2.1　教师专业自主发展及相关概念

澄清和界定概念是研究得以开展的前提条件。纵观相关文献可以发现,在教师专业发展的研究领域内,先后出现了许多与教师专业发展相关的术语,如教师教育、教师培训、继续教育、在职教育、教师专业化、教师自主、教师自主发展等。由于各概念之间的关系较为复杂,我们很难对它们的历史发展过程进行梳理,在此姑且按照突出概念特征和历史发展总体脉络的思路对相关概念进行简单论述。

2.1.1 教师教育与教师专业发展

最初的教师教育源自师范教育。钟启泉和崔允漷(2003,p.261)认为师范教育是专门教育,以培养和提高基础教育师资为目标;它包括职前教师培养、初任教师考核试用和在职教师培训三个过程。20 世纪中期,人们关注的重点是提高教师的教学技能、技巧和教学理论修养。30 年代后,发达国家的"师范教育"(normal education)概念逐渐被"教师教育"(teacher education)所取代并成为国际通用的概念。

　　20世纪60年代后期，师范教育面临着巨大的压力。一是由于世界各国均出现出生率急剧下降的趋势，教师需求量大大降低；二是因为经济上的困难，政府需要大量削减公共支出；第三，总体来说，学校教育没有达到公众所期待的质量，引起社会对教师的批评。1966年，联合国教科文组织在《关于教师地位的建议》中提出了应当把教师职业作为专门职业来看待的理念(叶澜，等，2013，p.205)。70年代，随着后现代主义思想的盛行，人们对教师教育有了新的认识，认为教师除了要掌握教学技能技巧外，更重要的是要对教育教学过程进行探索、研究、反思，发现其中的规律，创造性解决教学过程中的各种问题。1996年，第45届国际教育大会的主题是"加强变化世界中教师的作用"，提出了通过给予教师更多的自主权来提升教师专业地位、通过加强个人素养和提供在职培养来提高教师职业的专业性等理念。

　　20世纪80年代，"教师专业发展"这一术语逐渐进入人们的视野，成为学者们关注的焦点。在美国，一篇名为《救命，教师不会教！》("Help, Teacher Cannot Teach!")的文章引起了社会对教师素质的热切关注，拉开了美国教育改革的序幕。随后，教师教育领域发表了一系列关于教师教育的报告，如1986年的《明天的教师》(霍姆斯小组)、《国家为培养21世纪教师做准备》(卡内基教育促进会)等报告提出要把教师从行业转变成专业，把教师专业性作为教师教育改革和教师职业发展的目标。美国教师专业标准委员会也规定了教师专业化的标准，教师专业化有了可依循和衡量的标准。随着1994年《美国教育法案》、2000年《教育目标》的出台，教师专业发展成为美国国家重点发展项目。

　　在我国，国务院2001年出台的《关于基础教育改革与发展的决定》中首次提出了教师教育的概念。教师教育是教师培养和培训的总称，是指从事教师工作的人参加入职前和职后的一系列专业培养与培训，目的是使其成为合格的乃至优秀的教育工作者，从一个"普通教师"转变成为专业的"教育工作者"。该概念体现了教师教育的一体化、连续性和可持续发展特征。仅仅从文字陈述对比来看，教师教育与师范教育的内涵基本一致，但教师教育的范围不只局限于基础教育，其范畴比师范教育更广。

　　我国始于20世纪末的教师教育改革，主要实现了由传统的师范教育向教师教育的转化。教师教育体系由封闭向开放转化，从教师职前培养与职后培训割裂向职前、职后一体化转化；教师培养由中专、大专、大本向大专、大本、研究生转变。教师继续教育是指大学毕业后的在职教师所接受的一系列延续教育。在我国主要指对大专以上学历或具有中级以上教师职称的教师进行知识的补充、更新、扩展和加深,从而提高教师的政治思想素质、教育教学业务能力的各种活动。在职教师培训是指对在职教师进行的职后教育,具有成人、在职、多层次、多规格和多形式的特点。它是教师接受继续教育的方式之一,教师继续教育和教师在职培训都以培训为手段,两者内涵是相通的。

从哲学意义上来说,发展是指事物从量变到质变的过程,而人的发展是从幼稚走向成熟的过程。教师的角色是一个社会职业人,教师发展是一个接受师范教育—初任教师—有经验的教师——实践教育家的无止境过程。教师发展与其他的职业发展不同,其核心是教师的专业成长,它包括教师的一般发展和专业发展,一般发展是基础,专业发展是教师发展的依托。王长纯(2009,pp.69-70)认为教师专业发展是终身学习的过程,是教师不断增强教育活动理论知识和能力,提升教育经验、科研能力和创新教育实践的过程。在该过程中,教师需要不断克服困难和解决困难,促使教师的伦理道德、理想抱负、专业精神、责任感等持续提升。

虽然教师专业发展得到人们的普遍关注,但其概念和内涵并没有统一的界定。斯帕克斯(Sparks)和赫什(Hirsh)认为,专业发展、教师培训、在职教育等意义相近,完全可以替代使用。台湾学者罗水清也认为,专业发展与专业成长、教师成长和教师培训也能交互替代使用(转引自叶澜,等,2013,p.225)。王长纯指出以教学为专业的教师,其发展的特点与重心在专业成长,也就是专业发展。因此,教师专业成长代表了教师发展的意义,教师发展和教师专业发展可以并用(2009,p.72)。任其平(2010)认为教师专业发展是指教师提高和完善自身的专业素质,如知识、技能、情感等,是以此为基础的教师专业成长和成熟过程,是一个由非专业人员向专业人员转变的过程。崔允漷和王少非(2014)通过分析教师专业发展的概念内涵,认为以往对其理解存在着偏差,隐含着一种专门职业高于一般职业的假设,但这种假设未必成立。他们认为,教师专业发展是教师专业实践的改善,由于教师的工作本质是培养人,因此,衡量教师专业实践改善的标准就是是否促进了学生的学习和发展。

叶澜等(2013,pp.222-224)通过文献梳理,把国内外对教师专业发展概念的理解归纳为三类:第一类是指教师的专业成长过程,代表人物如霍伊尔(Hoyle)、佩里(Perry)、富兰和哈格里夫斯(Fullan & Hargreaves)、利伯曼(Lieberman);第二类是指促进教师专业成长的过程,代表人物是利特尔(Little)、斯帕克斯和赫什;第三类是两者含义兼而有之,如威迪恩(Wideen)。叶澜等(2013,p.223)指出,教师专业发展的概念是从在职教育和教师培训的基础上发展而来的,它更加关注教师对实践的探究,在探究中,教师成为对个人价值和他人协调实践关系不断进行反思和再评价的学习者和反思者。作者把教师专业发展理解为"教师的专业成长或教师内在专业结构不断更新、演进和丰富的过程"(叶澜,等,2013,p.226)。

教师专业发展是一个不断变化和革新的动态过程。连榕(2007,p.7)认为这种动态的过程体现在教师内在专业知识结构的不断更新和丰富;教师专业发展旨在促进教师个人的专业成长,增进教师对教育教学工作活动的理解。教师专业发展还是一种成人教育,它关注教师对理论和实践的持续研究,关注教学工作在社会发展和个人活动中的意义。简单来说,教师专业发展是新手教师向专家型教师(研究型教师)转变的过程。这种理解强调教师个体的专业素养的提升与发展,关注教师专业知识与技能的不断丰富与娴熟以及教师对专业信念和理想的坚持与追求,强调教师专业情感与态度的深厚与积累、教学风格和品质的独特与卓越。

2.1.2 教师专业化与教师专业发展

教师专业化和教师专业发展是不同的概念,但两者高度相关(郭元婕,鲍传友,2006)。教师专业发展是教师专业化的表现形式,是教师专业化追求的最终目标。教师专业化的过程层面是其专业发展的最初阶段,专业发展目的是提高教师个体内在的专业性(郭元婕,鲍传友,2006)。连秀云(2003)认为教师专业化是教师在专业生涯中,通过终身专业训练,体现专业道德,习得专业技能,实施专业自主,逐步提高自身教育素质,最终成为一个良好的教育专业工作者的专业成长过程。吴永军(2007)把教师专业化领域的研究概括为相互联系的两个方面:(1)专业性职业的特质;(2)教师专业化本身的界定。就前者而言,知识、自主权与责任是专业性的特质。后者则包含两层含义:教师职业成为专门职业并获得应有的专业地位(从外在体制、制度层面进行解释)以及教师成为专业人士的过程(从教师内在专业素质结构来探讨)。杨海燕和李硕豪(2015)认为,广义角度的教师专业化是指教师专业发展的过程,几乎等同于教师专业发展,狭义角度的教师专业化关注教师职业群体外在专业水平的提升,侧重对教师职业的专业标准的要求。叶澜等(2013,p.208)认为,从广义的角度来说,教师专业化与教师专业发展两个概念是相通的,都是指教师专业性的过程;两者的差别主要从个体、群体与内在、外在两个维度进行区分。教师专业化强调教师群体的、外在的专业性提升;教师专业发展强调教师个体的、内在的专业性提高。教师专业化的重点经历了由群体转向个体的过程;教师个体专业化的中心也经历了转移,先是强调教师个体的被动专业化,然后强调教师个体的主动专业化,即教师专业发展(叶澜,等,2013,p.208)。

为了进一步说明这个过程,叶澜等(2013,pp.209-216)以美国两大教育专业组织——全国教育协会(National Education Association)和美国教师联合会(American Federation of Teachers)之间的竞争为例进行了论证。在教师群体专业化方面,美国全国教育协会强调教师入职的高标准等专业主义(professionalism)道路,坚持组织的专业性和独立性,不和任何其他社会组织建立依附关系;美国教师联合会则谋求整个专业社会地位提升的工会主义(trade-unionism)道路,坚持运用罢工和谈判等手段,并与其他组织建立密切联系(叶澜,等,2013,p.210)。但从实际结果来看,单纯的工会主义难以提升教师群体的专业性,得到社会的承认;而制定严格的专业规范等专业主义也只是专业制度建设的一部分,其本身并不能保证每一位教师专业技能和专业性的不断改进和提高,只能把不符合要求的教师排除在外。这就要求诉诸教师个体的专业化,自此,追求教师群体专业化的策略逐渐转移到教师个体的专业化策略上来。

早期的教师个体专业化策略,是教师被动的专业化。一方面,对教师来说,教学工作只是谋生的手段,为了获得社会的认同,教师被动地实现专业组织所订立的专业标准和要求。另一方面,在对教师进行评价时,一般先有行政管理人员进行课堂观察,按照一定的"标准"给教师打分。在对教师课堂观察2~3次后,做出总体评价,以此来决定教师的奖惩与去留。这种评价对教师内在素质提升的效果是可想而知的。"评价"只建立在教师外在行为上,并没有对教师的内在行为,如教师如何思维、如何设计课堂教学等进行科学的评价。这种消极被动的评价促使人们对教师专业成长开始了深入思考和研究(叶澜,等,2013,pp.213-214)。

随着对教师地位和作用的重新界定,教师在专业化发展中的被动地位也发生了变化。理论研究领域的重心也从教师被动化转移到教师专业发展上来。特别是在课程开发中,教师不再被看作"课程实施者",而是课程开发的研究者和参与者。这一理念不仅为教师专业发展创造了良好的外部环境,也为教师专业发展提供了实现的途径。20世纪60年代,斯腾豪斯(Stenhouse)提出了"教师即研究者"的观点,并在全世界范围内产生了影响。到了80年代,许多国家纷纷设立教师中心或课程开发中心,课程开发权由专家转到教师手里,教师成为课程的开发者和研究者。埃利奥特(Elliot)认为虽然斯腾豪斯鼓励教师成为研究者,但在现实中多数课程的研究方案仍由专家提出,教师的作用只是验证这些方案的假设,教师专业自主发展的问题并没有得到解决,因此,他提出了"教师即行动研究者"的观点(转引自叶澜,等,2013,p.216)。在该理论的指导下,教师能够从个体的教学实际中经历发现问题—提出问题—解决问题,提出假设—验证假设和评价的过程。在这个过程中,教师真正获得了专业自主和发展。同时,凯米斯(Kemmis)在"教师即研究者"的理论基础上,进一步提出了"教师即解放性行动研究者"的理论。认为教师可以不在专家的指导下展开研究,而是在自己的共同体指导下开展研究。这一理论,使得教师"解放"了自己及专业,获得了专业自主和专业发展(转引自叶澜,等,2013,p.216)。

以上我们探讨了教师专业发展的概念,那么外语教师专业发展的内涵是怎样的? 同样,外语教师专业化是现代教育发展的要求,外语教师专业发展则是外语教师专业化的方向、主题和核心内容。"外语教师专业化"同"外语教师专业发展"都是指加强外语教师专业性的过程。外语教师专业发展除了具备其他学科教师专业发展的特征,还具有其自身的特殊性。外语教师不仅会讲外语,还具有专业知识和能力,在大量的语言文化、社会心理的语用意义严重缺失的环境下,能够利用专业知识和教学手段,识别学习者的语言发展机会,合理地组织"语言知识"和"语言工具",以此来推动学习者的语言进步。王守仁(2016)认为,外语教师发展包括教学发展、专业发展、组织发展和个人发展。教师发展强调教师作为社会人的一般发展基础,专业发展是依托,两者相互支持。郭燕和徐锦芬(2015)指出外语教师专业发展是教师在外语教学实践中通过不断学习、反思以提升专业素养和完善信念系统的动态过程。弗里曼(Freeman,1996)认为外语教师的专业发展包含两个方面的内容:一是教师个人在专业教学生涯中的心理成长过程,包括不断增强专业信心、态度和价值观,不断更新学科知识,提高教学技能,为应对教学中的不确定性而强化与发展丰富的教学策略意识,以及完善人际交往与同事合作关系等;二是外语教师接受外在的教育或培训,首先必须具备发展的意识和积极开放的态度,这样才会促进新知识的积累和技能的发展(转引自刘娜,2013)。

可见,外语教师专业发展是指外语教师以自主意识为动力,采取各种与专业发展相关的途径和活动,不断学习和成长的过程。在这个过程中,教师不断地更新教育观念、完善专业知识、提高专业技能,这是一个逐渐提升自身专业素质、发展并完善专业认同的过程(高长,2017)。

2.1.3 教师自主与教师专业发展

教师专业发展的基本模式有两种：一是外驱式发展模式，二是内源式发展模式。后者是教师专业发展的根本动力，即教师专业的自主发展。自主（autonomy）一词源于希腊文"autos"（自我）和"nomos"（法律）的组合，意在自己指导自己，不受他人约束。教师自主来自于学习者自主，是随着学习者自主理论的发展而逐步形成的概念。国内外在该领域的研究主要包括教师自主的概念、教师与学习者的关系、教师专业发展等方面，以下分别对其进行论述。

在教师自主概念的建构中，霍莱茨（Holec）的能力说、利特尔（Little）的心理建构说（personal construct）、班森（Benson）的专业特质说具有重要的影响。霍莱茨（1981，p.3）的能力说认为，自主是特定语境下的一种能力或潜能，而不是行为。他认为这种能力并非天生有之，而是通过自然或正式的途径学习获得。霍莱茨强调自主属于能力层面。基于此，霍莱茨（1981，pp.5-25）把教师自主定义为负责自己教学的能力，并提出创造性是教师自主的能力之一。利特尔（2009，p.4）的心理建构说认为，个人自主依赖于个人能力的发展与实践，个体要有客观的态度，能批判性地反思、做出决定和独立的行为。利特尔（1995）认为教师自主是指教师对教学工作具有强烈的个人责任感，通过经常反思和分析，最大限度地把握教学中的情感和认知，并充分利用教学中的自由空间。班森（2006）的专业特质说认为教师自主是教师的一种专业特质，这种特质表现为教师在教学和（教师）发展两个方面的自主控制能力。他认为自主是学习者的一种自然特质，无论在什么样的环境中，学习者对自己学习的控制生而有之（Benson，2011，p.59）。

从以上论述可以看出，三种理论分别强调能力、心理建构和特质，都属于内在视角，是教师自主的内在的、心理层面的建构。利特尔的心理建构说是对霍莱茨能力说的发展和完善。利特尔的定义更为具体，体现了教师自主心理认知层面的内容，是对霍莱茨能力定义的阐释。但三位研究者的观点也存在差异。班森的特质说认为人先天具有自主，这种自主存在程度上的差异且会发生退化，这与霍莱茨的后天能力说有些相悖。与此同时，两种观点又相互补充。利特尔的心理建构观比较具体，表现为教师的个人决定与主观能动性。

也有学者从外在视角对教师自主进行了研究，表现为教师自主与相关因素之间的关系。如拉甘扎（La Ganza，2008）提出了教师自主的四种关系，即教师与自我内在、教师与学生、教师与机构、教师与社会之间的关系。自我内在理论与心理建构理论相关。在教师与学生的关系中,利特尔(1995)认为教师自主是学生自主的前提条件,学生自主依赖于教师自主。在后两种关系中,班森和黄(Benson & Huang,2008)建议把专业自由纳入教师自主概念。基于关系理念,史密斯(Smith,2003)提出了"教师-学习者自主"的概念,认为教师不仅要学习教学,还要学习(学生的)语言(非本族语学生的母语),因此,教师也是学习者。

国内学者从多维度对教师自主进行了研究。姚计海和钱美华(2004)认为教师自主包括外在的自主和内在的自主。前者是指教师能够自我决定和自我支配教育教学活动,获得独立、自由和权力;后者是指教师能够控制自己的情绪和行为,积极促进自身的发展。黄景和班森(2008)认为教师自主是指教师在自己的工作环境中,为专业自由进行创造空间的能力和意愿。方志英(2013)指出教师自主应有广义和狭义之分。广义的教师自主是指教学自主和发展自主,狭义的即教学自主。安琦(2011)提出,教师自主教学包括教师具有应对各种限制的灵活应变的教学能力、具有最大限度地发挥个人潜能的职业发展雄心,并致力于培养学生的自主学习能力。高吉利和李秀萍(2011)从课程和教学环节界定了教师自主能力,包括自主权利、意识和能力,认为教师自主与教学环节密切相关且具有很强的操作性。李四清(2015)把教师自主分为课程自主和教学自主,教学自主是教师可以实现的内在自主,他认为以往的教师自主构念研究更为关注内在和能力层面。能力说、心理建构说和特质说均体现了教师自主的内在构成,而外在影响则是制约教师自主的重要因素。对教师而言,存在着不确定性,因此,对教师自身的、可以把握的内在能力的研究更为关键。

在教师自主发展研究领域内,教师发展往往作为一个单独的主题而进行。从与教师发展相关的概念的演变过程中可以看出,教师专业发展带有明显的个人特征,它不单单是指教师把现成的教育知识或者教育理论学会并应用到教育教学实践的过程,也是一个教师把理论和知识、观念、价值、个人情感、应用场景相结合的过程。教师成长包括教师的自主成长和教师的专业成长。自主成长与教师个体发展历程相关,以生活经验、成就或挫折、个人特质等因素为主导。专业成长更突出工作性质与职责要求,与文化氛围、外部制度等因素有关。自主成长与专业成长也有交叉。姚计海(2009)指出自主是人作为主体对客体和主体进行的支配。能够对客体进行支配意味着人的自身思维和行动不受外界的干扰,对客体的控制和改造不受外界影响;人对主体的自身支配是指人自己能够支配自己的行动,并通过自我调节与自我控制,积极主动地促进自我发展。因此,自主包含个体内在心理的自控性和自发性,也包含外在权利,如参与学校管理的权利、控制课堂教学的权利等。麦格拉斯(McGrath,2000)认为教师专业自主起源于自我引导的教师发展。教师专业自主与教师发展的程度相关,如专家型、有经验的教师拥有更多的自主和自由空间,新手教师更容易受到各种限制的影响,自主的空间就小。因此,教师专业发展的关键是教师个体的成长,教师自己主动地发展,实现从"要我发展"到"我要发展"的转变,教师个体发展的自觉性、主动性和自主性必须受到关注(金美福,2005,pp.51-52)。

总之,教师专业发展就是教师个体专业水平的不断提高,主要包括以下三个方面:(1)教师专业发展的重点在于专业特性或内部专业结构的成长。专业发展不只是简单地积累理论知识,还需要提升综合素质。(2)教师专业发展是教师成长的结果和过程。在该过程中,教师成长的各个阶段都有衡量标准。为了进一步达到专业成熟,教师在职业生涯的整个过程中都需要不断提升自身水平。(3)教师是专业发展的主体。教师专业发展是自愿的,教师拥有绝对的自主权,其自身的经验和智慧是专业资源。没有教师自觉主动的参与,教师专业发展就是幻想。要通过教师的反思性实践促使教师清楚地认识自己的专业知识结构,进而对专业知识的发展起到一定的推动作用,促进教学实践合理发展。

通过上述分析,我们把外语教师专业自主发展的内涵界定为:外语教师入职后,在外部驱动式教师专业发展的影响下,以自主发展为动力,不断学习新知识,包括更新教育理念、完善专业知识等,提高自身专业能力和各方面素质,由教学新手成长为专家型、研究型教师的过程。

2.2 高校教师专业自主发展的特征、结构和路径

2.2.1 教师自主发展的特征

在专业自主发展中,教师以内驱力为基础,在亲自参与教育教学的过程中,通过不断地实践、学习、反思、质疑、批判、创新来提升自己的教育教学能力,促使实践智慧不断地完善和发展。有的研究认为教师专业自主发展伴随

着整个教师职业生涯,具有自觉性、职业性、目的性、创造性等特点。自觉性表现为自觉学习与反思、自觉修养,以及教师自我塑造而非被塑造;职业性是指教师职业本身要求教师具有主动、持续学习和及时更新知识的理念;目的性指教师自主发展是教师个人自我完善的过程,根本目的是使学生得到全面发展;创造性是教师专业发展的终极目标。余丽(2013)提出了教师自主内涵结构的八个特征:自觉性、自控性、责任性、反省性、独立性、目标性、创新性和进取性。这八个特征大约与教师的个性基础、自主意识、行为表现等对应,相当于教师自主的八个维度。八个特征互相渗透、互为基础。自觉性、责任性、自控性是教师自主的个性基础;反省性和独立性是自主的意识表现,是教师具有批判反思意识的开始;目标性和创新性是教师自主的具体行为表现,是教师自主性的核心,只有充满创造性的课堂教学才是有魅力的教学;进取性是教师自主的原动力和保障(余丽,2013)。我们把自主发展的特征概括为以下几个方面:

1.独立性和反省性

独立性是教师自主发展的核心,在心理学上就是自主性。它首先是人格上的独立,具有强烈的主体地位意识,重视、关注作为一位教师应有的个人尊严、权利和自主价值的实现。独立性也意味着不轻易受外界的负面影响,不轻附众议,坚持自己的独立见解。反省性是指教师在教学过程中进行自我分析、自我总结、自我修正的反思意识。教师只有通过反思,才能开展有效的教学,才能不断地去粗存精、去伪存真,不断地提升自己的教学水平,从而促进教学改革。

2.自发性和自控性

教师自主的自发性是指教师的教学行为不受外界因素或力量的强制,而是发自教师内心的一种兴趣,受教师的求知欲和探索精神的驱动,是一种自愿自发、自我选择的行为。具有自发性的教师能够积极地接受社会的变革和变化,积极地获取新事实和新知识,学习时代前沿知识。自控性是指教师能够主动地调整自己的自主创造行为,调节各方关系,坚持自己的目标不受外界影响。

3.动力性和责任性

教师的基本类型有两种:一是被动型的教师,为了生存而对职业努力,这样的教师对生活的低级需求比高级需求强烈,因此缺乏上进心和创新精神,有很强的依赖性,离不开常规工作;二是主动型的教师,即自主型的教师,这样的教师有强烈的愿望来实现自主发展,在职业生涯的不断探索和学习中完善自我,发挥自主性和责任心,教师的一切教学行为都来自高度的主人翁责任意识,具有对学生、对社会高度负责的精神,在困难和风险面前能坚持自己的目标,永不放弃。

4.阶段性和连续性

阶段性是指在从新手型教师到专家型教师的过渡中,教师的自主发展具有差异性。要成为成熟的教师,就要有一个成长发展的过程。成熟的教师不等于自主发展的教师,追求专业自主发展的教师不仅需要专业上的成熟,更需要精神上的成熟,要有独立的人格和自主实现的精神追求。同时,教师的专业自主发展是一个不断延续的过程,有不同的自主发展阶段。这一过程呈现明显的阶段性,有发展,有低潮,也有高潮,因此具有连续性。教师只有不断地学习、研究和反思,以终身学习为理念,其教育观念、专业知识结构、专业能力和教育教学态度才会不断地提升和完善。

5.实践性和情境性

实践性是指教师的专业成长是在教学实践中发生的。教师的许多专业知识和能力、角色塑造和自我发展必须在实践环境中,依靠个人经验和对教学的感悟获得。教学情境具有不确定性且富有挑战性。教师的专业发展必须与教学实践、教学情境相联系,并与同事和专家合作,建立一种互帮互助的文化。在教师不断反思自己的教育教学理念与行为、不断进行自我调整与自我构建的过程中,教师专业逐步获得发展。

6.多样性和差异性

教师教学工作的复杂性决定了教师专业结构的复杂性、多样性以及教师专业自主发展的方式、途径和手段的差异性。这是因为教师个体的自主发展和其发展环境都是有差异的。在生理条件、心理成熟程度、思想水平等方面,教师之间也存在着个体差异。教师个体的差异影响教师专业自主发展的实现。在专业自主发展过程中,教师所在的环境、学校和学校之间的环境差异,使得同一所学校中的教师发展也会有很大的不同。教师自身的差异、环境差异以及对环境的敏感性差异,都会在不同程度上影响教师的专业自主发展,由此,教师自身的发展方向、发展水平及发展速度呈现出多姿多彩的风格(徐君,2008)。这种多样性和差异性表明,只有适合具体教师自主发展的途径和方法才是最好的。

2.2.2 高校教师专业自主发展的结构

通过文献研究,我们把教师专业自主发展的结构概括为以下几个方面(张典兵,2012)。

1.专业自主发展意识

教师的专业自主发展意识是指教师能够在日常的教学实践中觉察到客观存在的问题,认识到问题所包含的教育资源、教育价值和教育契机,意识到教师自身所承担的教育职责,拥有主动改善教学效果的动机与能力。从时间维度上看,高校教师的专业自主发展意识主要包括对专业自主发展的过去、现在的发展状态与水平及未来发展规划的意识。从内容维度上看,主要包括拥有与专业相关的精神、理念、知识和能力等方面的意识。教师专业自主发展的动力来自教师内在的意愿,即自主意识,这是顺利实现其专业自主发展的前提和基础,是教师专业自主发展的核心和内驱力。教师的专业自主发展意识能增强专业发展的使命感和责任感,使教师对个体的专业发展保持一种自觉主动的状态,积极寻找更多的学习机会,因时因地地对自己的专业发展行为做出评价与调整,促使自己的专业发展始终处在一个不断更新的过程中,最终达到理想的境界。

2.专业自主发展规划

教师的专业自主发展规划就是教师在其专业或与专业相关领域内,对自己专业发展的内容进行长远和总体的规划,包括教师设想自我专业发展目标和预期结果、选择未来学校及教师岗位、设计专业发展内容与过程、规划专业发展阶段以及将要采取的措施等,由不成熟到成熟,最终走向专业化发展的过程。在制订专业自主发展规划时,高校教师首先需清楚自己的兴趣与特长、优势与劣势;其次要重视环境分析,分析学校发展的小环境和社会发展的大环境,使专业发展与学校、社会实际和学生需求紧密结合;再次要注重目标分析,规划清楚短期目标和长远目标,明确优先发展领域等;最后要科学设计专业自主发展的路径和行动方案。

3.专业自主发展能力

教师的专业自主发展能力是指教师在教育活动中运用一定的专业知识和经验顺利完成具体教育教学任务的活动方式和本领(鲁团花,陈进封,2013)。它包括一般能力和特殊能力两个方面:一般能力即智力,如观察力、注意力、记忆力、想象力和思维能力等;特殊能力是指与教学实践紧密联系的特殊领域的能力,如教育研究能力、语言表达能力、组织管理能力、学科教学能力和自我调控能力等。专业自主发展能力是教师在课堂教学这种特定的学校组织文化背景和课堂教学专业活动中形成的,是教师专业生活的长期累积。专业活动是教师专业自主发展能力形成的现实土壤,一旦形成,它又会支撑教师进一步进行专业活动。

4.专业自主发展管理

教师的专业自主发展管理是指教师在自主发展过程中,为了实现发展目标而进行的自我监督、自我评价与自我调控。自我监督能够激励教师始终保持积极向上的状态;自我评价促使教师吸取经验和教训,了解自身的优势与不足,及时调整状态;自我调控确保教师朝着专业发展的正确目标和方向努力。专业自主发展管理能够让教师清楚认识到自己所面临的职业发展形势和可能存在的职业危机,帮助教师提高职业敏感性和随机应变的能力,增强专业发展的自觉性、积极性和主动性,不断挑战自我与发展自我。

5.专业自主发展更新

教师的专业自主发展更新是指教师专业发展的动力不再受外界评价、职位升迁的限制,而是以专业自主发展为指向和目标,自觉地依据个体专业发展的基本路径和发展现状,有意识地进行自我谋划和更新,寻求最大限度的专业自主发展。专业自主发展是教师日常专业生活的不可分割的重要内容。对具有更新意识的教师而言,其专业发展已不再是其专业结构的完善和提升,而是一种强烈的自觉意识,其教育实践活动的特征是自信与从容。具有专业自主发展更新意识的教师不再把教育教学仅仅看成是知识传授的过程,而是将其看作帮助学生理解和建构"意义"的过程,是师生对话、互动、理解、交流、体悟生存价值和生命意义的过程。

2.2.3 高校教师专业自主发展的路径

从本质上说,教师专业发展是教师的自主发展和自我提高,其内涵包括学术科研水平的提高、教师职业知识和技能的不断发展以及师德修养的提高。如前所述,教师专业自主发展是教师专业化所追求的最终目标,但教师专业自主发展并不能在教师专业化过程中自发实现。从其内外部条件出发探讨教师专业自主发展的路径,对推进教师专业化进程具有深远的意义。

1.树立自主发展的意识

教师能否实现自主发展的关键是教师能否自觉地对自身专业发展负责,是否具备调控教学决策的能力,即教师的自主意识与自主能力,以及是否意识到教师的自主发展是自身权利和责任,其实现主要通过自主学习来完成。教师在教学实践中会遇到各种复杂的问题,只有树立自主发展的主动意识,自觉反思教学行为,拥有积极的学习态度,才能有效地学习专业知识和技能,促进专业的不断发展。

2.开展校本行动研究

校本行动研究是指高校教师在学校范围内,围绕自身日常教育教学生活而开展的学术研究活动。其核心目的是参与教育教学实践,并不断地改进和提升教学质量。校本行动研究的价值在于促使教师把教室作为自然的"实验室"或"研究所",在专家学者的帮助下观察、研究、反思自己的教育教学实践活动,改进教学方法,在教育研究中领悟教育教学的真正价值,提高教育教学研究的水平。校本行动研究以课例为载体,以提升教师的教学实践能力为目标,以专业引领和行为跟进为举措,在教师专业自主发展中起着重要作用。

3.开展教学反思实践

教学反思是指教师对自己的教育理念、心理感受、教学行为进行的深入思考,是一种对自己教学中体验过的东西的理解和描述。教学反思是一个不断修正、变更的过程,它具有自觉性和实践性的特征。教师通过自觉地对整个教学实践活动进行回顾与总结,发现不足和问题,并针对这些不足和问题改进教学策略,提高教学质量。教师反思是一种高度自觉的心理活动,它强调教师对已发生或正在发生的教学实践活动进行觉察,通过对个体行为观念的回顾和评价、自我监控与调适等方式来促进教师不断地提升自身的专业水平。

4.开展研究性学习

教师是以人才培养为己任的专门职业,为了培养社会所需的人才,教师也需要不断地开展研究性学习。研究性学习与一般的认识活动不同,它是一种涉及发现问题、形成问题、进行观察、建立假设、分析数据、解释预测和得出结论的复杂活动。研究性学习的视角具有广阔性和理论分析的专题性,更有利于教师认识教育中的问题和现象,探索教育的本质和规律。因此,教师的研究性学习具有问题性、探究性、灵活性、自主性、开放性、综合性的特征。它不仅重视所取得的研究结果,更重视研究过程中态度和情感的体验、思维方法的运用,以及世界观、人生观、价值观的形成,不仅重视理论困惑的消解,也重视实践中疑难问题的解决,因此,具有强烈的实践价值取向。研究性学习能帮助教师把教育理论与教育实践紧密结合起来,做到学与用的有机统一。

教师专业自主发展是一个连续、持久、动态并贯串于整个教学生涯的过程,也是教师终身学习,不断在教学实践中发现问题、提出问题、解决问题的过程。要实现自主发展,教师必须不断提高个体的自主意识,开展教学反思,进行研究性学习。

2.3 国内外高校教师专业发展状况

2.3.1 英国高校教师专业发展

英国高校教师专业发展的历史较长,在其发展标准、实施模式、组织机构等方面都积累了丰富的经验,并形成了较为完备的高校教师发展体系。

1.英国高校教师专业发展的历史演变

系统的英国大学教师发展研究起源于 20 世纪 70 年代。针对英国高校教师的发展历史,有的研究者把它划分为四个阶段,如李俐(2013)将其分为萌芽、生长、成熟以及专业化四个时期。有的则将其划分为三个阶段,如郭晓佳(2010,p.21)、陈素娜和范怡红(2009)等。依据陈素娜和范怡红的划分,英国大学教师发展主要有以下三个阶段:

(1)酝酿期(19 世纪初—20 世纪 50 年代)

英国高等教育发端于 12 世纪末牛津大学和 13 世纪初剑桥大学的先后建立,这也是大学教师发展的开端。英国大学历来倡导学术自由、教授治校和专业自主,教师享有"终身在职权"。最初,英国大学教师发展的形式相对简单,主要是带薪学术休假,教师采取这种方式来获得学术上的进步。学术假期的长短与教师在大学工作时间的长短相对应。这一时期教师发展的主要形式是学术休假和进修提高,大学教师发展的内涵主要是指教学发展,教师个人发展没有得到重视。在英国,真正意义上的大学教师发展始于 20 世纪 60 年代。

(2)发展期(20 世纪 60—70 年代)

20 世纪 60 至 70 年代,英国高等教育界发生了巨大的变革,其中最为著名的是 1963 年的《罗宾斯报告》。该报告对英国高等教育产生了很大的影响,自此,英国高等教育开始由精英化向大众化方向迈进。在这样的背景下,教育界对大学教师提出了新的要求,教师教育成为英国教育改革的焦点之一。70年代,英国建立了现代教师培养制度,许多大学的教师发展中心也陆续建立起来。

(3)成熟期(20 世纪 80—90 年代)

20 世纪 80 年代,市场经济渗透到社会的各个角落,导致英国的高等教育出现了管理市场化的趋势,影响了高等教育的经费来源和大学教师的发展。由于教师聘任制的变化,一批临时性的大学教师和研究人员涌入了高校。1988 年的《教育改革法案》和 1992 年的《迪尔英报告》等相关文件的公布加速了大学取消教师终身制的进程。英国政府对高等教育政策的巨大改变,促使高校不得不增加对大学教师发展的关注和投入。因为教师的教学质量和水平关系着学校从政府那里得到的经费数额、学生数量以及大学的排名,为了促进教师专业发展,大学必须采取各种措施。很多大学的教师发展中心也不断推出大量与教师发展密切相关的项目,并针对不同的教师群体推出了不同的发展课程和培训项目等。

2.英国高校教师发展的组织机构

高校教师的专业发展活动必然要依托一定的组织机构来实现。在英国,高校教师发展经历了从无组织的精英教育阶段到国家主导的有组织、有规划的大众化时期的过程。如今已经逐渐形成了完整的高校教师发展体系结构,包括教育部成立的政府组织机构,如英格兰高等教育拨款委员会(Higher Education Funding Council for England),民间自发设立的中介组织机构,如高校教师与高等教育发展协会(Staff and Educational Development Association),以及各高校内部建立的校本组织机构,如教师发展中心。这些组织机构对教师的专业发展起着不同的促进作用。如政府依托有关部门对高校教师发展进行宏观调控,每个高校的教师发展组织机构对所有教师和科研人员进行各种培训,为教师提供咨询与评估服务,建立各种资源共享平台,开展理论研究等(李俐,2013,pp.49-58)。

3.英国高校教师发展的模式

(1)建立大学教师发展中心

英国大学教师发展中心是大学机构设置中必不可少的部门,占有十分重要的位置。这些教师发展中心不仅为教师教学提供服务,在创建校园文化等方面也起着重要的作用,方便了各学科教师之间的互动以及各学科的相互融合,更好地促进了大学教师的专业发展。

(2)开展人性化的大学教师发展项目

英国大学教师发展项目具有很强的针对性,且非常人性化。如大学将教师发展的活动均安排在教师午餐和茶歇的时间,教师活动在一种轻松愉快的氛围中开展,充分考虑到了教师学术人员日常繁忙的工作和紧凑的时间表。这样的教师发展项目很容易被教职工所接受,能够吸引更多的教职工参加,也使发展项目具有可行性。

（3）利用课程促进大学教师发展

英国大学教师发展的另一特点是为教师提供了各种各样的课程。既有提升教师教学能力的课程，也有促进个人素质发展的课程，内容丰富，具有很强的实用性。如在信息技术技能发展方面，开设了 Microsoft Access、Microsoft Excel、Microsoft PowerPoint、Microsoft Word 等课程，这些课程均根据教师实际情况设置，包括入门和进阶等多种选择。此外，还有其他实用性、指导性的课程，如心理健康工作坊。这些课程涉及宗教和信仰、种族平等、日常交流和文化意识等多方面的内容，为教师综合素质的发展和提升提供了保障。

（4）重视大学教师的个人发展

英国大学十分重视教师教学能力的提升和职业生涯的规划，将教师个人发展放在重要位置。如在教学方面，为教师提供教学与学习的目标、内容、策略评估、咨询过程、活动计划等所需的参考资料，帮助教师学会如何为学生及家长服务，提升教师自身的各项技能，如接待技能、团队的合作精神、有效管理时间的能力等。在职业生涯规划方面，大学为教师提供职业指南、研究者的职业生涯计划、职业回顾与规划，向教师提供关于在面试中如何取胜、如何选择职业以及寻找工作的技巧等方面的帮助。

（5）多样化的大学教师发展项目

英国大学的教职员主要包括新教职员（new staff）、学术和研究型教职员（academic & research staff）、提供支持及与学术工作相关的教职员（support & academic-related staff）等三种类型的教职员。针对不同类型的教职员，英国大学开发了不同的职业发展项目，帮助他们获得各自所需的专业发展机会以及自身发展所需的各项技能和训练。在重视新任教师职业发展的同时，英国也重视有经验的学术人员专业的持续发展，为任职中的大学教师提供了大量可供选择的专业发展项目。这些项目在促进教师个人和专业发展、激发个人潜能等方面做出了努力和贡献。

2.3.2 美国高校教师专业发展

1.美国高校教师专业发展的历史演变

美国是最早提出教师专业发展的国家，其高校教师专业发展水平也处于世界前列。有的研究（如刘济良，王振存，2011）把美国大学教师发展划分为五个时期：（1）学者期（20 世纪 50—60 年代）。该时期美国高校教育规模急剧增长，影响迅速扩大，被称为教师发展的"黄金时期"；教师发展的重点是提高学术水平。(2)教学者时期(20世纪60年代末—20世纪70年代)。该时期认为,教师发展的主要目的是帮助他们解决如何应对学生差异增大、如何面对学生评价以及如何借助新的教学技术提升教师教学质量等问题。(3)开发者时期(20世纪80年代)。该时期强调通过教师发展提升教师的职业活力,有效开发教师的能力,教师发展成为一种专业性活动。(4)学习者时期(20世纪90年代)。此时,教师发展的重心由重视教师"教"的能力转变为提高学生"学"的能力。(5)网络时期(21世纪)。步入新世纪后,教师发展的主题转变为如何通过改革来更好地满足大学教师和大学不断发展的要求。我们按照王春玲和高益民(2006)的研究,把美国高校教师发展的历史进程分成以下五个阶段:

(1)萌芽期(19世纪初—20世纪60年代中期以前)

19世纪是美国高校教师发展的萌芽时期。美国哈佛大学(当时叫哈佛学院)在1810年出现了"大学教师带薪休假制度",堪称美国高校教师发展的雏形。该制度设计的目的是为了教师研究的需要,为教授自主安排研究提供条件和便利。这种情况一直持续到了20世纪60年代中期以前。该时期的美国高校教师制度形式简单,目的单一,是一种比较粗糙的制度,但是为以后的发展打下了基础。

(2)初步发展期(20世纪60年代中期—20世纪70年代初)

从20世纪60年代中期开始,美国高校教师发展步伐明显加快,进入了一个新的阶段。主要有以下四个特点:

• 重视教师发展的高校增多。调查显示,当时美国高校中有近60%的大学、近40%的学院允许教师带薪休假,745所四年制学院中有57%允许教师带薪休假。

• 高校教师发展的形式开始向多样化发展。除了带薪休假制度(sabbatical learning)这一主要形式外,还出现了新教师培训(orientation for new faculty)、访问学者(visiting scholars)、减少科研和写作负担(reducing load for research and writing)等教师发展形式。

• 高校教师发展的内容依旧是重视科研,以专业知识为主,忽视教学能力的发展。但不少大学开始关注教学,设立了教学奖励计划,各校设立了课程委员会以及学科委员会,这在一定程度上促进了大学教师教学水平的发展。

• 一些专业团体,如现代语言协会、美国化学工程师学会、国家英语教师协会等开始致力于提高教学质量;一些杂志,如《工程教育》《心理教学》《教学政治科学》《物理教师》等也开始在高校教师发展进程中发挥作用。

（3）兴起期（20 世纪 70 年代）

从 20 世纪 70 年代开始，美国高校教师发展进入了兴起期。这一时期的高校教师发展呈现出欣欣向荣的景象。主要包括四个特点：

①大量的高校关注教师发展。1976 年，一项有关美国高等教育机构的调查发现，超过 60% 的高等教育机构已拥有一整套教师发展的实践制度，还有 3% 的机构正准备开展教师发展的实践活动。

②进一步增加了高校教师发展的形式，特别是信息技术的介入给教师发展带来飞跃式的进步。信息技术的迅速发展既为教师发展带来极大的便利，也为其提供了广阔的发展空间，同时也对教师带来了更多的挑战和更高的要求。

③在美国高校教师发展进程中，公立和私人的基金会承担着重要的资金支持角色，如卡内基基金会、布什基金会、改善高等教育基金会、丹福思（Danforth）基金会等。

④出现了跨院校的教师发展组织，如高等教育专业和组织发展网络（Network of Professional and Organization Development，POD），于 1976 年成立。跨院校教师发展组织的形成，在一定程度上整合了原有的分散的教师发展资源，增强了高校教师发展的力量。

（4）全面发展期（20 世纪 80 年代）

20 世纪 80 年代，美国高校教师发展的形式和内容都有了进一步的拓展，高校教师发展进入了全面发展期。这一阶段的主要特征是开始把注意力投向教师的个人生活，出现了以"生命阶段"（stage of the life cycle）为中心的工作坊和研讨会。关注的内容涉及高校教师生命的几个重要阶段，诸如中年危机、健康项目、职业咨询、就业帮助项目以及退休设计项目等。

（5）持续发展期（20 世纪 90 年代及之后）

20 世纪 90 年代以后，高校教师发展在原有的基础上持续推进，并有所创新。这一时期，高校教师发展关注的几个对象特别值得一提：

①注重对助教的培训。通过课程的组织、管理和教学方法等方面的培训，帮助助教更好地应对他们所承担的大量的教学工作。

②注重对兼职教师的培训。改变了以往大多针对全职教师、很少针对兼职教师培训的状况，加大对兼职教师发展的支持，提升了兼职教师的水平。

③注重对高校教师发展工作者的培训。高校教师发展工作者是类似于高校教师的老师，其素质高低直接关系到高校教师发展工作的质量好坏，所以这一时期出现了针对高校教师发展工作者的计划与培训。

④高校教师发展办公室开展针对系主任的专题学术论坛、研讨会和个人咨询等项目。这一做法旨在使学校基层管理者对高校教师发展形成更清晰的了解，从而更有效地促进高校教师的发展。

2.美国高校教师发展的组织化模式

在国家支持、跨院校专业组织的帮助以及基金会的赞助下，美国高校教师发展出现了兴盛局面。另外，各院校通过组织化的模式促使高校教师发展成为一种有制度保障的实践，也使得高校教师发展的大规模开展成为可能。王春玲和高益民（2006）把这些组织化模式分为四类：

（1）多校园合作模式

该模式通常存在于一个州或一个大学系统内。大学内一般设有一个核心委员会，负责调节几个分校之间的教师发展工作；每个分校有专门负责本校交流和协调事宜的人。这种模式创造了机构之间交流的独特机会。代表模式有：威斯康星大学系统专业与教学发展办公室（Office of Professional and Instructional Development，University of Wisconsin System）、宾夕法尼亚州高等教育系统教师专业发展委员会（Faculty Professional Development Council，Pennsylvania's State System of Higher Education）等。

（2）校园中心模式

校园中心模式通常存在于一所大学内，由分管学术事务的副校长管理，由大学配备工作人员和负责运转资金。大学教师发展中心的领导人一般要通过本校教师进行选举，还有一些有经验的大学教师发展工作人员和从校外引进的专家。该模式的学校代表有：得克萨斯大学奥斯汀分校有效教学中心（Center for Teaching Effectiveness，University of Texas at Austin）、路易斯威尔大学教师和职员发展中心（Center for Faculty and Staff Development，University of Louisville）等。

（3）特殊目的中心模式

规模较大的大学一般会设立几个特殊目的中心。按中心的设置目的，配备有相应特殊专长的工作人员。中心按照不同的目的提供不同的服务，如关注研究生助教、促进职业发展、提供课程材料等。这一模式的代表有：科罗拉多大学博尔德分校研究生院教师项目（Graduate Teacher Program at the University of Colorado at Boulder）、匹斯大学思考和学习中心（Thinking and Learning Center at Pace University）等。

（4）院系教师发展模式

该模式通常存在于学院内，它由教授委员会负责管理。在活动类型和目标方面,该教师发展项目与校园中心模式相类似,主要区别在于教师发展项目在学校中所处的位置不同。在校园中心模式中,教师发展项目由分管学术事务的副校长负责。而在院系教师发展模式中,发展项目则由具体单位,如学院来管理,一般是由有豁免时间的教师或工作中有这项任务的管理人员负责。该模式的代表有:圣托马斯学院教学发展中心(Center for Faculty Development,College of St.Thomas)、西北大学大学学院教师发展项目(Faculty Development Program,University College of Northwestern University)等。

美国高校教师发展组织的人员配备有三种方式:一是专职工作人员,他们多数有一定的大学教师发展工作经验,并承担大学教师发展中心或办公室的日常工作,开展专业培训,他们能够全身心地投入与大学教师的专业成长或发展有关的活动中,以保证大学教师发展项目的稳定性和持续性。二是由在学术部门工作、有经验的大学教师兼任的教师发展专家,以此来鼓励其他教师投入教师发展活动中来。三是在中心或者办公室做一些辅助性工作的研究生,他们可以帮助节省高校教师发展活动的成本,但是他们需要经过专门的培训才可以胜任。

上述美国高校教师发展的不同组织形式是高校组织结构的重要组成部分,尽管名称存在差异,但功能都是为教师发展提供组织保障。一些重视高校教师发展且资源充足的高校,可能同时拥有多种模式;教育教学资源有限的高校中,则可能存在一种模式或几种模式。这个特点在一定程度上也说明了美国高校教师发展的模式具有一定的灵活性。

3.美国大学教师发展的特点

刘济良和王振存(2011)在对美国大学教师发展历史进行研究的基础上,较为详细地阐述了其特点,可概括为以下几个方面:

(1)多元化的大学教师发展组织机构

美国的大多数高校都把教师发展作为学校工作的一项重要任务,75%以上的学校设置了大学教师发展项目和组织机构,建立了国家性和国际性的大学教师发展组织联盟,如教育发展国际联盟(ICED)、教职工与教育发展联合会(SEDA)等。这些高度组织化的机构为大学教师发展提供了平台和制度保障。虽然这些机构名称和组织模式不同,但都是围绕着教师个人发展、教学改进和组织发展来开展活动的,其工作内容和任务也基本一致,具体包括指导教师进行职业规划、帮助教师提高教学和科研水平、实施教师培训和奖励计划、推动校际之间的教师交流与合作等等。

(2)系统化的教师专业发展途径

①为教师提供灵活多样的专业发展途径

教师专业发展强调教师专业角色的成长和发展,它以提升教师的教学和科研水平为重要目标,其途径主要包括带薪休假、参加学术活动、帮助教师取得更高一级的学位等,因此,教师专业发展是美国大学教师提高学术能力的重要渠道。教师专业发展主要在学科和大学两个环境中实现。很多学校从政策和实践两个层面采取各种形式来保障大学教师专业发展的实现。

②通过学术共同体促进教师专业成长

学术共同体是美国大学促进教师专业发展的重要举措,包括:共同体成员共同负责、共同探讨、按照研究与广泛合作的共同决策原则;为教师提供持续学习和提升能力的机会;激励基于共同目标的教师共同成长;教师通过参与各种会议、研讨、学术沙龙等实现与同事之间的深入交流;鼓励教师与同事合作发表论文,关注他人的研究,阅读他人的科研成果。在学术共同体的活动中,教师经历的是一种结构化的经验,所有教师有着共同的信仰和愿景,教师之间联系密切、关系融洽,他们相互帮助、鼓励、支持,实现共同发展的目标。

(3)形式多样的运行机制

①以服务为理念

美国大学教师发展的宗旨是以服务为理念。教师发展机构通过对教师的需求进行调查评估,来确定教师希望开展的活动内容和形式。学校通过建立网站、发布时事通讯、为教师提供午餐或晚宴等形式,与教师充分交流,使教师了解学校提供的各种服务。为免除教师的后顾之忧,教师发展工作者还会通过课堂观察、教学诊断等获得有关教师各方面能力和水平的信息,这些诊断不与教师的人事任免、加薪和降薪等挂钩。

②实施分权管理

美国的大学教师发展工作采取分权管理的政策。学校通过建立相关组织机构来管理和实施教师发展项目,并根据学校自身的条件,因地制宜地开展教师发展活动和研究项目,将教师发展需求与学校工作重点相结合,实现组织发展与个人发展的有机融合。

③发展对象全面

美国大学教师发展的对象包括所有在校教师,当然也包括兼职教师,涉及助教、副教授、教授、终身职后等教师职业发展的每个阶段。教师发展项目包括新教师(年轻教师)的发展、职业中期教师的发展、终身职后教师的发展、职业晚期教师的发展等。

④内容和形式多样

美国高校针对不同的教师群体开发不同的项目,特别重视对初次从事教学工作的教师进行专门培训。如采用模拟教学、课堂录像、教学咨询、讲座和讨论会、小型教学改革、教学档案袋、设立教学奖等方式来促进教师发展。将教师的教学技能与教学效果密切相连,通过各种方式在教师群体中形成了一种关心教学、参与教学、支持教学、研究教学的良好氛围。

2.3.3 我国高校教师专业发展现状

1.我国高校教师专业发展的途径

我国高校教师专业发展的途径概括起来包括两个方面:一是教育主管部门和学校通过制度建设和相关政策对教师提出继续教育的硬性要求,且国家提供教师发展计划;二是教师通过个体的自主学习、自我发展要求,以及相关权威高校或出版机构提供的线上线下并行的教师专业发展模式来实现个体的专业发展。这两种途径相辅相成。也可以说,教师专业发展受到两方面的影响,一是外在的影响,二是内在因素的影响。外在影响是指为了满足社会和教育对于教师、教师行为的期望与要求,对教师进行有计划、有组织的培训和提高;内在影响是指教师的自我发展诉求促使教师不断学习。

(1)开展学术研究

学术研究是大学教师专业发展的重要组成部分,这是由大学的性质、职能以及大学教师专业发展的内涵所决定的。从理论上讲,学术研究既是大学教师专业发展的必要基础,也是提高其学科和专业水平的重要环节。在学术研究中,大学教师通过接触和发现学科领域内的前沿问题,获得新的研究内容和成果,不断扩大自身的专业知识面,提高自身的专业发展水平。从实践层面来看,通过开展不同形式的学术研究活动,教师能有效地提高自身的专业化水平,这也为提升教学质量提供了重要保障。魏红和程学竹(2006)研究了大学教师的教学效果和科研成果之间的关系。结果表明,教师的科研成果与教学效果呈现较为显著的正相关关系;有科研成果的教师的教学效果显著好于无科研成果的教师的教学效果。可以说,教师的科研和教学相辅相成,科研对教师的教学具有很大的促进作用。

(2)参与学位课程学习

我国的学位教育设有相应的学位课程,课程内容是根据学位教育的培养目标,有计划、有组织地进行编制的。对大学教师来说,本科教育是基础,研究生教育是拓展和提高。研究生学位课程具有专业性、发展性、系统性等特点,是大学教师开展理论知识学习与专业研究训练的必要环节,分为硕士生和博士生两级课程,每级课程都含有必修课和选修课。根据各专业培养目标,硕士课程既包含基础理论、研究方法和专业知识、基本技能等课程,也包含相关的专业课程以及跨学科和新兴学科的课程;博士学位的课程包括拓展专业基础所需要的课程和进入本学科前沿、结合研究课题所需要的专著、文献等课程(潘懋元,1996,p.506)。因此,参与研究生学位课程的学习,既能提高大学教师的学历层次,为其走上教师专业工作岗位奠定基础,也是大学教师专业发展的重要途径。

(3)开展教学实践活动

大学教师作为一种专门职业,不仅需要一定的学位、学历条件和学术研究能力,还要能够胜任教学工作,这是大学教师必须具备的基本技能。该技能的形成需要一个过程,其中教学实践实是其中的重要环节。一方面,课堂是教师专业发展的阵地,课堂教学基本功是教师的看家本领。另一方面,对课堂教学的反思可以来提高教师的教学能力帮助教师在教学中发现问题,在科学研究中解决问题,做到教学相长。可以说,大学教师的专业化水平与教学经验、教学自觉成正相关的关系。在教学实践中,教师要结合教学实际,因材施教,既要注重授课技巧,也要重视专业知识的运用,创造良好的课堂气氛,促进学生的学习和个性发展。

(4)构建教师专业学习共同体

教师专业学习共同体是一种新兴的强有力的教师专业发展途径,这一途径日益受到教育学界的广泛关注,成为当今教师教育界日渐推崇的模式,是提高教师专业素质的有效手段,也是互联网时代建构大学教师合作文化、促进教师互助合作的有效策略。学习共同体能够将潜在的知识创造元素(已经存在的知识)融入共同的环境中,利用元素间的相互衔接、碰撞,实现知识的更新和创新。在交流与协作中挖掘隐性知识,实现隐性知识的转化。专业学习共同体还能为教师提供共同关注的课题,如教学方法、研究热点、进修项目等,促进教师与有共同兴趣的同事进行交流,实现知识的共享,在协作、交流中促进教师专业的不断发展。

(5)参与国际教育交流活动

在高等教育国际化潮流的推动下,我国政府及各大院校陆续出台了一系列举措,鼓励大学教师积极参与国际交流,以提升大学的办学质量。国际教育交流形式主要包括国家选派优秀青年教师留学攻读硕士或博士学位、出国进修、出国讲学、短期访问、参加重点项目联合攻关以及参加国际学术会议等。

还包括国内外大学的校际友好协作、联合办学、互派留学生、互派交流学者、互相承认学分和学历等(阿春林,2003)。除此之外,国外奖学金资助留学、引进国外专家前来国内大学任教等也是国际教育交流的重要形式。这些交流方式促使教师感受不同的文化价值观念和教育方式,是大学教师专业发展的有效途径。

综上所述,我国大学教师专业发展途径具有多样性、互补性和发展性等特点。各种途径既相对独立,又相互关联,共同为教师专业发展服务。高等院校依据国家高等教育发展的总体目标与社会发展的实际需求,不断为大学教师提供专业化发展的途经,积极培养更多高素质、高水平的教师。

2.我国高校教师专业发展的模式

与高校教师专业发展的途径相对应,目前我国教师专业发展主要是通过"自我实现"和"学校推动"两种模式实现的。

(1)自我实现模式

自我实现是指高校教师依靠自己的努力来实现个体专业发展的一种模式。它包括两种模式。第一,"教学熟练者"模式。在许多大学里,教师的教学水平和教学要求是教师考评的重要依据,据此,多数教师把提升教学能力作为拥有教学岗位的重要手段和首要目标,并通过课堂观摩、撰写教学日志、录音录像等方式来反思教学中存在的问题。有的教师通过熟悉教案、提升课时量、让有经验教师参与到自己的备课和听课中、积极参加各种教学竞赛等方法来完成自身的教学任务,提高教学水平。第二,"学历进修"模式。走向高学历化是高校发展的一个重要指标,也是教师专业能力和教学能力的标志。通过提升自身的学历,教师既拓展了眼界和视野,丰富了专业知识和技能,也为自身的专业发展做好了铺垫。

(2)学校推动模式

学校推动模式是指学校依据本校的师资队伍发展规划,有计划、有目的地对本校教师的专业化水平进行统一提升的模式。它包括:

第一,"校本培训"模式。该模式把学校作为培训基地,充分利用校内外各种培训资源,为教师服务,使全体教职工共同参与、共同提高。学校将这种模式作为校本师资队伍发展规划的重要组成部分,有计划地提高教师专业发展水平和学校的整体水平。校本培训也是教师接受继续教育的重要途径,具有许多优势,如:避免了教师外出进修离岗所带来的影响;容易结合教学实际情况,培训内容具有实效性和针对性;能够充分发挥教师的主体作用,促进教师的个性发展;便于管理,保障了培训时间,缩小了工学矛盾,节约了经费开支。

第二，"派出培训"模式。该模式类似于学历进修模式，这种派出包括学历进修和学位进修等形式，但是与教师个人学历进修不同的是，这种外派不是由教师自身的需求推动的，而是学校根据自身发展的需要或者其他方面的需要而进行的。这种模式包括出国访问、进修、干部外出培训、挂职锻炼、学校之间的相互交流等。

第三，"社会许可"模式。随着教师职业的社会化，特别是教师资格证制度实施后，高校教师的来源渠道有了很大的拓宽，为教师专业发展带来了新的推动力。教师资格证制度是国家实行的法定职业许可制度，是依据《中华人民共和国教师资格条例》实施的，这种制度允许其他社会成员参与教育教学工作，这就提升了教师队伍的竞争能力和专业发展水平动力。目前，我国大部分高校采用限制教师资格证书使用时间的制度，即获得的教师资格证书在若干年内有效，超出一定年限后需要重新注册，注册合格后才能继续从业。这种模式的实施为教师的专业发展既带来了压力也提供了动力，推动了教师专业水平的不断提升。

2.4　高校教师专业发展的研究现状

自 20 世纪八九十年代，美国的霍姆斯小组、卡内基教育促进会提出"教师专业化"的理念以来，国内外学者在教师专业发展的内涵、特征、内容、结构、路径、阶段等方面进行了深入研究并取得了丰富成果。鉴于前面已经对教师发展研究的内容进行了部分论述，下面仅概述教师专业发展的内容和阶段两方面的研究。

2.4.1 教师专业发展内容的研究

教师专业发展是一个动态的过程，随着人们在该领域的不断深入，对其内容的认识也更加完善。不同研究者对教师专业发展的内容有不同的理解，学界将其划分为理智取向、实践-反思取向和生态取向等三种价值取向。

在理智取向中，人们认为理论知识对教师的教学尤为重要。教师专业发展是一个教师主动建构各种各样专业知识的过程。在对专业知识的建构中，教师获得新的技能、知识以及各种有教育价值的东西，这些能够帮助教师提高教育服务质量,改变教学行为。理智取向注重教师对理论知识的学习和吸收。

实践-反思取向强调教师作为"人"的独特性,注重教师自身和实践的专业知识在专业活动中的作用。这一观点认为教师专业发展不是接受现成的知识,而是通过反思来理解自己以及自己的教育实践。支持这一取向的学者关注教师专业自主发展的体验性与过程性,他们认为教师的发展不只是理性的成长,还包含教师情感的丰富与深化。知识与情感是相互交织的,情感既是知识建构的前提,又以知识为基础,情感离不开认知的诠释(Hargreaves,1998)。因此,情感态度在教师的专业自主发展中占据重要的地位。

生态取向超越了理智取向和实践-反思取向中过于关注教师自身的局限,强调在教师专业自主发展中,人与人之间和谐融洽的关系、学校与社会文化环境等也具有重要作用。它认为教师的专业发展需要一个良好的文化环境来支持。在该价值取向中,教师发展的方式由被动发展转向主动发展,参与的主体也发生了变化,由个体式发展转向交往式发展。

2.4.2 教师专业发展阶段的研究

教师专业发展阶段的研究成果十分丰富。叶澜等(2013,pp.243-300)从研究者使用的专业发展阶段划分标准和研究的框架角度,把已有的研究分为五类:

1.职业/生命周期的研究

该类研究从人的生命自然老化过程与周期角度探讨教师专业发展的过程和周期。早期的代表人物有纽曼(Newman)、伯登(Burden)、阿普尔盖特(Applegate)。在众多研究中,费斯勒(Fessler)的研究独树一帜,他把教师的职业周期放在个人环境和组织环境中来考察,将教师的专业发展划分为八个阶段:职前教育阶段、入职阶段、能力形成阶段、热心和成长阶段、职业受挫阶段、稳定和停滞阶段、职业泄劲阶段和职业退出阶段等。费斯勒认为教师专业发展是一个在个人和组织环境下,教师不断进入或者退出各阶段的动态流变过程(叶澜,等,2013,pp.244-245)。

2.心理发展标准的研究

该类研究把教师作为一个成人学习者看待,假定人的发展是心理结构改变的结果。人的心理过程随着年龄和发展阶段的不同有所变化,该过程有一定的顺序和层级。利斯伍德(Leithwood)把教师的道德发展、概念发展和自我发展相结合,将教师专业发展划分为四个阶段。第一阶段,教师的世界观范畴非常简单,对任何事物的评判均有非白即黑的标准;第二阶段,教师比较墨守成规,特别容易接受别人的预期;第三阶段,教师凭良心尽教师职责,有较强的自我意识;第四阶段,教师主见较强,尊重课堂等社会情境中相互依赖的人际关系(叶澜,等,pp.251-252)。

3.教师社会化标准的研究

该类研究从社会人的角度,研究教师成为一名专业者的变化过程。研究关注的重点集中在个人的意向、需要、能力与学校机构之间的联系。莱西(Lacey,1990,pp.511-68)开展了针对实习教师的研究,把教师专业化过程分为四个阶段:"蜜月"期、寻找教学资料与教学方法期、"危机"期和"设法应付过去或失败"期。王秋绒(1991)则把教师专业发展分为师范生、实习教师和合格教师三个阶段(转引自叶澜,等,p.254)。

4."关注"阶段的研究

20 世纪 60 年代末,为了使教师教育更加合理,富勒(Fuller)等对教师关注的问题进行了研究。在对大量访谈、文献回顾以及教师关注清单进行提炼的基础上,编制出了"教师关注问卷"。借助该问卷,富勒和她的同事进行了大量的调查和数据分析,提出了教师专业发展的四阶段说:(1)任教前的关注阶段,即处于职前阶段的学生只是想象中的教师,只关注自己;(2)早期求生阶段,新手教师所关注的是自我胜任能力,是在新的教育教学环境中如何生存的问题;(3)关注教学情境阶段,教师从关注自我生存转向关注教学,能够更好地完成教学任务,掌握相应的教学技能;(4)关注学生阶段,教师能够熟练驾驭课堂教学之后,开始关注学生的成长以及教师自身的专业成长(转引自叶澜,等,p.257)。

5.综合研究标志阶段

教师专业发展的过程具有综合性和复杂性的特点,有的研究者将多种分类标志进行了汇总和综合。如利斯伍德认为,教师专业发展属于多维度发展过程,其中专业知能发展、心理发展、职业周期发展三个维度的关系表现为既相互独立,又互相联系。每个维度需要经历不同的发展历程。贝尔和格里布里特(Bell & Gillbrert)反对刻板的阶段模式划分,提出了教师专业发展的演进模式。叶澜等(2013,p.265)认为教师的心理、社会与专业发展等各方面是交互联系的,教师专业发展过程中必须考虑这些综合因素,即树立教师专业发展意识;以往的框架划分均没有涉及此类内容,因此作者提出了教师专业发展划分的新标准与框架,即"自我专业发展意识"与"自我更新"取向的教师专业发展观。该教师专业发展框架包括非关注阶段、虚拟关注阶段、生存关注阶段、任务关注阶段和自我更新关注阶段。

2.5 国内外外语教师专业发展的相关研究历程

2.5.1 国外外语教师专业发展的研究

国外外语教师专业发展的研究始于 20 世纪 60 年代。当时的教师教育模式主要围绕教学方法和教学技巧进行培训,以教师掌握理论知识并转化为实际教学行为为目标。80 年代,人们热衷于研究教学法,即研究如何教的问题,教学重点转移到关注学生差异、学习策略和自主性的培养上来,教师教育被边缘化,关于外语教师教育的文章很少,更缺乏实证研究。90 年代,该领域研究进入新的阶段,剑桥大学出版社出版了多部相关专著,特别是理查兹和努南(Richards & Nunan,1990)的《第二语言教师教育》一书,使得教师获取知识与能力的途径受到了广泛的重视。该书论述了外语教师教育研究中存在的问题,倡导教师通过开展行动研究、教学反思、课堂观察、撰写教学日记等方式促进教师专业发展。此后,该领域研究成果明显增多。如以外语教师教育为主题的国际性学术会议不断地召开,国际学术期刊 *The Modern Language Journal* 于 1997 年,*TESOL Quarterly* 于 1998 年出版了教师教育专辑,等等。教师专业素质的研究内容包括教学知识、学科知识、学科教学知识等。如《外语教师准备计划标准》涉及语言和语言学标准、文学和文化标准、语言习得理论及教学实践标准、对语言与文化的评定标准、外语学习标准与课程的融合标准等(转引自贾爱武,2006)。该时期,外语教师素质的研究围绕着外语教学能力、教师素质等认知层面,很少涉及非认知层面。

进入 21 世纪,社会文化理论对教师专业发展起到了推进作用,教师专业发展的社会化过程成为普遍共识。至此,教师教育发展研究发生了多方面的变化:其概念建构经历了从"教师培训"到"教师教育"再到"教师发展"(Richards & Nunan,1990)的变化;理论研究经历了从行为主义向解释学、社会建构主义理论的发展;教师发展模式从行为主义理论影响下的外在技能培训转移到构建主义理论指导下的关注教师的全人发展;教师专业发展的研究视角发生了从知识取向到实践取向再到生态取向的变化。作为一种新的研究视角,生态取向从更广阔的角度把教师专业发展过程看作一个动态的生态平衡系统,注重建构教师学习的文化氛围,关注教师个体知识、内在态度和理念的提升,倡导教师共同学习和发展。

2.5.2 我国外语教师专业发展的研究历程

与国外相比,我国外语教师专业发展研究起步较晚,开始于 20 世纪 90 年代。经过近 30 年的研究,取得了丰硕成果。我们对国内外语类相关期刊进行了搜索,以期发现外语教师发展的趋势、存在的问题以及前景。经过分析研究,我们把研究成果划分为三个阶段,前两个阶段按照文秋芳和任庆梅(2010)研究的划分,即 1999—2004 年为起步阶段,2005—2009 年为发展阶段。以 2005 年为起点,是因为当年国内召开了首届外语教师教育与发展学术专题研讨会(由北京外国语大学与中国外语教育研究中心合办),表明国内专家开始关注该领域的问题。2010 年及之后是兴起阶段。以 2010 年作为本阶段的起点,是因为随着网络技术的迅速发展,大学英语教师专业发展研究发生了巨大的变化(孟丽华,武书敬,2015,p.36)。

1.起步阶段(1999—2004 年)

该阶段的研究以综述、引介、评述为主,内容涉及语言教师专业发展、外语教师应具备的素质、高校教师科研现状与问题、行动研究与反思教学等(孟丽华,武书敬,2015,p.36)。如在高校外语教师应具备的素质方面,赵丽娟(1999)认为高校教师应具备高尚的思想素质与行为规范、良好的心理素质、现代教学技术能力、扎实的语言专业素质、先进的教育理论和学科教学方法等。江晓梅(2003)介绍了英国当代英语教师学习理论及启示,概述了弗里曼以行促学的语言教师学习理论,提出了教师自身发展的学习观点,并介绍了语言教师学习的三个阶段:(1)进入培训教育中心前的思维结构状态;(2)在语言教师教育中心的学习过程;(3)提高自身教学能力阶段。在反思教学研究中,高翔和王蔷(2003)论证了反思教学及教学特点、教师和学生的互动关系,提出了反思教学对教师专业发展的作用,对课堂听课与观察、撰写日记、课堂教学录像、教师(同行)互评、教学行动研究等反思方式做了介绍。该阶段的实证研究主要采取问卷、访谈等方式围绕大学英语教师的基本情况、生存现状、专业素质等问题开展。如周燕(2002)对 48 所院校的大学英语教师进行了问卷调查后发现,英语教师具有较高的职业认同感,并认为教师培训是提升英语教学质量的关键;夏纪梅(2002)对大学英语教师的外语教育理念、知识、能力、科研等方面进行了实证调查研究。总的来说,该阶段的研究力量还比较薄弱,研究成果比较零散,对大学英语教师素质的内涵及基本框架还不十分清楚。

2.发展阶段(2005—2009年)

本阶段的研究仍不乏引介、综述及探讨相关理论的文章,不同之处在于更加关注国外外语教师专业标准与地位以及如何利用国外的经验探索适合中国国情的策略,力图构建我国大学英语教师专业发展模式。如刘学惠(2005)经过搜索大量的文献资料,对外语教师教育的概念、教师认知等方面进行了综述和分析,提出了我国教师教育研究的方向,特别是要加强理论建构、实证和实践应用联系方面的研究。韦理(2005)回顾了国外二语教师教育中的主要问题,如语言教学的界定、二语教师教育和相关学科的关系、第二语言教师教育内容、语言教师和教师教育者的关系,阐述了国外二语教师教育对我国外语教师教育的启示等。王家芝(2008)论述了国外师资教育培训的理论模型,分析了行动研究模式、反思教学模式与学习理论在我国外语教师教育中的应用和研究。付安权(2009)介绍了美国在线教师专业发展标准与对我国的启示,提出了外语教师专业发展的四个途径:改革学科和专业发展的本体认识、突出教学经验与主体意识、激励教师的批判和反思意识、倡导行动研究。有的研究开始界定与教师发展相关的概念和内涵,如钱晓霞(2005)论述了教师自主的概念及如何实现教师自主发展;吕乐和戴炜华(2007)从教师角色的视角探讨了教师专业发展的概念,并对外语教师专业发展的基本模式进行了阐释。在实证研究方面,该阶段的研究主要围绕大学英语教师的生存现状、专业素质、优秀教师内涵、教师发展需求及实现教师专业发展的途径等展开。如王海啸(2009)调查了大学英语教师与教学的现状,包括课程的设置、师资队伍的建设以及教师发展情况等;吴一安(2005;2008a)等依托"中国高校英语教师教育与发展研究"——教育部人文社科重点研究基地重大科研项目,出版了专著,发表了多项研究成果,特别是在优秀教师应具备的素养与能力以及他们的成长方面的研究,为外语教师教育研究做出了重大贡献。国内重要的外语学术期刊,如《外语教学理论与实践》(2008年第3期)、《中国外语》(2010年第4期、第5期)等设立教师教育专栏,对外语教师教育的理论和实践、存在问题、教师信念和叙事研究方法等展开了讨论,对我国的外语教师教育研究起到了推进作用。总的来说,该阶段的研究多基于学术研究的需求,还没有注重一线教师专业发展的需求,研究问题多源自研究者的经验,研究者与被研究者之间还不是平等合作的关系,教师只是理论的接受者与实践者。

3.兴起阶段(2010 年至今)

该阶段的研究具有多样化的特点,研究视角和研究内容更加广泛。随着我国教育教学质量全面改革的推进,社会对外语教师的专业发展更加重视,许多学者开始强调培养好的外语教师的重要性,提出教师教育要重视创新研究(秦秀白,2010;周燕,2010;徐锦芬,文灵玲,2013)。有的研究界定了大学外语教师专业发展的范围,如李四清(2012)探讨了通识教育理念下的大学英语教师发展的定义、内容和途径。在大学英语教师专业发展的途径和实现模式方面,多数研究者提出了可行的方案。如蒋学清(2013)提出了校际联盟的教师发展模式;王守仁(2012)提出要将构建大学英语课程体系与大学英语教师专业发展结合起来;陈冬纯(2014)基于内容依托的教学理念,提出要依托课程建设探索大学英语教师的专业发展;文秋芳和任庆梅(2011)提出了大学英语教师互动发展的新模式。在教师角色方面,该时期的研究从更加明确的层面剖析了大学英语教师角色。如常海潮(2011)在批判"后方法"论的基础上,探讨了外语教学中教师中心角色的回归;陆杨(2010)论证了多媒体和网络技术下的大学英语教师角色,解析了英语教师角色的动态发展;周燕和张洁(2014)认为教师在外语课堂教学的复杂情境中所扮演的是"对话者"的角色,并对教师角色进行了定位。

该阶段的实证研究数量较多、内容丰富、涉及面广。这得益于 2009 年至 2010 年教育部大学外语教学指导委员会在全国 530 所高校就全国大学英语教学现状进行的全面调查。针对教师教学行为的研究主要关注英语教师信念、教学模式、课堂提问、自主教学等。如杨鲁新(2010)从英语专业教师写作教学的信念视角,探讨了教学信念与教学实践的辩证关系。高强和秦俊红(2010)采用问卷调查和个案分析的方法,研究了英语教师的语法教学信念与课堂教学实践的关系。刘秀丽和张德禄等(2013)利用问卷调查、网上投票以及教学实验与定量分析相结合的方法,研究了外语教师多模态话语与学生学习积极性的关系等。在大学英语教师素质、科研、相关认知、自主能力、职业认同和职业倦怠的相关研究中,陈烨和王海啸(2013)对 747 名高校大学英语教师进行了问卷和访谈,对他们的科研状况、对教学与科研关系的认识、对阻碍个人科研发展因素的认识、参与学术活动的情况、自我职业规划等进行了研究。周燕和张洁(2012)针对外语教师的认知方式和需求、研究成果对教师教育效果的意义等进行了研究。康艳(2017)采用个案研究的方法,探讨了新手外语教师的认知构成及作用机制,发现了外语教师认知体系的九个维度、两种取向的动态连续体特征。刘莉(2014)基于职业倦怠表征的"三维度模型",分析了导致大学英语教师职业倦怠的重要因素以及应采取的措施。范琳和李梦莉等(2017)在三所高校206名英语教师中进行了针对自我概念、教学效能、职业倦怠的现状及三者间的相互关系的实证研究。本时期的研究更注重质化和量化相结合,研究对象广泛,研究内容开始细化,更加集中于解决教师教学中遇到的真实问题,为大学英语教师专业发展提出了切实可行的模式。

总的来说,我国外语教师专业发展的研究在理论上经历了从最初的引介、评述与综述到理论本土化的过程;在实证研究上,经历了从最初的只关注教师的外化、可视化表现到从被研究者的角度来探讨教师内心活动和外化表现的转变。目前,我国对高校教师专业发展的研究已初具规模,相关理论观点已较为成熟,研究数量和质量呈显著上升趋势。研究成果对提高教师的专业水平和地位、提升学校的教学质量和促进学生的全面发展具有积极与深远的影响。

2.6 现有研究存在的局限

随着社会的发展,我国外语教学领域逐渐认识到外语教师发展的重要性,研究者从教师培训、教学模式与策略、教师反思教学等角度进行了大量的研究,取得了本土化特色的研究成果,相关研究已形成一定的理论和模式,但相对于对基础教育领域教师专业发展的研究,国内对大学外语教师教育的研究还很有限,专题学术论文和专著相对匮乏,即使略有提及也多散见于学科教育或一般外语教学与研究中。针对外语教学质量的研究多集中在教法与学法、教材与大纲方面,针对大学外语教师本身的研究较为缺乏,大学外语师资教育尚未形成独立的研究方向(贾爱武,2005);外语教学的总体研究脱离课堂教学,研究问题与一线教师需求脱节(文秋芳,任庆梅,2011)。总的来说,以往多数研究多从教师专业发展本身展开,对大学英语教师的整体状况进行宏观层面的分析,较少把视线聚焦到对大学外语教师群体进行的具体研究,特别是对地方高校的大学外语教师这一群体而言,在促进教师专业发展的具体因素、条件或具体活动以及怎样发生等方面的研究还很欠缺。具体来说存在如下一些局限:

1.缺少历时性的研究

传统概念认为大学教师从事的职业本来就是以高深的专业知识为前提条件的,无须再强调专业发展;教师走向工作岗位时已经具备岗位所需的知识和技能,因此,教师在各个生涯阶段遇到的发展困境、身心问题或家庭问题,教师应当自行解决。叶澜等(2013,p.219)指出以往研究缺少沿着时间维度,对教师专业发展各个方面进行的综合性分析。多数研究者仅从某一个角度对教师专业发展进行描述式的研究,缺乏对专业发展构成因素的内在轨迹和外在影响因素的作用的分析,缺乏在教师总体发展的时间坐标系下对各因素作用的考察。

2.引介、述评研究多,实证研究少

纵观相关研究资料可以发现,以往教师专业发展的研究文献仍是介绍、引进、综述类文章居多,思辨性的纯理论分析较多,多数从教师专业自主发展的特征出发,以形式逻辑的方法演绎推理出优秀教师的专业结构与发展道路。用这种方法建构出的教师专业自主发展的结构、内容、路径等往往结构完整、逻辑严谨、概念明确,但可操作性不强。研究视角或是外语教师面对教育改革挑战时应采取的自我提升措施,或是优秀教师应具有的品质和素质等,涉及外语教师有效发展途径方面的研究只是泛泛提出了一些原则性建议,缺乏内容翔实、论述充分的实证研究(董金伟,2012)。高云峰和李小光(2007)也认为针对大学英语教师的实证研究欠缺,且研究主题较为分散,没有形成理论体系。已有的实证研究多以访谈和问卷调查为主,很难推动相关研究的纵深发展。

3.过渡关注外部因素,忽视了教师自主发展的诉求

教师专业发展研究的目的是探索促进教师自身发展的最佳方式,以提高教师素质。许多研究证明,多数教师对专业发展的诉求很明确,只要有提升自身能力的机会,他们都会积极参与,希望通过各种方式提升自己的教学方法与技能水平。但从研究者的角度来说,更注重的是教育体制等外部因素对教师专业发展的影响,较少关注教师在发展过程中内心世界的真实状况。很少有人涉足制约外语教师自我发展的主要因素及有效解决途径方面的研究(夏纪梅,2007;周燕,2005)。研究者没有把教师对自己专业发展的需要和意识作为一个独立的影响因素来考察,并探究在何时、何地、何种条件下,教师的自我专业发展会产生更大的效果(叶澜,2013,p.219)。

4.忽视了教师专业自主发展的人文性

受现代性及技术型专业观的影响,以往教师专业自主发展的研究过多地强调其发展的技术性。宋广文(2005)指出,对教师专业自主发展的研究重视教师专业自主发展的工具价值,却往往忽视了教师专业自主发展的本体价值。钟启泉(2007)也对这种忽视"教师文化"、用"技术范式"驱动教师专业发展的现象持批评态度。王爱菊(2008)认为,教师专业发展是由提高教学效益的要

求引发的,其目的指向教育对社会进步的贡献而非教育者和受教育者自身的生活和发展。教师常常被视为控制和改造的对象,不是自我改造和自我控制的主体,教师专业发展要满足教师自身需要的本体价值这一原则常常被忽视。教师作为人的尊严和需求,不得不退隐到了背景的地位。

5.研究缺少针对性

不同类型的学校,教师专业自主发展的结构、内容、路径等是不一样的,不同地域的教师专业发展也会有很大的差异。纵观相关研究可以发现,以往针对教师专业自主发展具体类型的研究成果较少,特别是涉及地方高校大学外语教师专业自主发展的研究十分欠缺。

我们认为,上述这些问题得不到妥善解决,势必会影响我国高校大学外语教师专业素质的提高,从而影响外语教育的整体质量与学生外语水平的提升,影响外语教学改革的顺利实施。基于此,本研究将从历时的角度,针对大学外语教师专业发展研究中的欠缺开展有针对性的探索,调查促进地方高校大学外语教师专业发展的因素,寻求有效的解决对策,研究地方高校大学外语教师自主发展的瓶颈,进一步提出有利于大学外语教师专业持续发展的可行性策略。

2.7　教师专业自主发展的理论基石

该部分就与教师专业自主发展相关的理论进行分析,为开展大学外语教师专业发展研究提供理论铺垫。

2.7.1 建构主义学习理论

该理论是认知学习理论的一个重要分支,是在皮亚杰的"发生认识论"和维果茨基(Vygotsky)的"文化-历史发展理论"基础上建立起来的学习观。皮亚杰认为,知识是在主体与客体的相互作用中建构的。首先,新经验要获得意义需要以已有的经验为基础,其次,新经验的获得和吸收又会促使已有经验发生改变,从而得到丰富、发展和改造,这是一个双向建构的过程。20 世纪七八十年代,维果茨基提出,学习是一种社会建构,社会能够对个体的学习发展起支持和促进作用,个体的认知学习是受一定社会文化历史制约的。维果茨基同样重视学习者原有的经验与新知识的交互作用,他将学习者的日常经验知识称为"自下而上的知识",把在学校里学习的知识称为"自上而下的知识",认为把两种知识联系起来,才能够形成系统的知识。

建构主义学习理论是已有的学习理论在当代的最新发展,它关注如何在原有经验、心理结构和信念的基础上来建构知识,强调学习的主动性、社会性和情境性。其基本观点是:(1)学习者的头脑是"加工厂",总是按照自身的经验来理解和建构新的知识;(2)新的学习依赖已有的知识和经验;(3)有意义的学习是在真实的实践情境中发生的;(4)社会性的交往和对话能够促进学习;(5)学习不是被动地接受信息,而是学习者以主动根据自身经验对外部信息进行选择、加工和改造的方式来建构意义。具体来说,与传统的学习观不同,建构主义理论的核心是"以人为本",以学生为中心,强调学习者的内在动机。认为学习是一个学习者主动发现、探索知识以及主动建构所学知识的意义的过程。在这个过程中,由于新的知识和经验的进入,学习者原有的经验和知识随之发生调整和改变,而不是像行为主义所描述的"刺激—反应"那样,被动地把知识从教师头脑中传送到笔记本上。学习者由外部信息刺激的被动接受者以及知识的被灌输对象转变为信息加工的主体和知识意义的积极主动建构者,而教师由知识的传授者和灌输者转变为帮助学生建构意义的促进者。另外,建构主义还强调,知识学习并不是一个由外到内转移和传递的简单过程,而是学习者在特定的情境下利用他人的帮助,借助必要的学习资料,通过合作、协商和交流等方式进行意义建构的过程。学习活动只有与情境化的社会实践活动相结合,才能有效地完成意义的主动建构。建构既是新知识意义的建构,也包含对原有经验的改造和重组。因此,"已有经验""实践情境""交往对话"与"意义建构"是建构主义理论最为核心的概念。

学习分为初级学习与高级学习。初级学习往往将知识简化,脱离复杂的情景,通过大量的练习和反馈就能达到学习的目的;而高级学习则需要达到掌握概念的复杂性以及在新的真实情境中灵活解决问题的目的。教师的学习是高级学习,需要紧密结合对教育教学情境中真实问题的学习,是自主建构性的学习。建构主义学习理论使传统的教师学习观发生了两个转向(如图2-1)。

第一个转向是强调教师的主体性。建构主义学习理论强调学习者是认识的主体,能够自主地对自身的学习进行评价和诊断。教师的学习目标不是由他人制订的,而是在学习的过程中自己设定的,在学习内容和学习环境的相互作用中产生的。只有当教师意识到要树立学习目标并愿意实现时,学习才能取得成功。这一观点与教师自主发展的目标是相通的,即教师要获得专业自

知识传递

个人学习 ———————→ 团队合作

自主建构

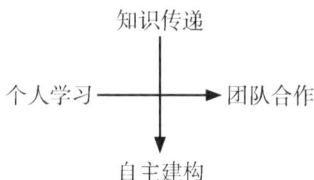

图 2-1 教师学习观的演变趋势

主发展,就必须自觉地制订自我学习目标和计划,并积极主动地付诸行动,在行动中不断调整、适应与发展。另外,教师的主体性还表现在在自主发展的学习过程中,教师要不断地自我监控、自我反思和自我调节,成为学习和发展的主人。自我监控是教师判断个体的学习是否达到目标以及在学习过程中及时调整学习策略的重要依据,它是教师建构知识的过程中不可缺少的。作为成人学习者,教师的学习是主体建构性的学习,是自主的学习,这是教师自我意识的成熟在学习上的体现。教师的学习受自我意识影响还表现在学习的主体意识增强。教师唯有自主确立学习动机,自我规划学习目标,积极主动地学习,才能释放和发挥主观能动性,掌握自身发展的主动权,这是教师专业发展的首要条件。

第二个转向是教师学习的合作性。建构主义学习理论打破了个人化的学习习惯,促使教师在与专业共同体内其他成员的合作和对话中提升专业能力。该理论认为,学习的本质是人与人之间的对话,是他人思想与自我思想之间的协商。学习首先是一个社会交往的过程,然后才是心理加工的过程。这种学习观要求教师专业发展以共同体为组织载体,走出孤立和封闭。在共同体这一特定环境中,借助于一定的学习情境、其他成员的帮助和必要的资源,再通过意义的建构,最终获得教师专业发展。由于教师学习的整个过程是在一定的情境下进行的,是在团队的合作活动中,通过成员间的协作实现的知识意义的建构,因此,"情境""会话""协作""意义建构"是建构主义学习环境中的四要素或四大属性。情境用来帮助知识的建构;协作和会话是所有成员共同开展学习、达到学习目标的重要工具;意义建构是教师学习的理想目的。建构主义学习理论为我们从微观上理解教师学习共同体提供了认识的渠道,也为教师专业自主发展指出了方向。

2.7.2 反思实践理论

在教师专业发展中,反思这一概念是一个核心问题,它既是教师自主发展的重要途径,也是教师专业发展的决定性因素,并成为20世纪80年代教育改革和教师发展的主题词之一。反思性实践理论的提出,为教师专业化发展提供了重要的理论依据,也确立了教师教育改革的实践取向;反思和实践两个概念被统一起来,教师不再是传统意义上的"教书匠",而是反思性实践者。国家教育部2011年颁布的《教师教育课程标准(试行)》就明确指出:"教师是反思性实践者,在研究自身经验和改进教育教学行为的过程中实现专业发展。"

反思的概念来源于美国教育哲学家杜威(John Dewey)提出的"反思性思维"(reflective thinking)。杜威(1933)在《我们怎样思维》(How We Think)一书中对反思性思维进行了系统阐述。他认为,反思性思维与常规思维不同,它是一种特殊的思维形式,是人们对所有信念或假定性的知识,按照所依据的基础和结论而进行的主动的、反复的、认真的思考(1933,p.9)。杜威指出,反思是指人们有意识地关注某一问题,然后认真地进行思考(1933,p.30),反思的产生需要两个条件:(1)引发思维活动的犹豫、怀疑或困惑状态;(2)探究的活动和解决困惑的实际行为。通过思维将模糊、疑难、矛盾等纷乱情境转化为清晰、连贯、和谐的情境。杜威把人的思维活动分为五步,即"思维五步法":(1)感觉到的困难,(2)困难的所在和界定;(3)设想不同的解决办法;(4)运用推理对设想的意义所做的发挥;(5)进一步的观察和实验(转引自饶从满,王春广,2000)。贝利、柯蒂斯和努南(Bailey,Curtis & Nunan,2001)将反思分为五个层面:(1)迅速反思(当场自觉的反思);(2)整理(认真思考即时反思);(3)反观(事件过去后在某个时间内的非正式思考);(4)研究(持续一段时间的更为系统的思考);(5)重构(根据众人所接受的理论在较长一段时间对某一现象进行思考)。概括地说,反思性思维具有意识性、逻辑性、目的性、连续性、确定性、推动性等特点。反思就是用批判和审视的眼光,多角度地进行分析和观察,反省个体的观念、思想与行为,做出理性的判断和进行选择的过程。反思性思维是新知识的动力源,是教育的目标。教育存在于敏锐的、周到缜密的思维习惯中。具有反思能力的教师会批判性地审视自己的教学活动,使教学行为的目的更加明确。

20世纪80年代初,舍恩(Schon)在《反思性实践者、专家如何在行动中思考》(The Reflective Practitioner:How Professionals Think in Action,1983)一书中首次提出了"反思性实践"的概念(1983,p.141),尝试弥补传统的理论与实践之间的分离。舍恩认为,提高从业者专业能力的力量不依赖于外来的研究理论,而在于从业者对自己的实践行动、内隐知识和观念等进行有意识的反思和思考,并把这些思考反馈于行动中,使之不断得到改善。思考可以是行动中的思考和行动后的思考,也可以是发生在未来行动之前的思考,即在行动之前的反思性计划和准备(Schon,1983;1990)。三种反思发生的时间虽然不同,但这是一个循环的过程:反思性实践从"为行动反思"开始,通过"行动中反思",到达"行动后反思",然后又开始新一轮的"为行动反思"(Killion & Todnem,1991)。因此,反思性实践是一个不断发展变化的螺旋式上升的过程。在该过程中,三种反思常常交织在一起,相互促进和影响,目的是为了改进实践。

杜威的"行动中反思"是指个体不断有意识或潜意识地对与以往经验不相符合的、未曾预料的问题情境进行重新建构。如在教学中,当教师遇到出乎意料的问题时,要进行反思以调整教学。"行动后反思"是指个体对已经发生过的行为进行的回顾性思考,是对行动的结果和过程的反思。杜威更强调"行动中反思",认为行动中反思的结果——实践性知识更为重要,因为它需要借助个体的"行动中知识"(knowing-in-action)(Schon,1983,pp.66-83)或"缄默的知识"(tacit knowledge)(Polanyi,1958)来界定问题和解决问题。所谓"行动中知识"依赖于实践者专业经验中的直觉知识,常隐含在当实践者面对不稳定、不确定、独特而又充满价值冲突的情境时所表现出来的艺术和直觉过程中。对教师来说,教师的"行动中知识"就是隐藏在教师头脑中的以往教学经验和学习阅历,以及教师个体对特定教学情境的理解、判断和认识。当教师觉察到正在进行的教学活动存在问题时,他们会潜意识地运用已有的知识和课堂具体情境展开对话,以便更好地解决问题。教师在使用已有知识时所依靠的是一种直觉,可能有时教师自身并不一定清楚为什么要这么做。反思可以激励教师觉察到自己的内隐知识,并加以审视、激活、批判和发展,提升其合理性,更好地改进教学实践活动。按照具体的教学过程,可以把反思分为三个阶段:教学前反思、教学中反思和教学后反思。这些反思可以使教师的内隐知识和信念显性化,使教师的自我意识与自我发展能力得到逐步提高和增强。

伴随着认知心理学和教师专业化运动的发展,反思型教师观应运而生,反思性教学、反思能力等概念不断涌现出来。舒尔曼(Shulman,1987)认为,反思型教师会经常进行回顾、重建与重现,并能够对自己和学生的行为表现进行批判性的分析。在教师实践中,反思型教师能够批判地考察自我的教学行为以及行为依据,通过自我监控、诊断等方式,通过肯定或者否定、支持与强化、思索与修正,把教学和学习结合起来,提高教学实践的合理性。在前人研究的基础上,华莱士(Wallace,1991)进一步提出了外语教师发展的思维模式,将教师专业发展过程呈现为一个教学实践与反思不断循环的过程,如图 2-2:

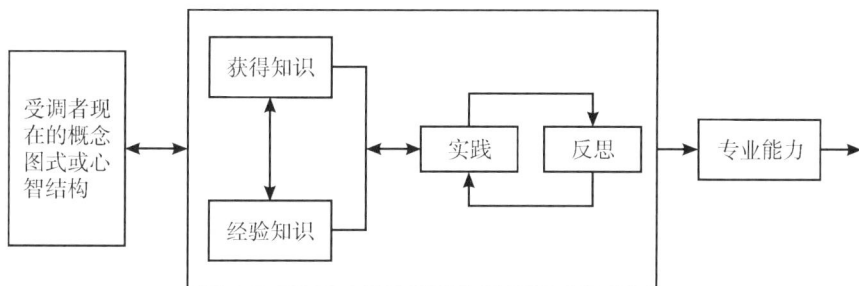

图 2-2　华莱士(1991)教师专业发展反思实践模式

在该模式中,外语教师所具备的理论知识(received knowledge)和经验知识(experimental knowledge)是其实践、反思的源泉和理论基础。教师通过实践—反思—实践—反思这一反复循环的过程实现其专业发展。反思教学的过程是教师主动调整和管理教学实践的过程。该模式明确了教学反思、教学实践与教师发展的关系,突出了反思性实践在教师专业发展中的必要性、重要性和发展性,表明了教师自主发展意识和发展能力存在着不可分割的依赖关系。通过实践与反思的不断循环,外语教师最终达到专业化的发展水平。

通过对反思实践理论的探讨,我们认为该理论对教师专业自主发展具有重要的启示:反思性实践概念在教育领域内的提出突出了教师的主体性,在强调实践性知识重要性的同时又把理论与实践结合了起来。反思性实践是教师专业发展的核心,是促进教师专业发展的一种简单且有效的途径。

反思性实践要求教师在教学过程中不能照搬书本知识,要根据具体的教学情境,借助于自己对教育教学的理解和感悟,对教学中出现的问题做出自主判断和选择,创造性地解决教学中的问题,并不断反思,改进自己的教学实践。在这个过程中,反思是解决问题、促进个体发展的关键,正如理查兹(Rich-ards,1998,pp.10-12)所述,反思既能促使教师发展个人的教学理论,系统地检查自己的决策过程和教学过程,也能发展教师的批判性思维,增强自我意识,促进自我改变。

反思性实践要求教师在反思和与他人的合作与交流中,不断建构和重构个人对教学的理解,发展专业化的自主意识。反思性实践可以提高教师的自我和教学监控能力,帮助教师形成正确的自我概念,从而跳出对自身认识的偏差,重新审视自己,认识一个客观的自我。教学反思也能促使教师客观、公正地评价自己的教学效果,充分发挥教师的主观能动性。有效的教学反思不应只停留在"思"的层面,而要将反思的结果践行于之后的教学实践中,形成一个交错递进、循环往复、逐渐升华的教学过程。这正是思之则活,思活则深,思深则透,思透则新,思新则进。

2.8　启示

我们所处的时代正在发生翻天覆地的变化。信息爆炸、人口增长、计算机与网络技术的普及和全球化的到来,都对教师专业素养提出了更高的要求。开展教师教育和教师发展研究,是促进教师自身发展和提升教师群体专业素质、提高教育质量的首要任务,也是关系到国家、民族兴旺发达的重要举措。纵观相关文献可以看出,与国外研究相比,我国外语教师领域内关于教师专业发展的研究起步较晚,但是已形成了我国独有的特色,同时也还存在一些缺陷。

从上述分析可见,我国针对大学外语教师群体的研究,大多是对大学外语教师的整体状况进行的宏观层面的分析,只有少数把视线聚焦到了地方高校大学外语教师群体层面的具体研究。针对这种现状,本研究选取地方高校大学英语教师这一群体进行个案研究。从历时的视角,探讨在大学英语课程体系建构过程中促进教师专业发展的举措;组建大学英语教师学习共同体,开展教师自主学习活动;组织教师深入课堂教育教学实践,反思教学中存在的问题等,开展质性研究。在此过程中,笔者通过对教师的教学和学习活动进行录像和录音、记录文本、收集教学日志、开展访谈、搜集相关资料等展开质性分析,得出研究结论。希望本研究能够帮助突破大学外语教师专业发展的"高原期",改变青年教师专业发展的隔离状态,进一步促进我国外语教师专业发展领域的研究向纵深发展,从而探索出一条本土化的大学英语教师专业自主发展新路子。

第三章　大学外语教师专业发展之课程体系建构

最新制定的《大学英语教学指南》提出，大学英语教师要"适应大学英语课程体系的新要求"，不但要具备涵盖学科的专业理论和知识，还要有课程建设意识。王守仁(2012)指出构建大学英语课程体系能够促进大学英语教师队伍的建设，增强教师的适应能力，并号召各高校以大学英语课程建设为平台，在构建大学英语课程体系的实践中积极推进教师发展，不断提高教师的专业水平和教学能力。本章针对在大学英语课程体系构建中如何提升教师的专业素养展开研究。

3.1　大学外语教育与通识教育

2008年，在北京大学110周年校庆及《寻找北大》一书出版时，钱理群教授在接受记者采访时说，我国现在的实用主义、虚无主义、实利主义的教育，正在培养一批"绝对的、精致的利己主义者"。这是近十几年来一直困扰着我国大学教育的"钱理群之忧"。从根本上来说，钱理群教授提出的是一个大学要"培养什么样的人"的问题，这也是教育的一个基本问题。

自改革开放以来，我国的大学英语教学取得了令人瞩目的成绩，为国家输出了大量的社会所需人才。但英语教育在从以培养听说写读译技能为目标向以培养复合型人才为目标转变的过程中，出现了"重科技、轻人文""重专业、轻教养"的现象。张西平(2007)认为英语教育中过于注重语言知识和技能的培养，从根本上削弱了外语教育的本质——人文主义教育。人文教育的缺失，造成了人文精神的衰落，学生中物欲化情绪和功利倾向日益严重(胡文仲，孙有中，2006)；技能本位的教学模式，致使学生知识面窄，思辨能力差，创新能力欠缺(黄深源,1998)。近几年,大学外语教学改革遇到了一系列问题。一方面,课时被不断压缩,课程被边缘化,社会对大学英语的教学效果产生质疑;另一方面,大学生英语学习的短板和深层问题开始彰显,例如由于阅读积累与反思的有限,导致大学生的中外文读写思辨及批判性思维能力欠缺,出现了英语写作中论证苍白、逻辑性欠缺、观点缺乏深度等问题。之所以产生这些问题,在很大程度上是由于我国自 20 世纪以来效法苏联实施专业主义、分科目进行课程教学的理念,导致高等教育中通识教育的缺失或不到位;这些问题也与我国应试教育的弊端有着不可分割的关系,它们的产生是外语教学中多年来"人文性"与"工具性"的取向之争,即大学外语教育要培养什么人这一问题的体现。

为了回答这个问题,首先要确定的是大学英语的课程性质。我们认为,语言是获取信息、达到交际目的的工具,同时语言也是文化的载体,是文化的组成部分,因此语言兼具人文性和工具性。学习英语除了要掌握这个交流工具、学习与交流先进的科学技术或专业信息外,还要了解英语国家的社会与文化,增进对西方文化的理解,培养跨文化交际能力。因此,英语教育是人文教育,工具性与人文性是英语教育的根本。正如《指南》指出的,"人文性的核心是以人为本,弘扬人的价值,注重人的综合素质培养和全面发展",我们"要充分挖掘大学英语课程丰富的人文内涵,实现工具性和人文性的有机统一"。只有理清了外语教育在人才培养中的地位,才能建构科学合理、切实可行、符合时代要求的大学英语课程体系。

20 世纪 90 年代,为了纠正高等教育过分强调知识分科与专门化而忽视学生综合素质培养的倾向,我国高校开始引入通识教育。外语界有识之士也呼吁融人文通识教育于英语教育中,以此来提高大学生的人文素质和创新能力(张中载,2003)。外语教育中加强人文通识教育,是培养具有较高人文素质和创新能力人才、解决目前我国外语教育教学中所面临困境的创新之路。从通识教育起源与发展的历史来看,贯串于其中的主线就是"培养什么样的人"的问题。甚至可以说,解决"培养什么样的人"的问题是通识教育的一个最基本的功能。因此,通识教育也是解决"钱理群之忧"的一个方向。

通识教育起源于古希腊的"自由教育"(liberal education),我国翻译成"自由教育",也称"博雅教育",是一个内涵丰富、多阶段、多维度的教育理念。美国哥伦比亚大学最早开始实施通识教育。二战结束时,当时的哈佛大学校长詹姆斯·柯南特(James B. Coant)发动了一场关于美国大学教育的讨论,旨在通过大学的通识教育来培养未来社会精英层的社会责任感,并在 1945 年形成了一份名为《自由社会中的通识教育》(*General Education in a Free Society*)的报告,把学校教育分为通识教育和专业教育。报告指出通识教育是全部教育中使学生首先成为有责任的人和公民的部分,专业教育则是令学生具有某种职业技能的部分。1947 年,美国高等教育委员会提出,通识教育要教给学生某些价值、态度、知识和技能……使学生成为一个完整的人,一个称职的父母亲,一个健全的公民。此后,美国各主要大学都根据时代变化对本校的通识教育课程体系做出了调整和改革,"培养什么样的人"始终是各高校关注的核心。

　　现代通识教育是博雅教育理念的继承和新的演绎。它的出现是为了弥补专业教育的不足,解决专业教育体系中的学科分裂和事实与价值、精神与物质相分离等问题。众多学者对通识教育到底是培养什么人的问题进行了不同的解读,提出通识教育的核心在于培养"有教养的人""完整的人""自由的人""和谐发展的人""合格的公民"等理念。总的来说,通识教育的实质是进行人性教育,区别于专业教育和职业教育,核心是涵养人文精神,总体目标是培养一个"健全的人",他/她应为拥有健全的心灵,应当是一个"完整的人"。所谓全人教育既包括培养高尚的道德标准、情操和对社会的责任感,也包括继承全人类的知识和智慧,提高批判和创新能力。

　　21 世纪是知识和科技竞争的时代,而知识和科技的竞争优势来自于具有创新能力的人才(文秋芳,2002)。创新人才必须拥有良好的人文道德修养,这是创新能力存在的内在动力。通识教育能够拓宽学生的视野,帮助学生掌握全面的知识结构,使学生在情感和意志等方面健康地成长,帮助他们形成正确的价值体系,所有这些都是创造力的基础,是培养创新素质人才的前提(毛秀琳,2008)。可以说,一个人的文化背景越深厚,视野就会越宽广,文化素养越高,其创造能力也就越强。但是我国以技能培训为核心的英语课程体系整体上偏重技能训练,轻视英语知识吸纳的连贯性,缺乏学术内涵和深度以及对认识能力和思辨能力的系统培养,要解决这些问题,就必须把英语教育和通识教育结合起来(钟美荪,2006)。只有明确了外语教育的人文学科属性,才能找到其学科定位,才能确立恰当的专业培养目标(蓝仁哲,2009)。外语教育除了培养学生扎实的语言基础之外,还要对学生进行"全人教育",即培养出具有道德责任、自由思想、服务意识、探究精神和独立思考能力的合格公民,其本质和目前正在推广的通识教育的目标是一致的,因此,外语教育是通识教育的组成部分,"通识教育既可以作为外语创新人才培养目标实现的理论指南,又可以作为实现外语创新人才培养目标的有效途径"(柴改英,2010)。

3.2 国内外通识教育研究现状

虽然通识教育在我国是一种新兴的教育模式,但在国外高校已经广泛展开。例如哈佛大学、麻省理工学院等率先建立了通识教育课程体系。美国规模化的通识教育课程体系对其他国家和地区的高校课程设置产生了很大的影响。在我国的香港和台湾地区,通识教育得到了广泛的实施。如台湾公布了一系列通识教育计划、重视经费的投入、建设通识教育共生机制,使通识教育真正成为大学教育的基础核心(陈雯,2018)。为了提高学生的人文素质,北京大学、清华大学、北京师范大学、复旦大学等高校也在通识教育课程体系的建设方面敢为人先,勇于探索与尝试,取得了显著的成果,引起了社会对人文通识教育的普遍关注。

外语教育中如何加强通识教育也成为国内学术会议关注的主题。2006年6月北京外国语大学举办了全国人文教育与英语教育学术研讨会,会议提议要加强人文教育,并就英语专业人才培养模式进行了探讨,提出了具体的改革措施,在英语专业教育中的人文教育方向与原则上达成了共识。在孙有中(2008)的主持下,此次会议的精彩发言以及国内学术期刊上已发表的相关论文被汇编为《英语教育与人文通识教育》一书。该书详细分析了我国英语专业教育中存在的问题,系统地介绍了国内开展的英语教育与人文通识教育讨论中的主要观点以及主要英语院系的做法,为英语教育改革提供了很好的思路。2008年复旦大学举行了以"面对时代挑战的大学本科教育改革"为主题的"大学通识教育论坛",与会学者呼吁要加强大学的人文通识教育。2010年5月上海外国语大学和中山大学举办了"全国大学英语信息化教学改革成果总结暨外语通识教育与课程设置的高层论坛",探讨了大学英语通识化教学的问题。与会学者认为推广人文通识教育是深化大学英语改革的重点,是解决目前大学英语教学困境的新思路。

与此同时,研究者针对通识教育中存在的问题展开了探讨。2010年,《外语电化教学》第5期开设了专栏主题——大学外语教学通识化改革,刊发了4篇文章(王哲,李军军;吴鼎民,韩雅君;柴改英;蔡基刚,廖雷朝),集中探讨了通识化教育与大学英语教育的问题。在两者的关系方面,研究者们各抒己见。与高层论坛不同,有的文章对"通识化教育是大学英语教学内容改革的基本方向"这一观点提出了异议。陈坚林和顾士民(2011)从大学英语课程的特点、师资知识结构与学生学习需求等方面展开了分析,提出了大学英语课程无法独立担当通识教育重任的观点,认为我国的大学英语教师很难承担涉及人文、社科和自然科学的跨学科教学要求。作者指出,大学英语课程是实现通识教育的一种重要途径和有效手段,建议通过课程内容体系的改革,实现语言技能与通识教育内容荷载量的平衡。

3.3　外语通识教育实施中的焦点问题

通识教育的实施是对大学"培养什么样的人"这一问题的重新思考,是对大学教育的重新定位。目前,通识教育已构成大学教育的重要组成部分。但是,我国的通识教育是在没有传统、没有经验、没有积累的条件下开展的,在实施中必然会遇到各种问题,对大学"培养什么样的人"问题的思考与对大学定位的探索远未结束,因为随着通识教育的开展,通识教育出现了理论上的庸俗化和通俗化,实践上的技术化和形式化(倪胜利,2011)。在外语教育领域,出现了诸如外语通识教育是否具有可行性、通识教育是否该本土化、如何设置通识教育课程、如何建立人文教学环境和通识课程教学模式等问题,这些都是我国英语教育改革中急需探究清楚的问题。通过文献分析,我们认为问题主要集中在以下几个方面:

3.3.1　人文通识教育实施必然性的问题

通识教育是世界各国普遍接受的国际化议题,对通识教育没有国际化的认同,就会失去话语权和国际共识,就无法开展国际交流。在高等教育的基础概念中融入通识教育,能丰富和发展我国的教育思想和教育方法。但是我国的通识教育是在非常不利的社会氛围中开展的,我们要对各种不利的条件有充分的认识。在市场化的今天,首先要弄清楚的问题是通识教育的实施是否行得通。这个问题在较早开设人文通识课程的美国和欧洲大陆的高校中早已存在,这些高校也抵挡不住商业化的冲击,职业化的教育越来越严重,通识教育受到影响,致使有的学者认为,在大学实施人文通识教育只是一个理想,在商业化浪潮中真正做到已不可能。许多学者不断发出警告,提醒教育当局和大学领导给予关注。

　　该问题争论的焦点归根到底是高等教育要培养什么人的问题。在市场经济下,教育与市场挂钩是必然的走向。如在我国 20 世纪八九十年代,各行各业需要大量既精通业务又有较强英语能力的复合型人才。为了顺应这种要求,外语教育的课程设计发生了转变,从以单纯地培养学生的语言技能为目标转向以培养兼具语言技能和专业知识的复合型人才为目标。这在一定程度上缓解了市场经济对英语应用人才的迫切需求,得到了社会的认可。但随着社会的发展,人们逐渐发现这种功利主义的理念造成了对学生人文教育的缺失,导致了他们人文素质和创新能力的降低,外语教育成了技能和职业教育。众多学者认为不重视人文教育的学校只不过是职业技能培训学校,不是高等教育机构。所以,高等教育在培养学生扎实的专业和职业素质以外,还要培养他们良好的道德修养、人文素养、科学精神、身心健康等综合素质。如果学校的人才培养目标是拥有职业技能的人,似乎就没有必要强调通识教育。但是 21 世纪需要高素质、具有创新能力的人才,因此开展通识教育是必要的,这是时代的要求,也是解决目前外语教育所面临困境的必由之路,既是提高全民素质的重要渠道,也是无论遇到多少困难我们都必须坚持下去的事业。

3.3.2 人文通识教育本土化的问题

　　通识教育的核心是培养学生的人文精神,使学生受到高雅文化氛围的陶冶、广博文化知识的滋养和优秀文化传统的熏陶。因此文化教育是通识教育的重要组成部分。20 世纪 80 年代,我国外语教学中就开始输入文化教学,这是外语教育改革和进步的体现,但同时也进入了一个误区,即文化教学就是进行目的语文化的导入和学习。由于偏重西方文化的学习,在教学内容和课程设置上忽视了中国文化的传播,这种片面的文化教学造成了"中国文化失语症"(从丛,2000)现象。

　　造成这种现象的原因之一是在我国外语教学中,教学大纲的制订者和教育工作者长期以来过多地强调母语对外语学习的负迁移作用,认为要学好英语就要学会用英语思维,要完全按照英美国家的思维模式表达思想,英语教学的重要任务是培养学生的英语文化意识。另一个原因是,进入 21 世纪后,由于市场化和所谓"国际化"思路的影响,人们对中国文化渐渐地漠视。教学中文化输入的偏差以及对本土文化的冷漠,导致了跨文化交流中的"文化身份危机"(即缺乏自身文化群体归属感)。

早在 20 世纪 90 年代,费孝通先生就提出了"文化自觉"一词,其本义是指生活在一定文化历史圈子的人们对其文化有自知之明,即文化的自我觉醒、反思与创建。我国有悠久的历史,传统文化博大精深、源远流长,几千年的历史孕育了中华民族宝贵的精神财富,培育了中华民族崇高的价值追求,这是支撑中华民族薪火相传的精神力量,也是实现祖国伟大复兴的强大精神动力。把博大精深的中国文化向世界传播是大学生的责任和义务,因为他们是实现中国梦的中流砥柱。大学生对中国传统文化的把握和领悟对文化的传承起着重要的作用,也关系到中华民族伟大复兴的顺利推进和国家文化的安全。坚定的文化自信既要根植传统,更要顺应时代,实现创新与发展,只有深刻地了解中国文化,才能更好地理解和吸收西方文化的精华。我们提倡国际化并不意味着全盘按西方的大学模式建设中国的大学,大学既要拓展学生的国际视野,也要培养他们的本土情怀。

3.3.3 人文通识教育课程设置的问题

大学英语课程设置必然涉及通识教育的问题,这也是人们争论的一个焦点。通识教育课程是大学学习的主要课程和基础学术训练课程,需要精心设计,严格挑选。美国大学的通识课程,即"核心课程"有严格的要求,经过严格的设计,其目的在于由学校一流的学者指导学生进行一流的学术训练,培养学生的学术素养,而这些课程正是名校的精华所在(王文浩,2012)。但在我国,大学教育中存在着一种误解,即认为通识课程是学生在专业课以外用来拓展学习兴趣和知识面的课程;在课程的设置中,设置者并未建设通识教育的"核心课程",而是片面追求通选课的数量和范围,似乎开设通识教育课程的目标就是让学生"什么都知道一点"(甘阳,2006),错误地认为可供选择的课程门类越全,课程数量越多,通识教育就搞得越好,这就导致了通识课程设置中的肤浅化现象,即过多地追求知识面和兴趣,缺少对学生深厚学术素养的培养。在学科本位的惯性、知识权力的制约和现实功利主义的追求的共同作用下,我国通识教育课程和西方的"核心课程"产生了差别。

我们必须清楚通识教育主要承担的是传承功能,传承人类千百年来的文明,课程中没有时髦的东西。在制定通识教育课程时要量力而行,实事求是,不能把它当作装饰品。通识教育中还要避免形式主义与外在模仿,不能把主要的精力放在表面华丽的规划设计和面面俱到的学科分布上,而应全力探索通识课程的教学要求与教学模式。甘阳(2008)认为片面地追求和扩大通选课的范围与数量,往往会造成通选课数量越多,学生越不重视的现象;通识课程不应该设置成"通识教育大杂烩",而应该是设计少而精的几门"共同核心课程"。

《指南》对大学英语课程的设置做了明确指示:要兼顾学生英语社会语言能力和学术语言能力的提高以及跨文化能力的培养和综合素养的提升,使大学英语教学与通识教育的目标相一致(孙倚娜,李翠英,2016))。外语课程设置应在保持课程特色的前提下,实现教学内容、教学模式等的根本改变,培养学生的国际视野,使他们拥有广博的知识面和创新能力。课程设置应具有包容性、合理性、灵活性、多元性等特点。如用英文开设中华文化史、中华文明经典导读、中国古典文学等课程,来开拓学生的视野、提升学生的本土情怀。在实施的过程中,高校还应根据本校的实际情况,设置科学、合理、适合学生实际的外语通识教育核心课程。在课程设置中还要加入探究性项目,培养学生的批判性思维能力和创新精神、跨学科意识和缜密的思维能力以及复杂的认知能力和深度的学习能力。

3.3.4 人文通识教育中教师队伍建设的问题

对通识教育相关问题的讨论势必会引起我国外语教学新一轮的改革,进而引起对英语教师转型和发展的探讨。师资力量的发展是进行高等教育教学改革、实现教育国际化的前提,是成功推动通识教育的关键。我国拥有庞大的英语教师队伍,英语教师对外语教育改革的态度和信念决定着英语教学改革的成败。教师只有具备了一定广度和深度的知识结构以及对知识进行有意义转化的能力,才能有效地实施通识教育教学。博克(2012,p.280)认为,如果大批才华横溢的教师加入通识教育队伍中,那么历史课程、自然科学课程或文学课程就会成为学生大学生涯中难忘的课程之一;相反,如果师资匮乏,教师的知识结构或学科背景单一,就会导致高校教师通识教育知识储备不足和教学能力不高。

我国外语教师在入职前所接受的外语教育基本是以知识、技能为基础的,缺乏综合运用能力的培养,且多数教师没有到英语国家学习的经历;各种教师培训也是以教师的专业能力、语言教学能力和科研能力为主要目标的。这种围绕着语言教学发展的模式已经不能满足现代社会中教师专业发展的需求(孙倚娜,李翠英,2016)。单一的学科知识与学科背景会导致教师知识储备不足和教学能力不高的问题。蔡基刚和廖春雷等(2010)对复旦大学的英语教师进行了研究,结果发现大学英语教师除了在语言能力方面占有优势外,对交叉学科的知识相对匮乏,对开设如法律英语、科技英语之类的专门用途英语课程有排斥感和恐惧感。另外,以科研为核心的评价体制对教师学术职业发展的影响也会导致教师缺乏开展通识教育的积极性和热情,满足不了通识课程对教师的需要。因此,拓展大学英语教师的知识结构、激发他们开展通识教育的动力、提高他们的思辨能力和学术能力,已是当务之急。

李四清(2012)认为,通识教育理念下的外语教师发展不再单纯围绕语言教学能力的提升,而是指教师以广博的知识结构为基础,在教师专业发展中形成自身的创新能力、自主学习能力和教学能力,不断丰富自己的专业知识和人文素养。基于此,作者提出了一个由"知识结构、创新能力和教师自主"三个要素组成的外语教师发展框架(如图 3-1)。

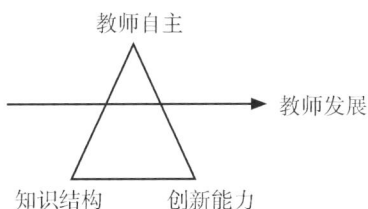

图 3-1　通识教育理念下的教师发展内容

其中,知识结构和创新能力是基础,教师的自主能力随着教师知识结构的调整和创新能力的发展而发生变化。因此,教师发展是一个循环的过程,是教师不断调整和适应的过程。教师的自主能力是发展的核心,只有高度自主的教师才能敏锐地把握世界的变化并积极跟进和创新。身处转型期的大学英语教师要根据社会的需求及时寻求自身的调整和发展,寻找方向,定位目标,在语言教学的工具性基础上加强其人文性。

孙倚娜和李翠英(2016)同样认为,在通识教育课程体系下,大学英语教师需要根据个人的兴趣特长和通识教育发展趋势选择可持续发展的方向。英语教师的教育背景和人文社会科学知识紧密结合,如果教师再结合某一具体专业继续学习深造,将会更有利于他们知识结构和思维的拓展以及学术创新。作者进一步举例说明了教师专业发展的具体策略。如语言学背景的教师可以语言学知识为基础,借用语言学的方法研究不同学科领域中的英语表达和学术交流,或利用语言学路径研究不同文化之间的差异;文学背景的教师可以把自己的学术和教学研究扩展到哲学、文学、文化、宗教等领域;翻译背景的教师可以借助于自己的知识背景,开设语言文化对比和中华文化等方面的课程来促进自身专业能力的发展。这样每位教师就能在不脱离原有专长的前提下,开拓新的研究领域,改变英语教师被边缘化和课程被压缩的专业发展现状。外语通识教育的过程是一个驱动教师"自我拯救"的过程,教师对这场教育改革必须有充足的思想准备,这样才能在通识教育中不断提高自身的素质,不被时代淘汰。

综上所述,通识教育绝不是为了某一具体应用目的而对受教育者进行操练的一种技术培训手段,也不同于学科体系下对某一门学科知识的教授与灌输。它着重于塑造人的灵魂,潜移默化地提高受教育者的品位与格调,激发他们对社会、对他人的关怀,培养完善的人格,塑造"完整的人"。因此,通识教育是长期的,它不仅仅是一系列课程内容的改革,更是一套完整的人才培养方案。通识教育的实行不是某个院校自身就能做到的,必须有教育主管部门以及大学领导的同意和规划,还需要各方面的配合。高校应根据本校的办学特色和通识教育发展规划,指导大学英语教师设计新的专业发展方案,创造条件帮助他们成为未来通识教育的主力军,并采取各种措施吸引全体教师关注并参与通识教育。学校还应搭建多学科教师之间的协作平台,为教师提供跨学科对话和交流的机会,因为知识系统的发展已使任何一个学科都告别了封闭状态。教师作为研究者要突破传统的学科形式,利用通识教育更好地实施跨学科课程的教学工作。力图通过加速本校教育的国际化,达到《国家中长期教育改革和发展规划纲要(2010—2020)》中提出的,提高教师专业水平和教学能力,努力造就一支师德高尚、业务精湛、结构合理、充满活力的高素质和专业化教师队伍。

3.4 大学外语课程体系建构的研究

明确了大学外语教育与通识教育的关系,大学英语课程体系的设置就有了方向和目标。进入 21 世纪以来,国内陆续出现了针对大学英语课程设置的研究。如薛媛(2008)对我国香港和内地大学英语课程进行了详细对比和分析。胡杰辉(2014)开展了以目标为导向,建立了通用、通识和专门用途英语"三位一体"课程体系的研究。刘玉杰和宋银秋(2015)建构了以需求为导向,兼顾提高学生的基础英语能力及专门用途英语能力的课程体系。在针对大学英语课程设置模式的研究中,学者们从不同的角度提出了不同的看法。韩戈玲、祁小雯和戴炜华(2009)从"立体化"视角探索大学英语课程设置,认为大学英语课程体系应该从学生实际出发,以国际化就业市场需求为导向,实现课程设置与专业技能相结合的模式。作者指出,立体化、多层次、菜单式的大学英语课程体系有三个特点:第一,必修课程和选修课程平行,平行课程体系呈渐进式和连续性;第二,第二课堂语境与课堂教学相融合,形成在课堂中培养学习兴趣、在课外活动中展示本领的良性循环;第三,形成性评价和终结性评价相结合。韩雅君(2010)探讨了通识教育模式下的课程体系建构,认为大学英语教育是通识教育中必不可少的一部分,大学英语教学改革的一个重点就是以英语为教学语言推广通识教育。鉴于大学英语教育的性质和通识教育的目标,大学英语课程体系建设应重点突出语言技能培养与通识教育相结合,做到学科课程与活动课程、必修课程与选修课程、教师面授与网络教学、终结性评价与过程性评价等多个方面相结合。蔡基刚和廖雷朝(2010)则提出了"专用英语"模式的课程体系建构,认为专用英语是世界公共英语教育的主流,是社会和学生的需求,也应是大学英语教学改革的方向。作者认为专用英语包括学术英语(EAP)和行业英语(EOP)两部分。这种模式下的大学英语课程体系建设应遵循真实性、需求分析和以学生为中心等三个原则。在遵循外语教育规律的前提下,学校应根据实际情况进行课程设置。韩戈玲和董娟(2011)以"生态化"模式建构大学英语课程。作者把大学英语教育系统看作由现代教育技术、现代教学理论、教师、学生、教材、课程等生态因子整合而成的生态环境;课程体系则是该生态环境中一个动态、开放的生态整体,其中各种课程要素相互作用、相互依存,并随着生态环境的变化而变化,构成了一个灵活协调、动态平衡的课程体系。该模式追求课程与学分的合理构成比例,提出了不同类别高校的课程体系应具有不同生态结构的观点。

2016 年,《中国外语》以"大学英语课程设置"为主题推出了专栏文章,刊登了三位大学外语教学指导委员会委员根据自身参与编制《大学英语教学指南》的经历和感悟撰写的文章。向明友(2016)从重申大学英语课程的性质与定位入手,解读了《指南》有关课程设置的基本内容,指出了新一轮大学英语课程体系建设的趋势和特征。周学恒和战菊(2016)从后现代课程观的视角探究了大学英语课程设置的理论依据,揭示了《指南》的特征。孙倚娜和李翠英(2016)根据通识教育的原则和目标,对大学英语通识教育课程设置和大学英语教师可持续发展提出了建设性的意见和建议。三篇文章虽然视角不同,但观点互补,对大学英语课程体系的设置具有重大的指导意义。

随着大学英语教学改革的推进,不同层次、类型和区域的高校根据《指南》和自身的办学定位制订了个性化的大学英语教学大纲,在准确把握课程定位的基础上建构了新的课程体系。最具代表性的是教育部评定的示范点院校的改革,这些院校一般把大学英语课程分为"视听说"和"读写译"两种类型,采用

"3+1"或者"2+2"的教学模式。多数高校实施英语教学四年不断线模式,把英语教学分为基础阶段和提高阶段。应用提高阶段设有高级英语、专业英语等后续课程。有的高校尝试了灵活的学分制教学,采用大学英语必修课和选修课的学分选修制(如复旦大学、上海交通大学等)。有的尝试了专门用途英语(ESP)教学,课程设置也趋于专业化(如浙江大学)。中山大学将大学英语课程分成一般要求课程,较高要求课程,通识教育和英语双专业教育。上海理工大学将大学英语课程设置分为基础英语、通识英语和专门用途英语三个模块,其中通识英语以英美文学和文化为主,主要包括英美社会与文化、中国文化英语阅读、跨文化交际等(黄芳,2011)。

总的来说,课程体系建设在整个英语教学中处于核心地位,大学英语通识教育理念的具体落实主要体现在大学英语课程体系的建构上,该体系不仅决定了课程教学的有效性,还影响着大学生知识结构的形式和综合素质的培养,也决定了教师在个人的专业发展中努力的方向。

3.5　地方高校大学外语课程体系建构的历程

我国幅员辽阔、人口众多,就英语教育来说,各地区的发展很不平衡,需求也各有不同。在英语教学中要充分考虑差异性,充分体现多样化,实施个性化教学(王文斌,徐浩,2015,p.9)。因此,大学英语课程体系的设置也体现了多样化的特点。和全国其他高校一样,临沂大学在大学英语课程体系的建构上经历了从重视语言技能到关注综合素质培养的过程。

3.5.1 规范课堂教学,实施分级教学阶段(2003 年以前)

2003 年是临沂大学发展的转折时期。为了适应社会经济发展的需要,临沂大学将培养大学生的英语应用能力作为英语教学的首要任务。在重新整合各分校的力量之后,对大学英语进行了全面改革。针对大学英语教学涉及面广、教学周期长、管理难度大的问题,学校制定了一系列教学管理规章制度,初步形成了完整的大学英语教学与管理体系。在此基础上,实施了分级教学,把全校本科生按照入学时英语成绩分为普通班和提高班,满足了不同层次学生的需求。实行因材施教的教学方法,对学有所长的优秀学生增加了相关的教学内容,发挥了他们的学习积极性和潜力。这些措施的实施,对提高大学英语的教学质量起到了很好的促进作用,在教学内容上仍以提升学生的语言技能为主要任务。可以说,该阶段的课程设置目标在于培养学生的语言技能,强调了语言的工具性。

3.5.2 多媒体辅助教学阶段(2004—2007 年)

根据教育部 2004 年颁布的《大学英语课程教学要求》和教高[2005]1 号文件提出的关于大力推进基于计算机和校园网的大学英语学习,建立个性化教学体系,切实提高大学生英语综合应用能力,特别是听说能力的精神要求,临沂大学在分级教学的基础上,自 2005 年起,聘请了 30 余位来自世界主要英语国家的高水平外籍教师,组成了庞大的外教团队,他们负责本科一年级学生的英语口语教学和校园英语氛围的建设。同时,为了打造数字化校园,学校也开始了网络化英语教学环境的建设。投入英语教学改革配套经费累计 1300多万元,建立了 23 套数字语言实验室,购买了融自主学习与监控、成绩管理等功能模块为一体的英语教学管理平台,以及拥有海量学习资源的英语学习资源库,为学生进行自主和个性化的学习提供了快捷的渠道。构建了以多媒体、计算机数字化教学为载体的课堂教学和学生个性化自主学习相结合的教学模式。该阶段的课程设置在以语言技能训练为基础的前提下,兼顾教学方法的改革,增加了多媒体技术在课堂中的应用。

3.5.3 "一年集中突破,后续分向提高"阶段(2007—2009 年)

2007 年是临沂大学大学英语教学改革的关键一年。根据培养应用型、国际化人才的学校定位,各个专业的通识课程、专业课程、实践课程三大板块在吸收和借鉴国际知名大学课程设置模式的基础上,植入了先进的国际课程,并按照国际先进的教学模式、考核方式来组织教学。大学英语构建了"一年集中突破,后续分向提高"的模式。具体来说,本科生在一年内完成基础英语的学习,达到教育部《大学英语课程教学要求》规定的基础阶段要求;在专业课学习阶段适应国际化课程的开设,熟练掌握双语课程的讲授内容;为本科二年级及以上学生设计了应用能力、考研方向、国际交流三个教学模块,以限定选修课的形式开出。该教学模式搭建了以学生英语综合应用能力水平为标志和以出国留学为目标的英语教学平台。至此,大学英语课程体系的改革被提到议事日程上来,凸显了语言的工具性和人文性。2008 年 6 月,教育部评估专家王文斌教授对临沂大学的大学英语应用能力测试给予了充分肯定,尤其对学生的即时口语表达能力及宽广的知识面给予了很高评价,英语应用能力测试成绩优秀成为临沂大学 2008 年教育部本科教学水平评估中的一个亮点。

3.5.4 提高学生国际视野,完善课程体系阶段(2010 年至今)

2010 年,笔者任职的大学正式更名为临沂大学,以此为契机,学校确立了培养具有国际视野、基础扎实、善于创新的高素质人才的教学目标。借鉴国外大学人才培养模式,对传统课程实施了革命性清理与重新创建,在全国高校中率先构建起了以外语和信息网络两类"工具课"为根基、以基础综合与专业方向两类"素质课"为核心、以职业生涯规划设计为导向的全新课程体系。2011 年,临沂大学被教育部评为全国第三批大学英语教学改革示范点。至此,临沂大学"一年集中突破,后续分向提高"教学模式取得良好的效果,得到了社会的广泛认可。

2011 年,学校提出了"国际视野育人工程"的办学定位。外国语学院按照教育部《大学英语课程教学要求》规定的英语教学目标和临大学生的实际需求,实行以提高实践能力为重点的培养人才模式,坚持以"国际视野育人工程"实施计划为指导,并根据教育部第三批大学英语教学改革示范点项目建设的要求,着重让不同层次、不同类别的学生在英语应用能力方面得到充分的训练和提高,进一步推进国际化背景下的外语教学改革。结合地方特色,按照学校培养"具有沂蒙精神特质和国际视野的高素质应用型人才"的办学模式,强化外语教学平台,打造外语交流平台,创建国际文化学习氛围。培养学生学术发展所需要的语言知识和技能,同时有效呈现当前科技发展的最新技术成果和未来的科研方向,从而实现衔接大学英语基础阶段学习和专业双语课程的目的,提升学生的应用能力、研究能力和国际竞争力。为此,外国语学院根据《大学英语课程教学要求》和临沂大学"一体两翼"人才培养体系的要求,建构了一套较为完善的课程教学体系,即"四三三六"模式,如图 3-2:

按照上述模式,在普通本科生中实施艺体类和非艺体类(文科类、理工类)分级分类式教学,坚持"四年不断线"的原则,围绕三个课程模块展开(如图 3-3)。非艺体类本科生大学英语教学采取一年级培养读、写、译等通用英语技能,二年级分大类开设学科英语,三、四年级基于英语课程教授专门用途英语并开展通识教育(拓展课程)的教学模式。艺体类本科生大学英语教学则采取一、二年级培养读、写、译等通用英语技能,三、四年级基于英语课程教授专门用途英语并开展通识教育(拓展课程)的课程模式。

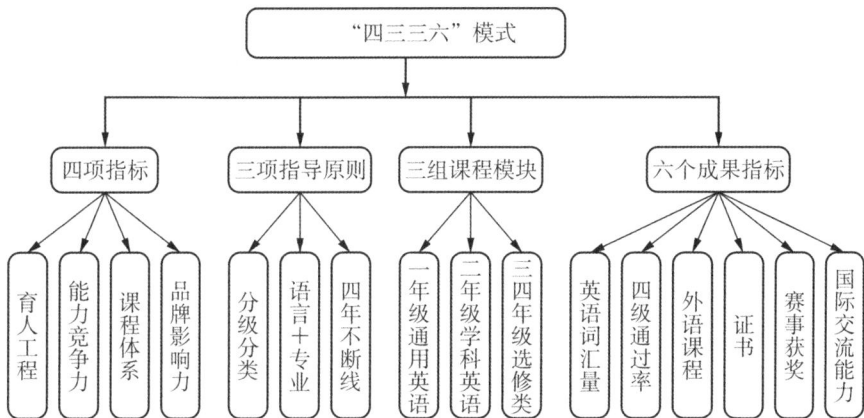

图 3-2　临沂大学大学英语课程"四三三六"模式

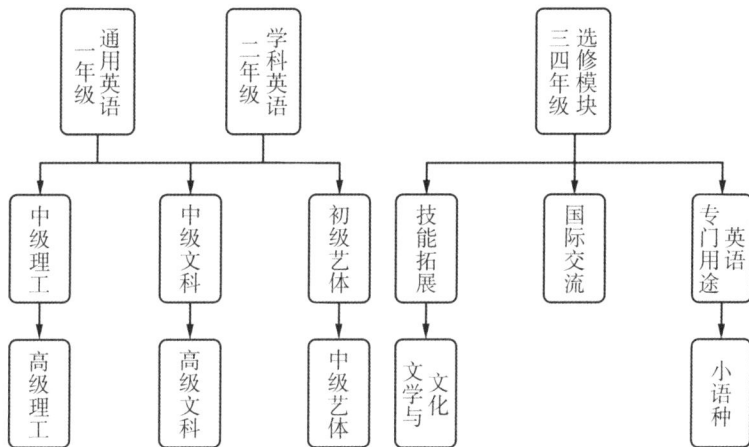

图 3-3　大学英语课程模块

在通用英语课程教学的基础上,大学英语教学课程体系分别在二年级或三、四年级实行"外语＋专业"教学模式,具体如图 3-4。

该课程体系改变了传统的外语课程构成范式,具有两个特点。首先,该体系将课程构成范式从传统的"2＋1"模式,即"理论和方法＋教材"模式转变为"3＋1"模式,即"理论、方法和技术＋立体化教材"模式。具体地说,就是将教学理论、教学方法和信息技术体现于立体化教材之中。其次,该课程结构还采取了"2＋N"模式,"2"是通用英语和学科英语课程,这两门必修课程是基础和起点,"N"是专门用途英语和通识教育,即拓展选修课、第二课堂和社会实践课程。一年级的课程使大学英语教育与现阶段的中小学英语教育相衔接,可

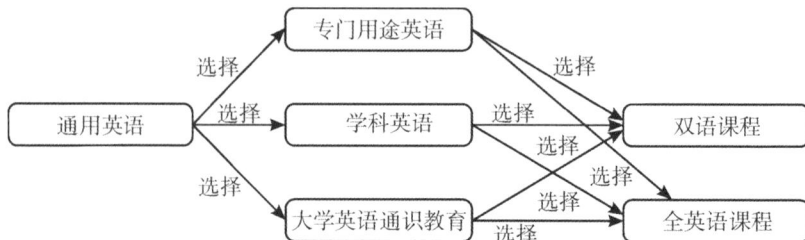

图 3-4　大学英语课程教学模式

以满足不同起点学生需求,夯实其语言基础。二年级按照学生学科专业分类将课程重心转移到学科英语上,帮助学生将已有的专业知识用英语再次输入,进而达到能够用英语输出的目的,更好地满足社会对学生的英语能力要求,增强学生的英语竞争能力。三、四年级根据社会需求和学生个性化发展的需要,设置后续拓展课(见表 3-1)。

表 3-1　大学英语课程拓展课程设置

教学阶段	课程性质	课程名称	学分
后续拓展阶段课程	技能拓展模块	高级英语视听说	2
		高级英语读写	2
		实用英语口译	2
		商务英语翻译	2
	国际交流模块	雅思英语	2
		托福英语	2
		跨文化交际英语	2
		西方文化概要	2
	专门用途英语模块	营销英语	2
		商业英语	2
		会展英语	2
		旅游英语	2
		物流英语	2
	文学与文化模块	西方文学名著与电影	2
		英美戏剧	2
		中国文化概况	2
		英语小说选读	2
		英语演讲与辩论	2
	考研升学模块	考研英语	2
	小语种模块	朝鲜语、日语、法语、西班牙语、俄语、阿拉伯语	2

后续拓展课程满足了学生多元化和个性化的需求,培养了他们的创新意识及实践能力,全面提高了学生的综合素质。第二课堂活动包含外语角、学科竞赛、外语俱乐部、外语文化节、外语社区等,通过这些活动关注学生对中西方文化的了解和认识,提高学生的外语表达能力、思辨能力和综合应用能力。社会实践活动则鼓励学生到外资企业实习,注重理论联系实际,把课堂所学知识直接用于社会实践,积累和丰富自身的实践经验。将第二课堂与社会实践课程纳入学分制管理,以各种灵活的方式对学生进行考核,增加学生学习外语的兴趣,减轻学生的心理压力,提升学生的学习动力。

立体化、多层次的课程结构虽然能充分发挥学生的主观能动性,但要求教师具有较高的业务素质和先进的教学方法,成为合理安排教学和科学设计课堂环境的教学管理者。这样一来,教师和学生才能在知识和信息的交流中达到人与人、人与物的平衡与和谐,构成一个生态型的课程结构(见图3-5)。

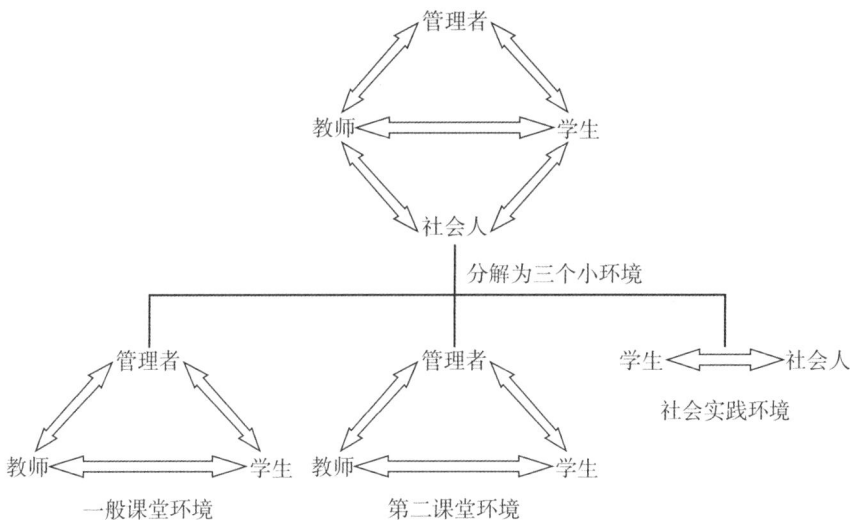

图 3-5　生态型课程结构要素流通图

临沂大学大学英语课程体系的建构,既体现了《大学英语课程教学要求》的原则,即"大学英语课程不仅是一门语言基础课程,也是拓宽知识、了解社会文化的素质教育课程",又充分满足了不同层次学生的需求,丰富了学生的英语语言文化知识,实现了英语学习的持续性和针对性,满足了不同教育阶段学生对英语的不同需求,使他们能够根据自己的需要进一步提高英语语言综合应用能力。在课程目标上,大学英语课程实现了多元化。在教学内容上,大学英语由基础英语、专门用途英语和学科英语相结合,实现了按层次、按阶段培养的目标。在教学定位上,该课程设置体现了语言的工具性、专业性和人文性的统一和交叉渗透(王晓军,陆建茹,2014),避免了片面强调大学英语教学的工具性,将大学英语教学从单纯的语言教学提升到英语教育层面,使大学英语教学目标服务于高校通识教育的目标。体现了英语学习与通识教育培养和专业培养相结合、课内教学与课外环境相匹配、语言工具性与人文性兼顾的特点,为学生进行跨文化交际、提升自身的人文素养提供了保障。

3.6　大学外语课程体系建设中教师的专业发展

2011 年,临沂大学开始开展"国际视野育人工程",该工程重点在于强化学生的专业技能,让学生掌握"三类知识和一种能力",即通晓国际基本规则、掌握世界文明成果、了解世界发展新形势和具备国际交流技能;同时,临沂大学还提出了"四个一"育人架构,即建设一套培育国际视野的专门教材、落实一批国际交流合作项目、打造一系列国际文化学习交流平台、构建一个培育工程质量考评机制。大学英语课程涉及面广,学生人数多,影响深远,是实施这些目标的重要窗口,在提高学生的国际视野和国际交流能力方面起着重要作用,而师资队伍则是深化外语教学改革的前提,只有提高了教师自身的素养,才能提高学生的素养。教师的素质将大大地影响通识教育的效果。外国语学院以此为契机,在大学英语课程体系建构中积极转变教师思想,在课程建设、校本教材编写等方面进行了改革,探讨出了一条以课程改革促进教师专业发展的新路子。

3.6.1 转变教育教学观念,建立有效机制

第一,转变教育教学理念。教育教学理念是教师从事教学活动的信念,对教学活动具有十分重要的指导作用。先进的理念是大学英语教学改革成功的首要条件,影响着教育教学的方法、模式、内容等多个方面。传统的教师发展观强调以专业知识和教学技巧为核心,以获取学历学位、晋升专业技术职务为目标,以教师个人的专业学习为主要提升方式。在这个过程中,教师充当的是相对封闭的"自我反思教育者"角色,其专业发展遵循的是自我发展的模式,这种发展观忽视了英语教育的人文特质。通识教育视角下的大学英语教师发展

观不同于这种传统的发展观,它强调教师专业发展不只是个体专业知识的提升,而应与大学英语这一门综合课程、对学生的最终培养目标、教师"全人"发展的需求相联系。强调大学教育不仅要有知识的理性,还要有人文的理性,防止人的异化(熊年庆,2014)。有了这种理念的指导,教师就能在教学的许多方面做出改善,如:关注中西文化知识的传授,帮助学生学会融会贯通,学会独立思考;把语言作为一种工具,实现教学手段、教学方法和教学内容的根本转变;主动在自己原有专业特长的基础上拓展和深化自己的知识结构,掌握跨学科或交叉学科知识和深厚的文化底蕴,将提升专业知识与增强人文素养相结合;主动适应教育国际化发展形势。教师的专业发展是一种动态的、终身性的全面发展行为,具有持续性和创造性的特点,是教师自我完善和自我超越的过程。因此,教师专业发展的本质是自主专业发展,是一个教师作为主体自觉、主动、可持续的建构和提升个人素质的过程。通识教育的理念能够让教师产生自我发展的意识和动力,自觉担负专业发展的主要责任,通过不断的学习和实践、反思和探索来提升自己的教学能力,并不断向更高层次发展。在促进学生"全人发展"的同时,自主提高自身的文化素养,积极适应大学英语课程改革的要求和社会的发展。

第二,在转变观念的同时,外国语学院采取各种措施,激发和培养教师的热情,提升教师的专业素质和人文素养。首先,鼓励教师阅读中西方经典人文著作、开设新课程,并为其提供便利条件。开设新课程需要教师学习新知识、拓展新技能。这种不断更新知识、技能的能力,也是教师创新素质的一个方面。通过这种方式来刺激教师改变因为长期教授相同课程造成的墨守成规、因循守旧、缺乏活力、知识面狭窄的状态。鼓励教师大胆开设提升学生人文素养的课程,并制定相应的激励措施。如聘请国内外著名专家来学院讲学,使教师了解英语教学的前沿理论。利用各种机会让优秀教师尽量接触海内外教学改革的新理念、新动向,并及时交流、讨论,为教学改革献计献策。要求每位出国进修、外出参加学术会议的教师向全体教师汇报外语教学研究的最新动态,以及其他高校的教学改革措施。这样的讨论和汇报使全体教师不断地得到新刺激、新动力,产生新思想。其次,充分考虑到大学英语教师的专业兴趣和特长,增设既能发挥教师特长又符合学生需求的课程,为英语教师提供了发挥能力、潜力和创造力的平台。开设教师和学生都喜欢的课程,做到了教学相长。不仅如此,学校还会通过各种座谈会、讲座加强教师之间的交流,组织各类兴趣小组并定期开展讨论。如教师根据个人专长建立中国文明史、中国人文经典、西方文明史、西方社会与文化、西方人文经典等研讨小组。每隔半个月或一个月,举行小组讨论,碰撞思想,加深了解。通过学习,让教师树立终身学习的理念,活到老学到老。教师不仅是英语课程设置和实施的参与者,也是课程设置和实施的研究者。教师对课程设置理论和实践的反思能够进一步丰富和完善课程设置,有助于提升教师自身的专业能力(王晓军,陆建茹,2014)。

第三,建立课内、课外的通识教育实践活动体系。我国的通识教育缺乏学生自主探索体验的授课方式,缺乏引导学生对通识教育感兴趣和进行深度学习的教学方式,也缺乏教师与学生主体间进行各种交往互动的教学形式。为此,我们结合临沂大学独特的人文传统,营造高品位的人文环境,促进学生的学习与成长。在具体实施中,我们以先进的教学理论为指导,融多种教学方法和教学手段于一体,借助现代信息技术,把对文化知识的理解融于具体的生活实践中。我们仿效浙江大学"六级联动活动模式",实行课堂引导、课外延伸的模式,使课堂教学和通识教育实践活动有机地结合在一起。根据不同的通识教育课程,选择恰当的教学方式,增强教学的吸引力、感染力和说服力。在课堂上,注重师生互动,鼓励师生间展开批判性对话,通过讨论使学生逐渐形成自己的观点和价值判断,获得比知识更可贵的交流能力、分析能力、批判能力和独立思考能力。经典文学课采用鼓励学生参与叙事的方式,锻炼学生的叙事理解力和人文主义的想象力。写作课侧重逻辑表达,阅读课拓展人文视野,听说课程突破语音语调和演讲论辩风格,注重提高学生的思考能力、写作能力和论辩能力。由于通识教育与特定的"生活世界"以及特定的社会环境密切相关,在课外,我们更加关注学生个人的生活体验和社会实践,通过课外的文化讲座、社会实践、生活体验、艺术活动等,将生活经验整合到通识课程的学习之中。另外,学生会、团委建立学术人才库,成立教师指导小组。由于课时和学分的限制,我们在网上开设了多门大学英语通识课程,激励学生充分利用课外学习时间,提高学生的学习自主性。还通过社团活动让学生进行社会考察,为学生提供多元化的认知视野。定期聘请国内外知名专家学者进行短期授课,开展素质教育系列讲座,这些讲座开拓了学生的思维,对他们的影响很大。这种多方联动的通识教育在分析、探究中提高了学生的国际交流能力,启迪学生的思维,拓展了学生的视野,教学改革成绩显著。多年来,临大学生在全国各级各类大学英语比赛中均取得了优异的成绩。

3.6.2 优化教师队伍结构

教师是实施通识教育的关键。临沂大学外国语学院以校级人文基地建设为平台,放远眼光,统筹规划,从全局出发,制订了大学英语教师队伍建设的规划和未来发展方向。

1.教师队伍结构的合理化。根据学校对大学英语教学情况的调查,2010年临沂大学大学英语教师队伍中拥有博士和硕士学位的教师所占比例分别为1.5%和70.1%,相对于2001年的0.3%和19.9%有了很大的改善,但与其他学科教师已经普遍博士化的学术梯队相比,还有很大差距。学历层次不高是教师发展的一个制约因素。近几年来,学院从国内引进拥有博士学位的优秀人才,使教师队伍的年龄、职称、知识结构不断优化。通过几年的发展,大学英语教师队伍中教授、副教授的职称比例分别上升至3.2%和25.6%。

2.建立学业导师制。学校要求为每位本科生配备一名专业教师作为导师。导师将各种联系方式提供给学生,学生可随时与导师联系。学院制定了一系列的规章制度,明确了导师的职责,要求导师定期指导学生学习,解答学生在学习和生活中遇到的各种问题。导师制解决了大学生与教师接触时间少的问题,在帮助学生端正学习态度、适应大学生活、培养良好的学习习惯和心理素质等方面起到了积极作用。同时,也为教师和学生架起了情感沟通的桥梁,锻炼了教师解决问题的能力。这一制度对教师专业发展最大的意义在于促使教师不断地学习,因为教师只有具备了一定广度和深度的知识结构,才能有效地指导学生的学习,有效地实施通识教育教学活动。

3.提升教师的学历和教学水平。学院每年选派教师到国内外一流大学攻读高一级学位或者做访问学者,鼓励青年教师跨学科攻读博士学位,力图在较短时间内提高教师队伍的学历层次,也为构建大学英语课程体系提供师资保障。同时,鼓励教师积极参加各种教学比赛,从而提升教师的教学能力。

在教师队伍建设中,外国语学院针对"探索者""奋斗者""安于现状者""消沉者"四类不同的教师个体,制订了合理、科学的教育和培训计划。帮助年轻的探索者,创造条件培养更多的奋斗者,激励安于现状者,关心消沉者。营造了积极向上、开拓进取的教学氛围,激发了教师的工作热情,有利于教师更好更快地实现专业发展目标。

3.6.3 在课程与教材开发中促进教师专业发展

在大学英语课程建设过程中,我们以建构主义课程观和后现代课程理论为指导,以《大学英语课程教学要求》为依据,根据临沂大学"国际视野育人工程"的办学目标和"立足本校、发展特色、服务社会"的办学宗旨,充分发挥每位教师的作用,促使每位教师参与到课程的建设和完善中。为了保证课程体系的科学性、系统性和可行性,我们在大学英语教师和学生之中进行了问卷调查和访谈。同时鼓励学校英语教师利用外出参加学术会议的机会,到其他院校调研,和同行进行交流。和外界交流的过程促进教师不断进行自我反思,增加了他们为学院发展贡献力量的责任感,同时也对其自我发展起到了促进作用。

1.组建课程研发小组,开发优秀校本课程。教育部在 2003 年启动了精品课程的建设工作,要求通过课程建设提高教学质量。教师是精品课程建设的主体,精品课程建设要求教师在先进的课程理论指导下开展课程建设实践。理论与实践的结合能够提高教师的学术水平和教学能力。在理论学习的基础上,我们充分利用学校精品课程建设的契机组建了以优秀博士和有经验教师为中心的课程开发团队,号召教师发挥各自的特长,自愿参与不同类型的课程研究。每门精品课程由课程负责人和若干名教师组成。他们教授同一门课程,通过相互学习、相互借鉴,培养青年教师成为教学骨干、教学名师。经过几年的努力,我们开设了文化类和交际技能类课程,如《跨文化交际》《中西文化对比》《西方文化概论》《国际规则纲要》《国际礼仪》《中国文化概论》《英语演讲》等。这些课程的开设拓展了学生的国际视野,对掌握临沂大学倡导的“三类知识和一种能力”起着重大的作用。多门课程被评为校级、省级精品课程和特色课程。通过课程改革,促进了教师的专业发展。

在课程建设过程中,教师需要面对各种问题和挑战。我们通过认真观察、仔细分析研究出现的新问题,探索不同的解决方案,既提升了教师的理论水平,增强了教师的教学实践能力,也促进了教师的专业化发展。特别是年轻教师,通过课程建设锻炼了教学和科研能力,得到了展示才能的机会,得以更快地融入新的集体、体会团队精神。我们还选派教师参加各级各类精品课程培训与学术研讨会,并邀请著名专家指导精品课程的建设。通过精品课程的建设,我们探索出了一条师资队伍建设本地化的道路,实现了师资队伍的可持续发展。

2.开发优秀校本教材。高水平的素质教育,必须有高质量的教材作为保证。建设一套培育国际视野的专门教材是临沂大学“四个一”育人架构中的目标之一。精品课程的建设需要开发出既有较高学术含量,又反映学校和学生实际状况的优秀校本教材,体现学校的办学特色和人才培养特色。优秀的校本教材是对教师多年教学改革实践的检验,它符合临沂大学的办学定位、培养目标与学生实际,具有先进性、科学性和适用性的特点,能够反映新时代对人才培养提出的新要求。在课程开发中,我们以精品课程负责人为核心,全体成员齐心协力,创造条件开发精品课程教材。针对现有的统编教材存在的问题,如难度较大,学生无法适应,过于空泛,没有结合本区域学生的实际,针对性较弱,不利于人才培养等,我们广泛搜集现有的统编教材,汲取其精华,同时结合学校的办学实际、师资队伍、学生学习水平以及培养目标,组织团队开发了校本教材,如《跨文化交际实用教程》《西方文化概论》《跨文化交际商务沟通》等。在教材开发的过程中,教师既要把自己和他人的学术研究成果融入教材编写中,还要不断学习先进的教育思想和教育理念、吸收先进的科研成果,这大大提高了教师的创新思维能力、逻辑能力和学术水平。这些教材的开发以临沂大学"国际视野育人工程"为目标,以文化教学、建构主义等理论为指导,在拓展学生的国际视野、帮助学生掌握文化知识、提高学生的跨文化交际意识和交际能力方面发挥了重要作用。在教材开发中,我们还特别注意中国文化的传播,在文化对比中增强学生对自身文化的认同感,提高他们的"文化自觉"能力。

3.6.4　以项目建设为平台提升教师专业水平

1.建立国际交流合作项目。临沂大学"四个一"育人架构中另一目标是打造一批国际交流合作项目,提供国际交流的机会,开拓教师和学生的国际视野。外国语学院在国际交流合作项目的建设中成为临沂大学"国际视野育人工程"的标兵。建立了多项合作交流项目,如派遣教师赴美国南密西西比大学、威廉凯瑞大学进行对外汉语教学交流工作,与法国、西班牙、南非等国家进行交流,互换学生、筹建孔子学院、海外实习基地,以及派遣教师先后带领学生赴韩国、泰国、马来西亚等国家进行交流学习等。这些项目为拓展教师和学生的国际视野、提高他们的国际交流能力创造了有利条件。

2.积极申报各级各类课题,建设校级、省级特色课程与精品课程。经过多年的教学改革,我们取得了一系列成绩。成功申报了一批国家级、省级教学研究课题,开发了一批校级精品课程,出版了一批优秀校本教材和学术专著。青年教师在全国大学英语青年教师讲课比赛和校级教学比赛中获得优异成绩。2016年和2017年,临沂大学分别获得3项国家社科基金项目立项。2011年临沂大学成为教育部大学英语教学改革示范点。2012年,大学英语教学团队获山东省高等学校教学团队称号。2010年,建立了"大学英语"省级精品课程,"依托教育部大学英语教学改革示范点,建构临沂大学大学外语'四三三六'教学体系"项目获得教育部示范点成果鉴定书,"大学英语一年集中突破,后期分项提高教学模式改革研究"项目获得山东省高校教改项目成果鉴定书。2014 年,"临沂大学'四三三六'大学外语教改模式的探索与实践"获山东省高等教育教学成果二等奖。大学英语教师团队也得到了社会的广泛认可,2012 年和 2013 年,《中国教育报》《临沂大学学报》分别就临沂大学大学英语省级教学团队进行了专题报道。

3.7　启示

通识教育绝不是为了某一具体的实用目的而对学生加以强化操作的技术培训手段,也不同于现今日益细化的学科体系下对某一学科知识的教授与灌输。通识教育的目标不是打造十八般武艺样样精通的多面手,而是涵养人的精神,塑造人的灵魂,潜移默化地提高受教育者的品位和格调,激发受教育者对他人、对社会,乃至对整个人类的终极关怀,从而实现人的全面发展。通识课程是解决我国目前教育困境的有效出路,对提高学生的人文素养和创新能力、培养"全人"具有重大的意义。但通识教育的实施要量力而行,力戒形式主义,避免片面追求扩大通选课的范围和数量的"通识教育大杂烩",应精心设计少而精的几门"共同核心课程"。通识课程的设置也应本土化,防止学生对本土文化的漠视和跨文化交流中的"文化身份危机"。另外,在通识教育的实施中,学校要出台相关的政策,增加经费投入,合理调配资源,对本校教师开展通识教育校本培训,坚强教师校本研修合作,并创建通识教育资源。同时,还要协调与整合外语类通识选修课与其他院系开出的各类通识选修课之间的关系。

临沂大学大学英语课程体系的建设,丰富了通识课程的内容,在培养学生的国际视野和国际交流能力方面发挥了重要作用。《跨文化交际实用教程》等优秀校本教材的编写,提升了学生的国际视野,在促进教师专业发展方面探索出了一条适合临沂大学教师专业发展的新模式。国际交流合作项目的建立是临沂大学"四个一"育人架构的具体展示,在开拓师生的国际视野、丰富他们的文化知识、提高他们的跨文化交际能力方面具有重大意义。同时,在课程开发中,我们也探索出了一条师资队伍建设本地化的新思路。尽管我们在探索中取得了一些成绩,但依然存在很多有待解决的问题。我们的成败得失对其他面临同样问题的院系具有一定的借鉴和启示作用,对大学外语教师的专业化发展也会产生积极的影响。

第四章　大学外语教师专业发展之课堂交际有效性探究

　　课堂交际是教师传道、授业、解惑的主要手段。教师的教学行为既能体现教师的综合专业素质,也是教师实现专业发展的重要渠道。以往的研究多集中在社会学、人类学、心理学和精神病理等领域,针对教育领域中教师交际行为的研究相对匮乏,特别是针对课堂教学中教师的语言和非语言行为的有效性等问题的探究较少。随着多媒体技术的发展,多模态 PPT 也成为教师课堂交际的必备工具。因此,教师的语言和非语言行为、多模态 PPT 的使用效果等成为教学优劣程度的重要评价指标,也是影响有效教学的重要因素。基于此,该章就教师课堂交际的有效性展开研究。

4.1　有效教学相关研究及内涵

4.1.1　有效教学研究的历程

　　有效教学的理念来源于 20 世纪上半叶西方的教学科学化运动,是该时期关于"教学是艺术还是科学"争论的产物。随着科学思潮的影响及行为主义心理学的发展,人们明确提出教学是科学,有效教学由此产生,该概念区别于低效、无效的教学。

　　国外有效教学的研究经历了四个阶段:(1)20 世纪 30—60 年代,该阶段研究的关注焦点是教师的品质,认为只要教师拥有好的品质,教学就是有效的。研究多采取对教师和学生进行访谈的方法,罗列出好的教师品质,并根据频率确定优秀教师的特征。(2)20 世纪 70—80 年代,这一阶段的研究主要涉及教学行为,认为决定教学是否有效的因素是教师的教学行为,研究主要采用课堂观察和量表来记录教师的课堂教学行为,统计教师行为与学生学习效果之间的相关度。(3)20世纪80年代,这一阶段的研究关注教学活动中的学生行为,认为只有当教的行为转化为学的行为时,教学才有效果。(4)20世纪90年代,这一阶段的研究逐渐走向综合化,如强调教与学的相互作用等(陶涛,2015,p.30)。20世纪90年代,有效教学理念进入我国的教育领域,随着课程改革的深入而逐渐兴盛。有效教学的研究内容主要涉及有效教学的内涵,影响有效教学的因素,有效教学的特征、方法、策略和评价标准等方面。姚利民(2002)认为,我国的有效教学研究中,一般或总结性的研究较多,专门学科的研究相对匮乏,并指出高校有效教学要以学科为中心。

4.1.2 有效教学的内涵

有效教学的英语表达方式有很多,如 effective teaching、effective instruction、effectiveness of teaching 等。刘立明(2002)认为,西方有效教学的概念主要有描述式和流程式。前者认为,有效教学要以学生为中心,以教学结果为判定依据。如果教学结果能持久,学生有自由、有自信、能够在生活中运用所学知识,教学就是有效的。后者采取流程图的方式分析教学有效性的各个环节和彼此之间的关系,从背景、过程、产出的视角考虑教学的有效性。陈晓端和基思(Keith)(2005)把西方的有效教学研究划分为三个取向,即目标取向、技能取向和成就取向,每种取向都形成了相应的对有效教学的理解。

我国有效教学的研究起步相对较晚,最早关于有效教学的专著是陈厚德(2000)的《有效教学》一书。书中指出有效教学的基础理念是"学生中心论",主张教与学并重、教师主导和学生主体相结合的教学关系,倡导建立平等合作、教学相长的师生关系(pp.20-29)。程红和张天宝(1998)提出了效果、效率和效益相统一的有效教学观。他们认为有效教学是指教师遵循教学活动规律,在教学中投入尽可能少的时间、精力和物力,而获取最大的教学效果,实现特定的教学目标,满足个人和社会对教育价值的需求。这种理解获得了多数研究的赞成,众多文献都以"有效果、有效率、有效益",即三效统一来解释"有效教学"这一概念,即从教学投入与教学产出的关系以及学生的学习出发点来界定有效教学。姚利民(2004a)认为有效教学是教师通过教学过程的合规律性,成功地引起、维持与促进学生的学习,有效地达到预期教学效果的教学。有效教学具有下列要求:

1.教学有效果——教学目标的完成

教学有效果是指以学生的学习活动结果来考查和衡量教学活动结构与预期的教学目标相吻合的程度。也就是说,在教学中,教师是以学生的知识进步和能力提升为目标的,教师通过一定的教学活动帮助学生实现知识的增长和能力的提升。有效教学要求教师的教学目标要科学,教学计划要切实可行,教学过程要符合学生的语言水平和认知水平。因此,衡量教学是否有效的重要标准是教师是否通过教学活动取得了某种结果,达到了某种目标,并促使学生获得了具体的进步和发展。

2.教学有效益——教学价值的实现

教学有效益是指教学活动的收益和价值得到实现,关注的是教师完成教学任务后得到的结果与预期的教学效果相吻合的程度,即教学目标是否与社会和个人的教育需求吻合。教学效益不同于生产效益,它不取决于教学内容的多少,而取决于教学活动的结果与教学目标是否一致,是否实现了社会的需求,所培养的人才是否符合个人的教育需求,是否满足了社会的需要。

3.教学有效率——教学产出的最大值

教学有效率即教学活动效益最大化,是指一定单位的教学投入产出尽可能最大的教学效果,也可理解为教师用尽可能少的教学投入或教学所耗获得尽可能多的教学产出或教学所得(李航,2008)。效率是指单位时间内所完成的工作量,教学效率就是单位时间内所得到的教学产出。教学投入的多少表现在教师和学生在时间、精力方面的投入;教学产出的直接表现就是教学效果。利用经济学的概念可表示为:教学效率=有效教学时间/实际教学时间×100%,或教学效率=教学产出(效果)/教学投入。因此,教学效率与教学产出成正比,与教学投入成反比。

概括地说,有效教学要求教师的教学活动既要达到较好的教学效果、较高的教学效益,还要有较高的效率。姚利民(2004b)提出了有效教学的九大基本特征:正确的目标、科学的组织、充分的准备、清晰的讲解、饱满的热情、激励学生的学习、促进学生的学习、融洽的师生关系和高效地利用时间。

4.2 有效教学的标准及影响有效教学的因素

4.2.1 有效教学的标准(评价)

衡量教学的有效性并不是一件容易的事。国内外学者针对有效教学的标准和教学评价做了大量的研究,目的都是为了提高教学质量,推动有效教学。20 世纪初,为了提高教学质量,研究者从好教师应具备的人格特征、心理特征开始研究,编制出教师等级评定量表,用来测量教学是否成功,但结果发现教师的个性特征和学生的学习成绩缺乏相关度。随后,人们的研究方向开始转向课堂教学行为,研究教师的教学行为对学生认知行为和情感行为的影响,研究课堂内的师生互动,并开始制定衡量课堂教学有效性的标准,如美国芝加哥大学的教育、多样化、卓越化研究中心(CREDE)提出的五条课堂教学有效性标准和夏洛特·丹尼尔森(Charlotte Denielson)(2008,p.1)在《提升专业实践力:教学的框架》中提出的标准等。在目前有关教学质量评价的量表中,马什(Marsh)研制的"教育质量学生评价指标"(Students'Evaluations of Education Quality,SEEQ)有较大的影响力(转引自周继良,2013)。我国学者也提出了有效教学的标准,代表性的研究如刘启迪(2006)提出的五项标准:(1)营造良好的教学氛围;(2)用教学目标引导学生发展;(3)学生主动参加有效教学;(4)重视学习策略教学;(5)创新素质的培养。又如,吕渭源和叶显(1998)建立了 4 级大学教学有效评估的指标体系。

4.2.2 影响有效教学的主要因素

教学活动是一项由多种因素共同参与的活动。国内外有很多关于有效教学影响因素的研究成果,如教学设计教师的教学理念、教学行为、教学方法和策略,时间投入,资源配置,学生的学习动机和学习风格以及学校环境等等。概括地说,这些因素包括教学活动的主体、客体和中介三个方面。主体就是教师和学生;客体包括课程和教材;中介手段即教学手段。其中,教师的教学行为与教学效果有着更为直接的关联,也是教学活动的关键。

以往的研究主要集中在有效教师特征和有效教学行为方面,如斯蒂芬森(Stephenson,2002,pp.8-25))总结了有效教师的六个特征:教学热情、掌握教学内容和方法、善于创造课堂氛围、善于交流、激发学生的潜力、教学效果好等。鲍里奇(Borich,2007)将有效教学行为分为五种关键教学行为和五种辅助教学行为。关键教学行为包括课堂内容呈现的清晰度、讲课形式的多样化、课程内容教学时间的投入、学生投入和参与学习的时间、学生对学习内容的掌握率等。辅助教学行为包括:(1)采取学生提出的观点和看法,用学生的观点解决问题;(2)组织教学的过程,了解如何搭建教学支架、激活背景知识、为学习新知识做准备等;(3)有效提问,采取多种提问形式;(4)探究,鼓励学生解释;(5)教师的情感,建立良好的师生关系。

本研究只关注教师的课堂教学行为对教学效果的影响,具体来说,主要探讨教师的语言行为和非语言行为以及语言交际行为的辅助工具——多模态PPT 在使用中的有效性问题。

4.3 大学外语教师课堂中语言交际的有效性

教师的教学语言是教师实现传道解惑的主要手段和工具,是教师教学能力的主要体现,也是教师专业发展的重要组成部分。站在七尺讲台之上,教师的言行对学生产生的影响是不言而喻的。正如苏联教育家马卡连柯所说,由于使用的语言不同,同样的教学方法,教学效果可能相差 20 倍。教学语言是一门艺术,是一种有具体目的的、能给学生以启迪和心灵震撼的教育性语言。教师的语言修养在极大程度上决定着学生在课堂上的脑力劳动效率,其优劣决定着教学活动的成败。我们常常发现,同样一门课,有的教师讲起来令学生犹如乘轻舟,一帆风顺,听课成为一件十分愉快的事情;有的教师的课听起来如入迷宫,方向难辨。两种教学效果的差异,固然与教师的学识、修养、工作态度有关,但教师是否能成功设计与组织教学语言也是能否产生良好教学效果的重要原因。

课堂语言研究经历了技术主义、功能主义、批判主义三个阶段(安桂清,2013)。多数研究从教师视角出发,主张建立一种师生平等互动的课堂语言体系,降低教师课堂的一言堂现象(黄伟,2012)。张雅君和吴彦彤等(2017)发现教师和学生在课堂中使用的语言背后渗透着鲜明的家庭社会、经济背景特质,呈现着不同的阶层言语策略。他们认为,这种差异会阻碍学生对学校的适应和融合。这就要求教师把自己放到与学生平等的位置上进行交流,要让学生感受到教师的平易近人。黄山(2013)建议将教师话语权移交到学生手中,保障弱势群体——学生拥有话语权,话语研究成为分析师生间的平等互动的重要维度。

英语教师的课堂教学语言既不同于教师的生活语言,也区别于其他专业人员的专业语言,它是一种教学语言的变体。在我国,学生在母语环境里学习英语,对课堂的依赖性大,对教师课堂教学语言的要求也就更高。所以,教师不仅要口语熟练,还要懂得如何使用这门语言教授知识,帮助学生提高语言学习的自信心,提供给学生更多的语言输出机会,帮助他们更好地理解并吸收目标语言。

4.3.1 教师教学语言的特征

作为一种特殊的课堂文化,教学语言的选择受制于"社会主流意识、教师的价值取向、学生的群体力量"(张雅君,等,2017),教学的内容、性质、对象和客观环境决定了教师的教学语言具有自身的特征。

1.科学性

教学语言的科学性是指教师的教学语言要准确、规范,富有系统性和逻辑性。词是语言的基本单位,心理学家认为,它一方面可帮助人们分析出事物的许多属性,另一方面可帮助人们把属性综合为整体,使人产生完整的映像。我国著名学者陆谷孙(2003)论述英语教师必备的 25 项素质时,语言准确性(accuracy)是作为首要素质提出来的。因此,教师在教学中要准确地选用词汇,语言要简洁、通顺、完整、流畅、协调,语句的表达要意义准确、鲜明,让学生一听就明白,不会产生歧义。不能使用似是而非、模棱两可的语言,不然学生大脑得到的映像就会不明确,造成理解上的错误。

要做到语言使用的科学性,教师在课前需要精心构思、巧妙安排,要想好如何讲述一个知识点、分析一个问题、导出一个结论。例如,怎样通过提出问题导入有关内容,先交代哪一部分,后讲述哪一部分,如何举例等,这些都需要经过精心设计。教学语言结构设计要合理、科学,讲述方法才能得当。在课堂实践中,教师的思路才能清晰,语言才能前后连贯、上下承接,推导有致,言之成理,立论精辟。否则,讲课时教师的思路会混乱不清,语无伦次,学生会不知所云,学习兴趣索然。如英语这门学科的语法体系中包含着大量的专业术语,教师进行语法讲解时要借助这些术语准确阐述各语法点的内涵和外延知识，使用简洁、科学的语言，让讲解更加明了易懂，避免枯燥乏味。

2.启发性

高速发展的社会需要大量具有创造性思维的人才，培养这样的人才是外语教师的重要职责。在课堂教学中，教师的教学语言要含蓄深刻，发人深思，为培养学生的创新思维能力做好铺垫。

美国心理学家布鲁纳十分重视教学语言的启发作用，他指出教师要运用语言创设情景去点燃学生的好奇之火，去打开学生的思维门户。《学记》里也说过："故君子之教，喻也。道而弗牵，强而弗抑，开而弗达。"意思是说：有学问的人教育学生在于开导，引导学生走路而不必硬牵着他，鼓励他而不必强制他，启发他去思考而不必把一切都告诉他。所以，教师首先应创设问题情景，激发学生的好奇心，让学生的思维迅速活跃起来。课堂活动中，教师要经常设置质疑，启动学生的形象思维和逻辑思维，引导他们深入探索，鼓励学生大胆猜测，让学生在不断解决问题的过程中树立信心。所设质疑要简明扼要、切中要害。所用语言要言简意赅、通俗明白。只有这样，才能激发学生的学习兴趣，启动他们的思维器官，促使他们迫不及待地寻求答案，从而令他们的创新思维能力得到良好的发展。启发的实质就是帮助展开语言联想，真正的联想式启发教育能够激发学生的大脑进行思维分析、思维演绎以及思维归纳。在英语教学中，教师要以有趣的提问引发学生的思考，以风趣幽默的语言吸引学生的注意力，以肯定的评价增强学生的自信心，这些方式都能启发学生思维，调动其学习能动性，提高其创造性思维能力。

3.艺术性

教学语言的艺术性是指教师使用教学语言时的表达技巧。课堂语言作为学生学习的主要输入方式，影响着教学效果。教师的举手投足，一笑一颦，都会带着情感色彩，都会对学习产生影响。一个满腹经纶的教师，倘若上课如同老和尚念经，面部表情呆板，吐字含混不清，或口若悬河，天马行空，自以为是，是不会产生良好的教学效果的。语言的艺术性要求教师必须口齿清晰，语言表达准确，观点鲜明。一字一词如珠落玉盘，铿锵有力，张口如拨古筝，讲话如淌幽泉，叮咚有声，令学生悦耳舒服。同时，教师的说话速度要适中，语调要丰富、和谐、有节奏。沉稳恬静且抑扬顿挫的声调会让人感到亲切，快慢适宜且张弛相间的话语有利于创造和谐愉快的课堂气氛。

教学语言的艺术性要求教师在课堂上要感情充沛，全神贯注。古人云："感人心者，莫先乎情，莫始乎言。"感情与语调要随所讲的内容而起伏变化，时而高亢,时而低沉,时而快乐,时而悲壮。只要教师讲得津津有味,言辞恳切,兴致勃勃,神采飞扬,学生自然会被感染,听得有趣。教师声调的高低、语速的快慢、语气的轻重若是运用得当,就能使学生集中注意力,引起思维的同步和情感的共鸣,从而使学生快速进入学习状态。教师发现有的学生注意力分散时,可以通过变换声调来将学生的注意力拉回。如果教师满脸倦容,无精打采,课堂气氛会沉闷,毫无生机;如果整堂课使用同一种语调,会让学生感觉平淡无味,昏昏欲睡。同样的内容,如果采用不同的语调,教与学的效果就明显不同。针对讲授内容的不同语言风格,教师的教学语言还要富于变化,或激情回荡,或自然流畅,或娓娓道来,让不同的教学内容展现不同的语言魅力,让学生感受不同文体的语言艺术美。同时,教师在使用语言和设计活动时要充分尊重学生,切不可因学生犯错而责备和讽刺学生,而应采取包容、鼓励的方式。只有这样,教师才能轻轻松松地教,学生才能快快乐乐地学,师生达到共振的效果。

4.3.2 英语教师的教学语言

英语作为一门语言,与其他专业教学语言具有相同的特点,也具有自己独特的特征。汤燕瑜和刘绍忠(2003)在研究中发现,英语教师在课堂上使用简短、规范的语言,在语音、词法、句法、语篇层次上都会根据自己的个人风格进行修改。在语音方面,教师经常使用夸张的发音方式,如放慢速度、延长停顿;在词汇方面,教师较多地使用基本词汇,很少使用缩合词、口语体或中性风格的词;句法上常使用短句,较少使用从句,大量使用现在时。教师使用的句子结构完整规范,信息传送频率比正常语速要慢 1/2 到 1/3。他们大量使用第一人称、诱导性言语、对话和自我重复。教师还经常根据学生的英语水平调整和修饰自己的教学语言,如加重语气、改换说法、配合体态语等。可见,英语教师的教学语言具有不同于其他学科教学语言的特点。

1.传授和示范功能

外语教师的教学语言既是一种传授知识和技能的工具,也是教师所要传授的知识和技能本身,同样具有"传道、授业、解惑",开启智慧,传授知识的功能。因此,英语教师所传授的教学内容和表达内容的方式是两个性质不同但同样重要的部分。教学内容要通过有效的教学语言来传达才能达到理想的教学效果,如何用语言来表达内容是每位教师都应关注的问题。

在语言学习的过程中,学生会通过各种渠道学习英语。授课教师的语言表达方式也是他们获取语言的重要途径。教师的教学语言具有示范作用,直接影响着学生的语言和语感训练。学生关心教师在说什么、向他们传达了什么信息,还关心教师是怎么说的、通过什么语言形式传达信息的。学生不但关注语言的内容,还关注语言的形式,包括教师所用的语调、词汇和惯用句式,甚至教师的神情和语气。根据克拉申(Krashen,1982)的语言输入假设理论,"习得"并非只在自然的语言交际中才能实现,它在正规的课堂学习中也存在。因为教师不仅能为学生提供"学习"的语言操练,其本身的语言就起着语言运用及语言交际的示范作用,也是一种输入。因此,英语教师的语言要尽量靠近目标语,语言表达要地道,尽可能地减少汉语的干扰。同时教师要有意识地把教学语言和实际交际中使用的语言有机结合起来,以便为学生提供更多可模仿的语言素材。

2.阶段性

语言学习是一个循序渐进的过程,语言的阶段性主要表现在学习者在进行语言表达时使用的词汇量的多少、语速的快慢、表达结构的繁简和语篇的难易等方面。随着教学过程的逐渐延伸和学生语言能力的提高,教师的教学语言也要发生变化,这就是英语教学语言的阶段性、递进性,即在语速、用词量、表达结构、语篇等方面要从一个层次递进到新的层次。这个递进的过程体现了语言教学中循序渐进的原则。如果教学语言一直停留在较低的层次,或者凝固成固定的模式,课堂教学就会枯燥无味,也不可能完成教学大纲规定的任务。张正举和李淑芬(1996)等曾提出对英语教学语言的阶段性的把握应参考三个因素,即教学大纲、教材和教学日历。笔者认为,这三个因素固然能体现出不同阶段、不同水平学习者的特点,但教师语言更应针对个体情况进行调整。就像母亲教孩子说话一样,不会根据早已设计好的适合于某个年龄阶段的孩子的水平来调整,而是将语言建立在对个体孩子语言能力的认识上。而且,教学大纲、教材、教学日历可以是统一的,但教师的教学语言永远不能统一,不能停滞。学生的个体差异也会促使教师语言时刻处于变化之中。因此,教学语言的递进性要求它必须适应大多数学生的实际需要,过于简单或过于复杂的语言结构都达不到理想的教学效果。教师要充分了解学生的语言水平和接受能力,不断增加语言的难度、更新教学内容,使课堂充满吸引力和挑战性,以此来激发学生学习新知识和新技能的热情。

3.可接受性

在我国,英语是一门外语,多数英语学习者的语言能力和接受能力有一定的局限性,因此教师的教学语言要适应学生的语言水平,不能凝固在某个阶段或层次上,要随学生语言能力的提高而逐渐变化。根据克拉申的输入理论,学习者能够习得语言,是因为他们借助语境和非语言信息理解了那些稍高于他们目前语言水平的语言结构。如果学习者目前的语言能力用 i 来表示,那么语言输入需要高于 i,克拉申用"i+1"来表示高于学习者原来水平的语言能力。另外,教师不仅要考虑学生的语言能力,还要考虑他们的学习兴趣与积极性,教师课堂使用的语言既不能高于学生所能接受的水平太多,让他们听课如听天书,挫伤其自信心和积极性,也不能水平过低,减少信息量的输入,降低语言质量,这样会导致学生会失去兴趣和积极性。教师要避免想到哪说到哪的随意性和为说英语而说英语的盲目性,所使用的教学语言既要符合学生的实际需要又要略高于学生的现有水平。

4.重复性

与其他学科知识的学习不同,语言学习是一种学习者反复练习才能获得的技能。有的人认为英语是一门基础语言知识课,不是一门培养学生实践能力的实践课。其实不然,学生只有在大量的语言实践训练的基础上才能掌握这门语言。英语学习没有捷径可走,要学好外语,就要进行大量的听说读写译训练。我国的英语学习者没有自然习得语言的环境,课堂中的大量重复练习必不可少。对一些重要的语言表达方式需要重点提示,反复示范,让学生模仿、练习。特别是教学中的重点和难点内容,需要多次讲解,并引导学生反复操练。教学语言的重复性就是帮助学生听清楚和读懂、加深他们的理解、为他们排除疑难以及训练他们的发音朗读。

语言习得的过程是一个可理解性输入—注意—反复练习—吸收—习得的过程。语言信息通过理解进入感觉记忆,然后进入短期记忆,再由短期记忆进入长期记忆,只有进入长期记忆的信息才能被大脑自由提取和使用。短期记忆中的信息被强化的次数越多,进入长期记忆的可能性就越大。短期记忆是经过多次反复练习才能获得的。因此,教学语言的重复能帮助提高学生的记忆力,尤其是对初学者来说,重复是必需的,这样才能刺激学生的注意力,提高其学习效率。

4.3.3 外国式语言、保姆式语言、教师语言以及课堂用语

外国式语言、保姆式语言、教师语言和课堂用语是教师教学语言研究中常常提及的概念,我们先来看看它们的内涵和特点。

弗格森(Ferguson)在 1951 年提出的外国式语言是指某种语言被认为是

对这门语言知之甚少甚至一无所知的外国人使用的一种简化语体。它的特点是:(1)重复一词或伴随手势、声音模仿;(2)拖长元音;(3)发音高、慢、清晰、夸张,常有额外的停顿、更强的重音与更明显的升降;(4)省略冠词;(5)等等。其中最主要的特点是语法的省略、扩充和重新组合。1964年,弗格森又提出了保姆式语言,保姆式语言是指掌握了一门语言的人天生具有的简化语域的能力,类似于母亲与幼儿交流时所用的语言,其特点是:(1)有一定的交际目的;(2)总是与"当时、当地"情况相关;(3)说话内容是可以预示的;(4)使用简短的、语法正确的句子(刘润清,马丁·韦德尔,2001,pp.427-428)。教师语言是由于交际双方(教师和学生)对某一语言掌握的程度处于不平等的状态,教师按照他所认知的学生的水平对语言进行调整、简化的结果。教师语言担负着简化与示范的双重任务,它的特点是:(1)强调语言的正确、简化,尤其是在词汇和句法上;(2)词汇更趋向概括;(3)音调升高,重音加强,语速减慢。

克拉申在对语言实例进行观察与分析之后,对保姆式语言、外国式语言和教师语言进行了总结,三种简单语码的特点是:(1)语速慢,词汇量小,易被年幼孩子接受;(2)句式合乎语法;(3)句子普遍较短;(4)命题内容不复杂,适合于学习者(转引自黄和斌,2001,p.321)。它们之间最大的共同点是都依赖于对听话者的语言能力和水平的估计。但由于交际的对象、环境、目的不同,这些简单语码存在差别,因为它们时刻处于变化的状态。以下我们重点探讨教学语言与课堂用语的差别。

长期以来,教师的教学语言并未引起人们足够的重视,有的人把教学语言与课堂用语混为一谈。由于两个概念混淆,就误认为教师在课堂上使用了课堂用语就是用英语进行教学。课堂用语是指教师在组织课堂教学各个环节时使用的特定语言,有固定的模式,用于课堂教学的不同阶段,适用于不同的训练项目和环境。如"Class begins.""Read aloud.""Open your book,please.""Class is over."等等。课堂用语的使用增添了学习英语的氛围,有助于提高学生对教师英语授课的理解能力。教师用语是指在英语教学全过程中教师所使用的语言,它在很大程度上超出了课堂用语的范畴。它具体包括讲授用语、课堂用语、师生交流用语和教师反馈用语。讲授用语是教师在讲解词汇、语法结构、篇章结构时使用的语言,也就是对学生进行听说读写译能力训练时使用的语言。师生交流用语是课堂内师生之间的各种交谈、提问、对答和讨论语言。教师反馈用语则是教师对学生在课堂学习中的语用行为做出评价时使用的语言。

通过对上述几个概念的分析,我们可以得到以下启示:(1)从一开始上课,教师就要尽可能地使用英语组织课堂内的教学活动。即使是面对初学者,教师也要用英语和学生交流,因为课堂教学是一种真实、自然地发生的社会环境;(2)课堂内的话语与活动内容要密切联系实际,让学生谈论"当时、当地"的事情,为学生创造真实自然的英语交际氛围;(3)在设计语言运用活动时,要让学生清楚地看到形式与意义之间的关系,如有的活动要求用语言做事,以表明学生理解了所听到或谈到的材料,有的活动则要求他们运用口头语言去实现某种目标(刘润清,马丁·韦德尔,2001:pp.430-432),通过交际活动,帮助学生将课堂所学内容付诸实践,达到形式与意义的结合。

总的来说,教师的课堂教学语言没有一个固定的模式,它与教师自身的专业能力、素质修养等密切相连。每一位教师在日常学习中,除了要进行必要的教育学、心理学等课程的学习,还要学习语言学基础知识,加强自身的语言修养。只有了解了语言的内外部特征、相关因素等问题,才能学会在课堂上用语言学知识来分析、认识语言。同时,教师还要注重语言表达能力的训练,使自己的语言尽可能精确、科学,富有启发性。教师应加强对自身语言艺术修养的培养,努力使用具有个人特色的艺术化的教学语言进行课堂教学的改革与创新,增强教学的趣味性,提高学生的学习积极性。

4.4　大学外语教师课堂语码转换艺术

语码转化(code-switching)是语言交际中存在的普遍现象,自然也存在于教师的课堂教学中,这些转化包含着语音、词语、语言结构、思维方式、表达方式、文化差异等方面。即使使用同一种语言进行交际时,由于方言、文化习俗、思想观念等差异,人们之间的交流也存在着大量的语码转化。英语教师在教学中必然会遇到英语和汉语两种语言的转换使用问题,如何把握两种语言的交换频率、使用数量等问题成为外语课堂教学交际有效性研究的主题。

语码转换是指使用两种(或两种以上)语言的人在同一或不同话轮中对两种语言进行交替使用的双语现象或双语言语行为。早在 20 世纪六七十年代,国内外学者就开始从不同的角度,采用不同的研究方法探讨这一语言现象。随着应用语言学的深入发展,研究者在吸收社会语言学领域语码转换理论的基础上,广泛地开展了针对课堂语码转换的研究。

4.4.1 国内外课堂语码转换的研究

课堂语码转换研究始于 20 世纪 70 年代后期美国本土的双语教育研究。随着社会科学和跨学科研究的发展,课堂语码转换研究在理论和方法上实现了两个重大的突破:(1)20 世纪 80 年代初期,人们开始从语言学角度对课堂录音材料开展话语功能分析,如米尔克(Milk,1981)和格思里(Guthrie,1984)的研究(转引自 Martin-Jones,2000),研究主要关注教师和学生如何利用语码转换完成任务以及母语在课堂中的交际功能等。该阶段的理论假设认为语码转换的功能分类是稳定不变的,人们想当然地按照功能表来分析母语和目标语使用的频率分布。该时期的研究多采用归类和统计法来分析教师的语言行为,还没有涉及课堂话语的衔接顺序。米恩(Mehan,1981,p.40)认为早期的研究很少阐释课堂中的同步语言行为。(2)随着会话分析理论、社会交互语言学和民族志(ethnography)理论的发展,研究者把注意力从对个人话语的交际功能分析转移到对课堂话语顺序结构的研究上来,关注课堂中的师生互动,而不再只是注重教师个人的语言,教学环境也不再被看作是固定的,而是被认为会随着师生的互动而变化。随着研究场景的多样化以及研究方法的逐步完善,从 20 世纪 80 年代后期到 90 年代早期,出现了大量的研究成果。研究者关注的焦点从教师个人话语的交际功能转移到师生、生生之间的共同行为,混合研究成为主流,质性数据搜集和分析手段得到广泛使用。大量使用课堂观察、问卷、访谈、录音录像、案例研究、叙事研究等实证方法(程晓丽,2015)。如彭宁顿(Pennington,1995)通过调查香港 8 位英语教师课堂语码转换的使用情况,发现在对水平较低的班级授课时,教师使用语码转换的频率较高。斯里兰卡的研究者对该国贾夫纳(Jaffna)市 24 所中学的英语教师课堂语码转换的使用情况进行了实证研究(Canagarajah,1995)。林(Lin,1996)探讨了在典型教学行为,即"(教师)启发—(学生)回答—(教师)评价"模式中,教师语码转换出现的顺序结构,试图发现某种语码转换是否占主导地位。马卡罗(Macaro,2001)和马丁-琼斯(Martin-Jones,2000)探讨了课堂语码转换的概念建构和研究范式。

与国外相比,我国针对英语教师课堂语码转换的研究略显单薄,大多属于文献类研究,引述和介绍国外研究成果的较多,如对国内外二语课堂教学中母语使用情况的研究介绍(衡仁权,2004;唐丽萍,2004;曹明瑞,2006;李颖,2010)。在实证研究中,多采用问卷调查、课堂录像的方法分析教师对使用目标语和母语的观念态度和使用频率、对单个语码转换功能的研究以及教师语码转换的结构类型与功能分布特征等(刘永厚,2007;董连忠,朱庆龙,2006;陈立平,2004;吴白音那,文秋芳,2015)。程晓丽(2015)对2001—2013年国内该领域的研究内容和研究方法进行了综述,认为以往的研究更多地关注课堂语码转换的功能、模式、频率,母语使用的原因和师生的态度等,发现实证研究在数量上超过了非实证研究,但系统的、规模化的研究还较为匮乏。

4.4.2 外语教师语码转换研究的热点问题

语码转换是双语者交流中一种自然的语言现象,是语言使用者在有意识或无意识的情况下使用的语言交际策略。语码转换在很多场合,特别是在年轻人之间已经成为一种时尚,一种知识层次和群体地位的象征,但语言教学中教师的语码转换却引起了争议,许多问题至今还没有达成共识。

1.对使用语码转换的态度

20世纪70年代,国外语言学界就外语教师在课堂教学中是否可以使用母语开展了讨论。有的学者提出教师在外语课堂中要使用单一语言,即用目标语进行教学活动。因为外语教学的目的是培养学生的语言交际能力,学会用外语进行交际就是语言学习的最终目的。根据语言输入理论,语言习得的前提是学习者接受大量的语言输入。因此,教师在课堂教学中应遵循单语教学原则,尽一切办法为学生输入大量目标语,让他们最大限度地接触目标语,如果使用母语则会妨碍目标语的输入。由此一来,在普通交际中可以接受的语码转换行为,在课堂教学中就成为不被接受、不合适的语言行为,而且常常被禁止使用(Moodley,2007)。马丁(Martin,2005,p.76)的研究发现,在马来西亚的大学中,教师在课堂中使用语码转换被认为是不利于语言政策实施的教学行为。

国内许多学者也主张教师在外语课堂中应遵循单语教学原则,因为学好外语的最佳途径是沉浸式学习,即让学习者置身于一个完全的目标语言输入环境之中。这一观点逐渐成为我国制定不同层次外语教学大纲与编写外语教材的理论依据,也指导着各级各类外语教学(衡仁权,2004)。造成这一现象的原因是,长期以来,由于语法翻译教学的影响,我国出现了"哑巴"英语、"聋子"英语等现象。为了改变这种现状,多数学者认为教师应采用单一语言原则为学生提供大量英语输入,为学生交际能力的提高提供英语语言环境,单语教学原则成了我国20世纪80年代流行的交际教学法的标准特征。

然而随着研究的深入，人们逐渐发现外语课堂教学中母语的使用是不可避免的，从目的语转向母语能够引起交际双方对交际内容的注意。因此，语码转换是一种语言交际策略，具有目的性和意识性的特征（于国栋，2004）。有的研究证实了单语制教学原则和教学实践相悖现象的存在（Li & Martin，2009），并提出在课堂教学中使用母语具有可行性。阿特金森（Atkinson，1987）认为教师在课堂上可以使用母语，并总结了使用母语的九个优势。研究者逐渐认可了中介语言技巧（interlingual techniques）的使用（Ferguson，2009），认为教师使用语码转换能够帮助学生理解新词、语言难点和语法知识，有助于维持课堂纪律和建立良好的师生关系。应该允许教师在课堂教学中使用母语（Atkinson，1987；Cook，2001；陈立平，2004；唐丽萍，2003）。

综上所述，外语课堂中的语码转换是一种自然现象。无论是遵循单一的目标语教学原则还是允许使用母语，其根本目的是帮助学生更好地学习目标语，无论哪种教学原则，只要有利于学生语言能力的发展，都是值得提倡的。

2.教师语码转换的功能

教师语码转换的功能历来是人们研究的重点，其分类也有差别。埃尔德里奇（Eldridge，1996）根据布洛姆和甘柏兹（Blom & Gumperz）的"喻意语码转换"与"情景语码转换"理论，把教师语码转换的功能概括为表达对等、信息重述、保持交际、元语言和冲突控制等。法莱曼-马特森和布伦浩特（Flyman-Mattson & Burenhult，1999）根据已有的语言标记模式理论，将教师语码转换的功能归纳为情感功能、话题转换功能和重复功能，认为教师语码转换具有表达情感、操纵话题和促进理解等作用。弗格森（Ferguson，2009）则把教师语码转换功能分为课堂管理、构建和传递知识、建构人际关系三个方面，认为这种分类能够反映教师的教学理念，即帮助学生掌握教学大纲规定的知识，让学生在一个熟悉、舒适和安全的环境中学习语言。陈立平（2004）认为英语课堂中教师语码转换的功能包括课堂管理、文本讲解、人际沟通等。唐丽萍（2003）则把教师语码转换的功能分为教学功能，包括澄清、效率和强调，和社会功能，包括赞扬、不赞成、鼓励和道歉。吴白音那和文秋芳（2015）认为教师课堂语码转换的功能主要分为完成教学任务和管理课堂两大类。以上分类各具特色，也都有相似之处。

弗格森（2009）指出，话语中的语码并置（code juxtaposition）产生的含义与语码转换产生的话语语境是无限的，因此，语码转换的功能具有开放性的特点，这就导致了其功能分类的差异。总的来说，无论从什么角度对语码转换进行研究，用什么方法对其进行分类，外语课堂中教师语码转换的功能主要是传达知识信息与进行交际,即教学和交际。

3.影响语码转换使用的原因

教师语码转换的使用受到各种因素的影响。以往的研究主要集中探讨以下三个方面。

首先,课程性质特点决定了教师使用语码转换频率的高低。陈立平(2004)的研究发现,教师在教授不同课程时,使用语码转换的情况有很大的差异。使用母语最多的是语法和翻译课。因为语法课中教师的讲解会涉及许多元语言知识,很多词汇超出了学生所能理解的范围,借助于母语(汉语)能帮助学生理解语法知识点。从知识学科(content subject)的双语教学中我们也能得到同样的解释。我国许多高校对双语教学中使用英语和母语的比例做了规定,如采用 50/50 模式,即目的语与母语的使用各占一半,也有规定 70/30 模式,即英语使用占 70%。这些规定显然是根据知识学科的教学目的与课程特点来制定的。与语言类课程的教学相比,教师在知识学科的教学中使用语码转换的频率会较高,这是因为"语义域"的"专业化"程度越高,语码转换的可能性就越大。很多有国外生活经历的人都会发现一个有趣的现象:留学生之间在聊天的时候经常使用母语,而当谈论专业话题时常常使用目标语。这是因为多数专业词汇难以转换成母语,很多专业话题本身就和相应的语码联系在一起,因此,话题本身激发了语码转换。

其次,学生的语言水平也影响教师语码转换的使用。很多研究证实了这一点(Pennington,1995;Lin,1996)。由于初学者或者低水平者对目的语了解很少或者一无所知,教师在授课时就需要用母语讲解学生难以理解的术语,弥补那些母语和目标语之间的语言空缺,这样能够帮助学生理解输入的信息,增强他们的自信心和学习兴趣,消除他们的疑虑和不安。卢植和茅丽莎(2004)认为使用母语把语言知识点讲授给还不能完全掌握特定语境中语言的学生在向用正规英语授课转化的最初阶段是十分重要的。马卡洛(Macaro,1995)指出教师在授课中如果一直使用英语,就会让那些能力较低的学生感到失落,甚至有被排斥在外的感觉,无法融入课堂教学活动中。陈立平(2004)也发现,教师对低年级学生授课时的汉语使用量要比对较高年级的学生授课时多,语码转换的频率随着年级的升高呈逐渐下降的趋势。因此,在为不能完全掌握目标语的学生建构知识框架的过程中,使用母语能够降低表达目标语信息时的不确定性,帮助学生理解新知识,提高教学效率。

最后,教师的语言态度和语言环境影响语码转换的使用。众所周知,人们的态度决定其语言行为,前面已经论述了教师对语码转换的态度影响其语码转换的使用。在此,我们只论证课堂语言环境对教师语码转换的影响。随着应用语言学的发展,人们发现教师在课堂中使用母语能够让教学更加人性化;教师使用目标语意味着相对正式的师生关系,而使用母语则代表着相对和谐的关系。麦格林和马丁(McGlynn & Martin,2009)指出语码转换具有幽默效果,对那些敏感的话题造成的紧张气氛能起到缓解的作用。林(1996)认为用英语来表扬学生不如用母语纯正、真诚。有的研究认为,如果教师想创造一个宽松的课堂气氛,只是使用目标语讲课是很难的,是达不到这个效果的(Polio & Duff,1994)。普罗宾(Probyn,2009)的研究发现,教师在课堂上为了实现各种情感目标而使用语码转换。

　　总的来说,教师语码转换的使用受到外在和内在因素的影响。除了上述的原因之外,教师的认知特点、课程教学目标、在课堂中的不同角色、学生的认知能力和特点、跨语言的差异等都会引发教师语码转换的使用,但据笔者所知,目前这些方面的研究还比较欠缺。

　　4.语码转换与语言学习的关系

　　语码转换与语言学习的关系是该领域研究中引起争议的焦点问题。有些人对此持否定态度,在某种程度上是因为顾虑教师语码转换会减少目标语的输入,从而减少学生接触目标语的机会,阻碍学生对专业术语的熟悉(McGlynn & Martin,2009)。有的研究(如 MacKonald,1993;Macaro,1997)(转引自 Turnbull & Arnett,2002)证实在课堂教学中,教师最大限度地使用目标语能很好地促进学生外语水平的提高。尤其是对那些把外语学习作为实现个人目标重要手段的学习者来说,单语教学原则能够提高他们学习目标语的积极性。如果教师过多使用母语则会削弱他们的学习动机和积极性,导致他们缺乏迫切理解目标语意义的需求(同上),因此教师在外语课堂教学中应最大限度地使用目标语。

　　然而持肯定态度的人认为,最大限度地使用目的语并不意味着完全杜绝母语的使用。多数研究证明课堂内禁止使用母语是不现实的,很有可能剥夺外语学习者的一个重要认知工具。因为学习者已习得的母语知识与母语水平对其外语学习有重要的影响(王立非,文秋芳,2004)。母语不是第二语言学习的障碍,母语和外语都是学习者学习外语和进行交流时的丰富资源。布兹坎姆(Butzkamm,2003)认为教师在外语课堂上可以恰当地使用母语授课,因为母语是学习者认知和教育的来源,是教师和学生带到外语课堂学习中的最宝贵资源,充分利用这个优势对于教学效率的提高具有很大的帮助。

　　由上可知,单语教学原则并不能最大化地助力于语言学习,教师不需要刻意回避母语的使用。根据克拉申的输入理论,只有"可理解输入"才能被学习者吸收和内化。教师课堂中的语言输入要以学生的理解为前提,如果用英语输入的知识信息超出了学生的接受能力,就会使他们失去学习信心和兴趣。学生对英语输入的理解基础来源于他们的母语知识、能力和经验,使用母语能更好地帮助他们学习目标语。但是,教师需要注意的是,语码转换要密切联系教学目的,其作用是帮助学生理解语言知识,提高语言输入的可理解性。语码转换只是学生学习的桥梁,起着促进他们语言学习的作用。

4.5　大学外语教师课堂语码转换的实证研究

如前所述,从语言教学的角度看,语码转换是一种普遍现象,但我国在该领域的研究还很薄弱,已有的研究多采用问卷调查、课堂录像的方法分析教师使用目标语和母语的观念、态度以及频率等,缺乏按照教学课堂步骤对语码转换展开的研究。因此,笔者对大学英语教师在课堂教学每一个步骤中的语码转换使用情况进行了探讨。

本研究的语料来自于临沂大学两位(一男一女)大学英语教师在精读课上的语码转换使用情况和访谈。两位教师皆为硕士,男教师教龄 20 年,女教师11 年,两人讲授的都是一年级的精读课。选择一年级的课堂作为观察对象,是因为与其他年级的教学相比,教师考虑到一年级学生的英语水平,在课堂教学活动中可能会较多地使用语码转换。而精读课是英语教学中最基本的课型,教师讲授的内容较多,能够为本研究提供足够的语料。访谈问题涉及教师对课堂语码转换的态度及使用的原因等方面。

4.5.1 研究方法设计

研究开始之前,我们得到两位教师的允许,对他们的课堂教学进行了为期两周的观察。经过分析,我们选择对两位教师一节课的课堂录音进行转写,然后对录音材料进行研究。研究重点是教师在课堂教学每个阶段中对语码转换的使用情况,观察它们是如何发生以及随着时间的推移发生变化的,探讨课堂语码转换变化的"历时"特点。研究问题主要包括:

1.在课堂教学的每个阶段中,教师语码转换的数量是怎样的?

2.在不同的课堂教学步骤中,使用语码转换的原因是什么?

3.语码转换是否随着课堂教学步骤的变化而变化? 变化特点是什么?

本研究借助于法莱曼-马特森和布伦浩特(Flyman-Mattson & Burenhult,1999)与埃尔德里奇(Eldridge,1996)的教师语码转换功能分类模式,把上述问题分为以下七类:

1.语言不安全感:教师对一些新的概念解释感到困难;

2.话题转移:教师根据不同话题进行语码转换;

3.情感表达:教师即兴表达自己的情感;

4.人际交际:教师为了建立良好的师生关系而使用学生的母语;

5.重复:教师为了清楚地表达信息而使用两种语言重复所讲内容;

6.元语言:教师使用语言系统本身的语言来完成教学任务,但在进行评论、评价时使用学生的母语;

7.课堂管理:教师使用学生的母语进行课堂管理。

需要指出的是,在研究中,我们发现教师使用的语码转换常常以各种复杂的方式互相联系,精确地辨别、区分和描述每个语码转换的功能是不可能的(Eldridge,1996)。这是因为"不同的着眼点意味着不同的功能,同一个转换项目可以由于着眼点的不同而同时具有不同的功能"(王瑾,2007)。因此,一个语码转换可同时具有两种或者更多的功能。鉴于本研究的目的,在分析课堂教学每个阶段的语码转换时,我们按照其最常用的功能对其进行归类,集中在界限相对明显的功能上,如话题转移、元语言、人际交际、课堂管理等。

4.5.2 发现和讨论

1.个案:教师 A(女)

该节课的教学时间为 45 分钟。整个教学步骤包括:导入(section 1)—解读文本(section 2)—巩固练习(section 3)—布置作业或者自学(section 4)。时间分配如表 4-1。在第四个阶段中,课堂教学内容基本结束,教师语码转换数量较少,所以本研究不讨论此阶段语码转换的使用情况。

表 4-1　A 班:课堂教学流程图(时间:45 分钟)

Section	Topic	Time line(min)
1.Greeting and warm-up(informal chatting,telling jokes,oral practice,etc.)		10 mins
2.Presentation(explaining vocabulary,sentence structure and text)		17 mins

续表

Section	Topic	Time line(min)
3.Production(grammar,vocabulary and sentence practice,etc.)		8 mins
4.Homework and self-study		10 mins

教师 A 性格开朗,比较活泼。她通过问候、聊天、讲笑话等方式自然而然地引导学生进入与课文内容有关的背景介绍。在课文内容导入过程中,教师采取各种交际活动调动学生的热情,让他们都能够参与到课堂活动中。在讲授课文的教学活动中,穿插了新单词和语法内容的讲解,并组织活动让学生就课文中的重点和难点进行练习。对课堂录音的分析显示,该教师一共使用了257 个语码转换。我们把所得数据利用 SPSS 进行分析,得到的语码转换使用分布情况如图 4-1:

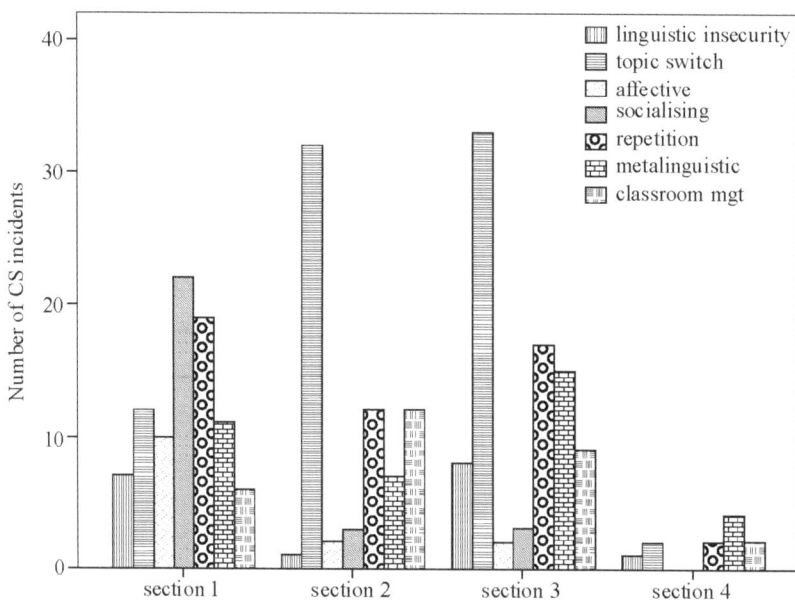

图 4-1　A 班:教学步骤与语码转换数量

通过语料分析我们发现,在教学的每个阶段中,教师 A 都使用了较多的语码转换。访谈中,我们了解到,该教师认为在语言课堂教学中,目标语的使用会导致相对冷淡、正式的师生关系,而恰当的本地语的使用则能培养出亲密、随意的师生关系,因此,母语的使用有利于建立和谐的课堂气氛。再者,大一新生的词汇量、听说能力等语言水平有限,所以有时她会刻意地使用汉语讲解某些知识点,但有时却没意识到自己在使用语码转换。正如泽特(Sert,2005)所陈述的,教师可能不会意识到自己使用语码转换的动机与语码转换的功能和结果。通过课堂观察,我们发现无论是在有意识还是无意识的情况下,语码转换都是一种有效的交际策略。

从图 4-1 可以看出,在不同的教学阶段,该教师使用的语码转换的种类和数量有较大的差异。且话题转移、情感表达、人际交际、元语言等功能的使用频率伴随着课堂教学步骤的推进产生了显著变化。这就促使我们不得不思考这样一个问题:教师语码转换的种类是否会随着教学时间段的推进而具有一种潜在的变化趋势呢? 通过把话题转移、元语言和人际交际数据输入 SPSS,我们得到了图 4-2 中的线性图:

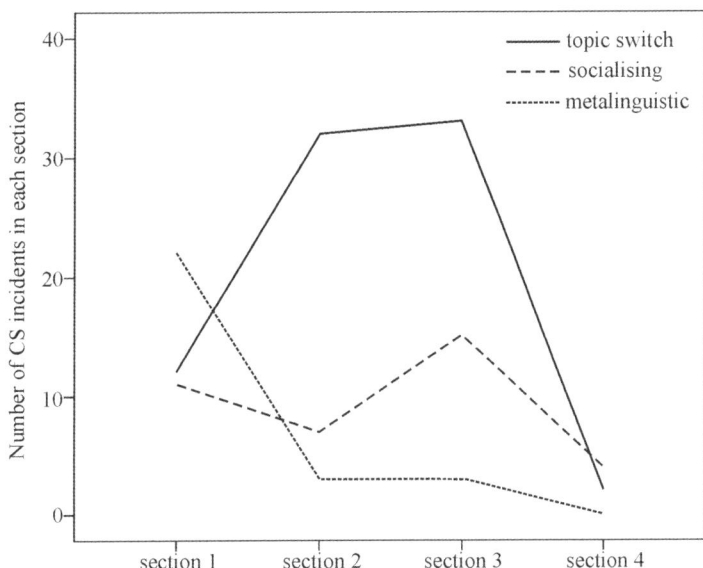

图 4-2　A 班:教学步骤中语码转换变化趋势

通过分析,我们发现教师 A 在课堂上使用的语码转换的种类和教学步骤之间存在着相关性。从图 4-2 可以看出,人际交际和情感表达功能具有相同的变化趋势,与其他阶段相比,其使用量在第一阶段最多,并随着课堂教学活动的推进而逐渐减少。因为在课程导入阶段,教师需要尽快建立和谐的课堂学习氛围以及良好的师生关系,以便更好地开展教学活动,而语码转换的人际交际和情感表达功能能够帮助教师实现这些目标。因此,在此阶段教师通过使用语码转换的这两种功能来鼓励和表扬学生,以此来减缓他们的焦虑心理,拉近师生距离,调动学生的学习热情。一旦这种氛围建立起来,教师就会减少这些策略的使用。

例 1:人际交际功能

T:What is your mother's attitude to this?

S:Um…he…

T:She.

S:Ah,she,she,she,he,he,…(Some students are laughing).

T:也怪啊,我们在提及女性时常常用 he,一说到男性就用 she……这是因为……

通过语码转换的人际交际功能,师生之间的距离感消失了,良好的课堂氛围也就建立起来,教师趁机转入文本的解读阶段。此时教师围绕课文内容开展了大量的讨论、解释与评价,讲解了课文中的重点词汇和语法难点等内容。在教授一些难以表达的知识点和术语时,该教师使用了大量的话题转移、元语言等策略,突出了教学要点和难点,吸引了学生的注意力。

例 2:话题转移

T:Any volunteer? Who would like to answer the question? Come on,guys…不要担心出错。任何人都会出错,这是我们学英语的一个必然过程。

例 3:元语言

T:But try as he might,he still couldn't find an answer.Now,pay attention to this sentence.Try as he might,what does this mean? Do you know?

S1:as 引导的让步状语从句。

T:Yes,you are right.Well done.Try as he might,这是一个 as 引导的让步状语从句,就相当于 though,所以可以说 Though he might try,尽管他竭尽全力地去尝试,He still couldn't find an answer.我们知道当 as 引导让步状语从句时,句子要倒装。也就是说谓语部分应该倒装。

在第二、第三阶段中,教师 A 使用了大量类似的元语言策略。从访谈中我们了解到,该教师认为在讲解语法知识时,使用汉语省时省力,学生会感到容易理解。而在讲授课文难点的时候,汉语能够帮助学生更好地理解其深刻含义。正如陈立平(2004)所叙述的,将课文的意义讲授给还不能完全掌握特定语境的二语习得者,这在向用正规英语授课转化的最初阶段是十分重要的。

通过对教师 A 课堂语码转换使用情况的分析,我们了解到课堂语码转换不仅可以用来交际,而且也是知识讲授的一个重要工具;教师语码转换的频率随着课堂互动和教学步骤的推进而发生变化。

2.个案:教师 B(男)

该节课教学时间为 45 分钟,教学步骤和教师 A 基本相同,只是每个阶段的时间分配有差异,如表 4-2。

表 4-2 **B 班:课堂教学流程图(时间:45 分钟)**

Section	Topic	Time line(min)
1.Warm-up exercise (questions related to the text)		5 mins
2.Presentation(oral practice:repetition of specific vocabulary,and sentence,replacing the text)		18 mins
3.Production(vocabulary and sentence practice)		12 mins
4.Homework and self-study		10 mins

教师 B 性格稳重,教学严谨,在课堂观察中,我们发现学生对他比较敬畏。通过课堂录音转换,我们发现教师 B 语码转换的数量为 175,所得数据输入 SPSS,得到的该教师语码转换使用分布情况如图 4-3:

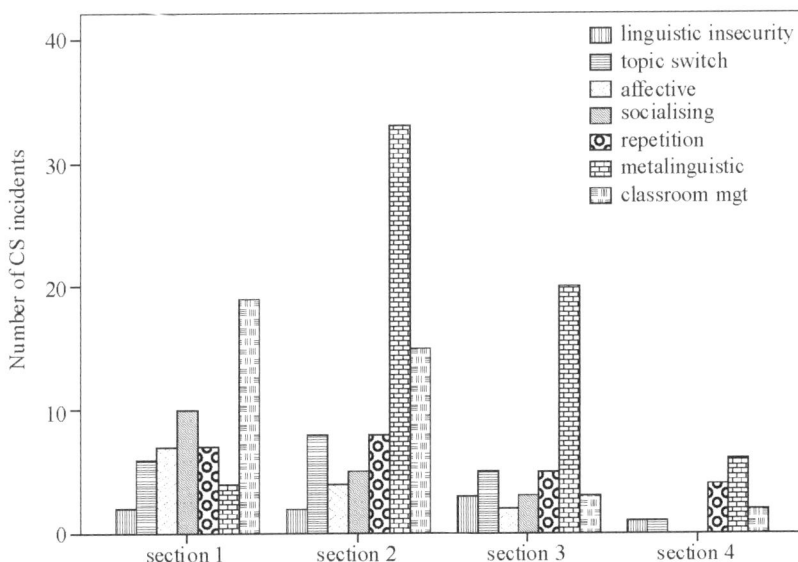

图 4-3 **B 班:教学步骤与语码转换数量**

通过数据分析我们发现,该教师对语码转换的人际交际、重复、情感表达等功能的使用比教师 A 少,但是仍然存在类似的变化规律,即语码转换使用的种类和数量随着课堂教学的步骤推进而发生变化。从图 4-3 可以看出,该教师对语码转换的课堂管理功能和元语言功能的使用量较大。和个案 1 一样,我们把变化特点较为明显的课堂管理、元语言和人际交际数据输入 SPSS,得出的变化趋势如图 4-4:

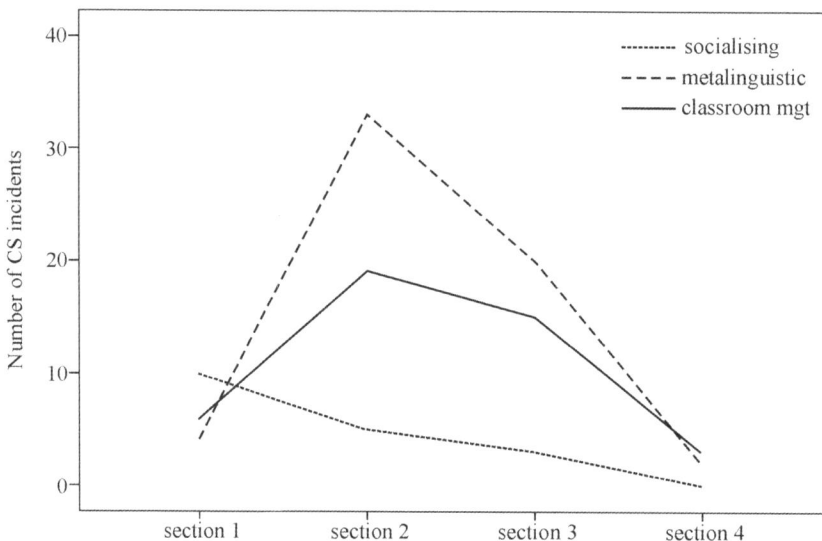

图 4-4 B 班:教学步骤中语码转换变化趋势

从图 4-4 可以看出,教师 B 语码转换的人际交际功能变化趋势和教师 A 的相似:在第一个教学步骤中使用量最大,而且随着教学步骤的推进越来越少,或者说随着教学目的的变化而变化。这同样说明,课堂导入阶段的目的是建立良好的课堂气氛,为下一步的教学做好准备。与教师 A 不同的是,在教学的第二和第三阶段中,教师 B 使用了较多的元语言和课堂管理策略。经过分析,我们找到了原因。首先,教师 B 在组织课堂交际活动,或者在教室里走动检查学生的交际活动时,时常会用汉语和学生交谈。教师的管理策略把讨论论文内容和安排学生开展课堂活动区分开来,在布置讨论任务的同时,表明课堂节奏的变化,即规范了学生的行为,又引起了他们的注意,实现了引导学生积极参与的目的。

其次,在讲解课文的时候,教师 B 把授课重点放在文化背景知识和语法知识点上,使用了较多的元语言功能。访谈中,教师 B 谈到,他在授课中发现多数学生的语法基础知识比较薄弱,这可能是因为高中阶段教师较多地把精力放在培养学生的听说能力上。因此,在大一的时候,教师应该帮助学生补上这个欠缺。而且在讲解语法知识的时候,汉语能让学生更容易理解和掌握相关知识点。另外,由于英汉语的转换中存在大量的"语言空缺"现象,使用汉语中的对等语码解释有关东西方文化的知识点能够降低用英语表达信息的不确定性,帮助学生理解教学内容,极大地提高课堂教学效率。教师 B 认为使用汉语有助于缩短为不能完全掌握英语的大一学生建构知识框架的过程。

例 4:课堂管理

T:Now we will come to the next part.(John is looking out of the window).John,你接着往下读文。

例 5:元语言

T:Who can tell us something about Halloween? Halloween,万圣节。What do people usually do on Halloween? 小孩子呢? What do they usually do? 小朋友们在万圣节去干什么呢?

S1:要糖果。

T:Yes.他们去要 candy。这就是 trick-or-treat。What does this mean? Well,it means 不给糖就捣乱,trick-or-treat。

从以上案例研究我们可以得出如下结论:教师在课堂教学中的语码转换使用频率受到各种因素影响,如课堂教学内容和目的、教师的性格和教学理念、教学活动和教学过程等。随着教学阶段的变化,教师语码转换的种类和频率也具有潜在的变化趋势。在课堂导入阶段,教师大量使用语码转换的情感表达功能和人际交际功能来建立良好的课堂气氛和师生关系;在教学的第二和第三阶段,教师在文化知识和语法知识的讲授中使用大量的元语言功能,以帮助学生更好地掌握知识点;在整个教学过程中,教师使用的话题转移、课堂管理、重复等功能随着教学活动和内容的变化而变化。

因此,教师在课堂中使用的语码转换是一个复杂的语言现象,是具有目的性交际策略,其使用频率和模式随着课堂教学步骤的变化而发生变化。这些"历时"性的变化特点对于教师在课堂中如何有效地使用语码转换具有很好的启示作用。

4.5.3 结语

语码转换是一个复杂的语言现象,是人们在交际中自然而具有目的性的语言行为,是不可回避的。英语课堂教师语码转换使用的背后隐藏着许多因素,如教师的性格、教学步骤、教学内容和目的等。那么,如何提升外语教师课堂语码转换的有效性呢?

1.培养语码转换的意识

为了有效地使用语码转换,有的研究者(如 Adendorff,1993;Probyn,2009)建议把培养教师的语码转换意识写进教师教育培训课程中,他们认为这不只是为了让教育政策制定者意识到教师在课堂中进行语码转换的必要性,也是为了探索如何恰当地使用语码转换。在课程培训中,还要让教师了解有的语言政策与教学实践是相矛盾的,加强教师语码转换意识培训的目的是:(1)让教师意识到课堂内的语码转换是普遍且正当的交际活动;(2)强调语码转换的积极作用,帮助学生理解所学课程内容,创造良好的课堂氛围,有效地管理学生的行为;(3)让教师认识到有效的语码转换依赖于合适的转换时机和原因(Adendorff,1993),即教师有意识地决定什么时候使用母语,而不是随意地进行转换。

2.遵循语码转换的原则

人们已广泛认可语码转换对目标语言学习的积极作用,但对于其转换的程度、比重和原则等许多问题还没有统一的衡量标准。科恩(Cohen,1998)(转引自李颖,2010)认为,教育者必须清楚母语在二语习得中的作用,必须清楚母语中的哪些部分能支持目标语的学习和使用,哪些不利于目标语的学习,然后根据这些知识来确定使用母语的策略。希巴(Skiba,2005)把外语教师在课堂中使用语码转换的情况分为三类:(1)为了省力,即教师为了弥补语言能力的欠缺或者不熟练而采取的补救措施,这种省力措施不利于学生目标语的学习;(2)过度使用,这会使外语课堂教学目的变得模糊、不明确,破坏课堂活动的整体性,妨碍学生的语言学习;(3)为了弥补两种语言之间的文化空白,为了传递态度、表达平等、建立和谐的课堂气氛,为了显示尊敬等目的而使用,这些情况下的语码转换是语言的延伸,不会对干涉语言学习。这些语码转换如同语言机制一样能够为学生提供适当的语言样本(language samples),有利于他们的语言发展,因此可作为教学方法来使用(同上)。所以,当教师使用语码转换来弥补语言表达能力的不足时,会阻碍学生对语言的吸收,而当教师的语码转换是用来建构目标语知识,或作为一种社会语言工具来使用时,则有利于促进学生的学习。

　　语码转换在语言习得的过程中起着中介语言的作用,是语言习得过程中的一个过渡。但从长远来说,它会妨碍语言习得。如果从中介语言的角度来分析其表现形式,语码转换是发展变化的,过早地减少或过度地依赖都会妨碍二语习得。教师对语码转换的使用是由学生的语言水平决定的,随着学生语言水平的逐年提高,教师语码转换的使用率将会有所下降,语码转换的模式也会发生变化。教师还需要了解,母语的使用只是为了帮助学生建构目标语言知识,不能将其和目标语列于同等的地位。教师应最大限度地使用目标语,根据课程内容、教学环境、教学目的和学生的实际情况有意识地、适时适量地使用母语,以缓解学生在课堂上的焦虑情绪,发挥母语的积极教学功能。

　　3.全方位研究课堂语码转换

　　于国栋(2001)指出,涉及语言现象的语用研究需要全面考虑语言使用中社会、文化、心理、认知等因素的作用,如果只是局限在某个或几个维度内,就不可能对语言使用的某些知识和本质有很好的理解。因此,教师的课堂话语研究也不能脱离大的社会语言环境,人们对语言的态度和语言使用模式都会影响教师课堂语言的使用,必须把教师的课堂语码转换和宏观的社会环境联系起来进行阐释。从研究方法上来说,以往的研究很少考虑教师个体的性格、认知、社会和文化背景等因素对语码转换的影响,未来语码转换的研究应在会话分析的基础上把这些因素考虑在内。

　　应开展纵向和横向的教师课堂语码转换研究。例如,对同一个班的教学活动,如一个学期或者一门课程的全部授课过程开展研究,了解教学过程中教师语码转换发生了什么变化,其特点如何;或者在学生语言水平相同的条件下,通过对实验组和控制组两种课堂教学进行研究,探讨教师语码转换模式对学生语言水平的影响及其原因。这样的研究结果会有更强的说服力,能够影响教育政策的制定者和教育者对语码转换使用的态度,对确定外语教学中选择语码转换的时机、提高外语教学的效率具有深远的意义。

　　总之,教学是一门艺术,教师的教学语言没有一个固定的模式,它与教师个人的专业能力、素质修养等紧密相连。作为教师专业发展的一个重要部分,每一位教师在日常学习中应加强训练,提高自身的语言表达能力,追求具有个人特色的教学语言艺术,这是永无止境的,是每位教师应一生努力追求的目标。如何在母语和第二语言之间进行有效的转换,也是每位外语教师在课堂教学中需要不断思考的问题。

4.6　大学外语教师课堂中非语言交际的有效性

　　语言交际和非语言交际是相辅相成、不可分割的。国外学者对人们的交际行为进行了调查,发现交际中信息传播的总效果＝7％的语言＋38％的语调语速＋55％的表情和动作。大卫·阿伯克龙比(David Abercrombie)指出,"我们用发音器官说话,但我们用整个身体交谈"(转引自贾玉新,1997,p.448)。早在两千年前,我国古代思想教育家孔子就主张人们要多用姿势进行人际交流,提倡人们交际时要先察言观色。荀子也要求人们先"辞顺""礼恭""色从",而后才能交流。中国人历来讲究交际时要做到言行质朴、气度温和、姿态恭敬。

　　文化与交际具有不可分割性。文化不仅通过语言交际传播,也通过非语言交际隐含地、有意识或无意识地传播。随着信息和交通技术的高度发展,空间距离缩短,世界各国人们之间的交流日益频繁,但空间距离的缩短并不意味着文化距离或心理距离的缩短。交际中的失误、矛盾和冲突加大了人们之间的心理距离。矛盾和分歧的背后不只是利益的分歧,更多的是文化差异所滋生的巨大隔阂,正是这些隔阂使得"地球村"的人们虽然近在咫尺,却如隔天涯。交际中的大量信息是由非语言手段来传递的,这些无声的语言体现的是一个文化群体的意识形态,如宗教思想、道德观念、哲学伦理、风土民俗、处世方法、行为准则、语言规范等。这是保持跨文化交际畅通的重要前提和渠道,折射出的是一个民族的文化体系和价值取向。然而传统的教学研究过于重视教师的语言行为,忽视了教师的非语言行为在教学中的作用,结果常常造成教学中的交际失误,影响教学效果,因此,很有必要对教师在课堂中的非语言交际进行深入的研究。

4.6.1 非语言交际的内涵、特点、作用及分类

　　非语言交际也称作无声语言交际,其内涵广泛,概念没有统一的标准。萨莫瓦尔和波特(Samovar & Porter)认为非语言交际包括"在交际环境中人为的和环境产生的对于传播者或受传播者含有潜在信息的所有刺激"(1982,p.292)。有的研究者认为非语言交际是"个人发出有可能在他人头脑里产出

意义的非语言暗示的加工过程"(转引自胡文仲,1999,p.95)。贾玉新(1999,p.448)认为"非语言行为包含言语行为之外的一切由人类和环境所产生的刺激,这些刺激对于信息发出和接受者都具有潜在的信息价值和意义"。广义的非语言交际包括所有非经语言传递的信息(陈国明,2009,p.116)。

在针对非语言交际特点进行的研究中,陈国明(2009,p.118)认为非语言交际具有无所不在、关系性和文化制约性三项特性。贾玉新(2009,pp.455-456)指出,许多非语言交际行为是多义的、跨文化的和跨国界的;有些非语言行为是某一文化独有的,但也存在着"含义重叠"现象;非语言行为的地理分布十分规则等特点。胡文仲(1999,p.95)提出了具体的三点:(1)它既是有意识的,也是无意识的;(2)它发生在交际过程中,并不是任何一个动作都是非语言交际;(3)不论哪一类非语言交际都包括潜在的信息。

非语言交际行为具有语言行为不可替代的作用。毕继万在《跨文化非语言交际》中阐述,非语言交际行为在一般情况下对语言交际行为起到重复、否定、代替、补充、强调、调节等作用(1999,p.4)。相对于交际中的语言行为,非语言行为更能展示人们的思想感情,也更为真实。当有声语言与无声语言相矛盾时,无声语言更为可信。所以非语言交际能帮助教师提高语言教学质量,理应成为教学研究中的一个重要方面。

与一般社会交际相比,课堂交际的最大特点是师生之间的积极互动是在教师主导下进行的。这种交际环境决定了教师的语言交际行为起着主要作用,而教师的非语言交际行为则从许多方面配合教师的语言交际,起特殊的辅助作用。教师丰富的表情和神态、激昂的情绪、形象的动作等都是其表现方式,都为获得积极的课堂气氛创造了条件。所以,教师是课堂交际环境的主导者。合格的外语教师应该既是一个善于运用自身身体语言的声情并茂的演员,还是一位善于排兵布阵、创造适合语言学习的外部环境的导演。这就要求教师有意识地将语言与非语言交际手段结合起来,充分发挥非语言交际在课堂教学中的作用,并适时地注意非语言交际在中英文化中的不同含义,这样一来,教学效果势必事半功倍,学生的学习效率也会大大提高。

非语言交际是一门跨学科的学术研究,所涵盖范围十分广泛,其分类也是仁者见仁,智者见智。科纳普(Knapp,1978,p.12-20)将非语言交际分为七类:身势动作和体语动作(body motion and kinesic behavior)、身体特征(physical characteristics)、体触行为(touching behavior)、副语言(paralanguage)、近体距离(proxemics)、化妆用品(artifacts)和环境因素(environmental factors)。毕继万(1998,pp.6-7)从跨文化的角度将非语言交际分为非语言手段和非语言行为。非语言手段包括客体语(Object Language)和环境语(Environmental Language)。客体语指人的服饰(如衣着、身体气味、仪表等)和环境所提供的交际信息;环境语指空间信息、时间信息、声音、室内装饰、颜色和灯光等。非语言行为包括体态语(Body Language)和副语言(Paralanguage)。体态语指姿态、礼节动作(微笑、握手等)和人体各部分动作(头部动作、面部表情等)所提供的信息;副语言涉及话语转接、沉默以及各种非语言声音。我们认为该分类符合跨文化交际和外语教学的实际,可以作为外语教师课堂非语言交际研究的分类标准。

4.6.2 外语课堂中教师的非语言手段

在课堂交际环境下,非语言交际手段能够传递语言所不能适时表达的信息内容,因此,教师可借助它们来提高课堂交际的有效性。

1.环境语

从非语言交际的角度看,环境指的是文化本身所造成的生理和心理环境。西方学者认为,人们既受到环境的影响,又会影响环境,因为我们一旦对所处环境产生一种看法,就会将这一看法体现在所发出的信息中。这一信息一旦发出,信息接受者对环境的认知感也就会有所改变。

环境语包括时间信息、空间信息(座位安排、近体距离等)、建筑设计、室内装修、声音、灯光、标示等等。就课堂教学而言,教室内的空间距离会对教学效果产生影响。宽敞明亮的教室使学生心情愉悦、舒适,能够帮助提升他们的学习效率。空间位置能够展示教师和学生之间的关系与地位差异,高高的讲台既显示了教师的地位,也方便了教学。在教室里,为了缩小与学生之间的空间距离,密切师生关系,教师的站位在以讲台为主的同时,也要根据教学需要适当变化。如走下讲台到学生中间去,了解学生的学习问题,给予帮助和指导,或者主动走近坐在后面的同学。有时貌似不经意地走向精力不集中的学生,从距离上提醒、暗示他们,都会起到良好的作用。教师还要注意,在教室里不能走动过于频繁,以免分散学生的注意力,脚步不宜过于匆忙,也不能过于迟缓。在和学生交谈时,要根据不同的对象保持不同的空间距离。

座位安排是环境语中影响教学的一个重要因素。教室里不同形式的座位安排对课堂教学也会产生不同的影响。常见的课桌排列有传统式(the traditional arrangement)、马蹄形(the horseshoe arrangement)或圆形和模块式(the modular arrangement)。

传统式的课桌排列模式适合于人数多的班级,我国教室多采用此方式。在这种排列模式下,教师较容易控制课堂,学生可以清楚地看见老师和黑板,接受各项指令,完成教学任务。但这种模式过于单调和死板,不利于师生、生生之间的沟通和交流。因此,教师在课堂中要避免这种课桌排列的劣势,要特别关注坐在后排和不爱发言的学生,力争让每位学生参与到课堂活动中,了解每位学生的反应。

马蹄形和圆形的排列模式比较适合人数少的教学班。教师位于座位的第一个位置,可以比较方便地使用黑板,操作多媒体教学设备。圆形座位的安排打破了传统的老师不可亲近的形象,如同圆桌会议一样,师生之间变得平等。教师有更多的机会与学生面对面交流,亲近和了解学生。马蹄形和圆形的排列也有利于学生之间相互交流。当他们需要交流时,不用费力地转过身去,教室成为亲密的场所。

模块式的座位安排也适用于人数少的班级。教师能够轻松地组织角色表演、辩论赛等教学活动,很容易加入学生的讨论中,与学生进行面对面的交流,回答学生遇到的问题,对学生进行个别辅导。学生之间也能很方便地开展交流和讨论。同时,这种安排也避免了个别学生因腼腆而不敢在全班同学面前进行语言练习的尴尬。但这种座位安排也有不足之处。由于座位分散,有些座位背对老师和黑板,教师不易对其进行控制,不太适合进行统一的教学活动。

因此,桌椅排列的模式要根据具体的教学情境来设定。每一种座位安排都有其优缺点。教师应根据教学环境、教学内容、教学目的、教学方法以及希望学生参与的程度等因素来考虑采用何种形式,这样才会产生更好的教学效果。

此外,教师还要重视教室内的海报张贴、亮度以及墙壁的颜色对学生情感的影响及其所具有的交际效果。颜色会对人的情绪产生很大的影响,让人产生许多联想。我国大部分教室都以白墙为主,是因为白色能够使教室显得更加宽敞和明亮,同时也因为白色代表纯净,蕴含着圣洁、无暇、自然之意。教师应该充分利用颜色的特点来装饰教室墙壁,如蓝色给人以恬淡宁静、心旷神怡之感,暖色给人以喜庆、温暖、充满生机的感觉。

2.客体语

客体语包括人们对皮肤的修饰、衣着与化妆、对身体气味的掩饰、个人用品的交际作用等。手指戴的戒指代表了婚姻状况;人类的衣着除了遮羞与美观,还可以显示当时的情感、身份,还能规范人的行为方式。因此,人们的外表服饰也像其他语言行为一样表露出人的兴趣爱好、信仰观念和职业等信息。衣着服饰也显示了人际间的关系,是人的文化修养与气质的标记。如人们习惯把从事各种职业的人以衣服的颜色来分类,将其命名为白领、蓝领等。

教师是人类灵魂的工程师,承担着教书育人、为人师表的职责。一位教师的音容笑貌、举手投足、衣着发式无形中都会成为学生学习的对象。教师的仪表并不是纯粹的个人兴趣、爱好和习惯等意识行为,而是受到本职业严格制约的社会意识和行为。教师是知识和教养的化身,衣着发式应具有职业美,要整洁、大方而不呆板,这是教师的职业特点和健康的审美情趣的具体体现。服饰的整洁是指衣服要端庄、妥帖、干净,给人以清新高雅之感。服装样式应朴素含蓄,庄重自然。如果教师穿着新奇艳丽的服装,在课堂授课中就显得喧宾夺主,会分散学生的注意力,使教师在学生心目中的地位由模仿崇敬的知识智慧的化身降低为时装店橱窗里的石膏模特儿,学生的注意力会转移到对教师的评头品足上去,影响教学效果和教师的威信。因此,作为有知识、有健康审美情趣的教师,衣着应具有适合体型、适合性格、适合年龄及教育对象的职业美特点(臧乐源,1987,p.223),既不能猎奇,也不能衣冠不整、不修边幅、松松垮垮。

由于文化差异,许多人常常不自觉地用自己的文化习俗和衣着标准去衡量他人的衣着打扮。如认为外教穿着拖鞋或木屐走进课堂,甚至在正式交往场合也如此是不雅的行为,但这在西方国家是很正常的事。有的中国教师穿衬衣时不将衬衣塞入外裤内,或将衬衣袖子卷起来,对西方国家的人来说这是不合要求的。总的来说,中西方国家对教师衣着的要求都有相似之处,那就是大方、庄重,不可分散学生的注意力或产生其他副作用。教师在衣着上要遵循国际公认的 TPO 原则:T(time)指时间,即穿着要顺应时代和季节的要求;P(place)指地点,穿着要适应地区和场合的要求或习惯;O(object)指对象和目的,即着装应有利于目的的实现,给人以良好的印象。

4.6.3 外语课堂中教师的非语言行为

在教学过程中,辅助教师语言交流的任何表情或举止都能够对英语教学产生很大的影响。优雅的举止与表情能够有效营造和谐、欢快的课堂氛围,让学生轻松快乐地参与到教学活动中。因此,教师应该结合教学内容和环境以及学生的实际情况,发挥想象力与创造力,展示肢体语言的艺术才能,根据英语知识内容进行生动形象的模仿与表演,激发学生对英语知识学习的兴趣与热情。

1.体态语

体态语也叫作身势语,指人的基本姿态(姿态和身势)、动作以及人体各部分动作所提供的信息。美国心理学家伯德惠斯勒(Birdwhistell,1970)是该领域研究的代表,他首次提出了身势语的概念,认为"身体即信息",人体各部分器官的动作都可以表达和交流感情、态度和信息,这些动作发挥着语言起不到的作用。在课堂教学中,教师的举手投足直接影响着教学效果,对学生起着潜移默化的作用。教师在课堂中的体态语主要包括身姿语、表情语、手势语、目光语等。

(1)身姿语

教师的举止姿态是指教师在生活和教学空间内活动和变化的样式。教师应当有良好的教养,随时随地都要有恰当的举止和礼貌。课堂上,教师的坐姿、走姿、站姿以及一些身势行为都会给学生带来感官上的冲击,影响课堂教学效果。端庄的身姿能够给学生良好的印象,具有重要的示范意义。教师身姿的基本要求是稳重。稳重的举止、大方的体态能给学生以严肃而亲切的印象,有利于提高身教的效果。稳重就是庄重、得体、潇洒、不卑不亢、落落大方。站姿端庄、稳健、挺直就会显得精神饱满;弯腰驼背会让学生感到别扭、压抑、精神不振。教师在讲课时站累了,可将身体中心轮换放在一条腿上,作稍息站姿,身体不要后仰、歪斜、左右摇晃,不要长时间用双手撑着讲台或将上身伏在讲台上。身教胜于言教,教师在行为举止上就是学生的楷模,教师的坐、站、行都要成为学生可以效仿的对象。

当然,不同的教育思想和文化背景会对教师身势语产生不同的影响。在我国,教师视课堂为严肃庄重的学习场合,十分注意自己的言谈举止,学生也时刻保持着对教师的尊敬态度。课堂中,教师站在讲台上沉着庄严,学生坐在课桌前目不斜视,姿势端正。这种传统的教学模式有利于教师掌控整个课堂,但却不免有些呆板、枯燥、乏味,妨碍师生之间的交流,使课堂气氛沉闷。为了创造和谐的英语学习氛围,我们不妨借鉴西方国家教师的做法,在课堂上可以十分夸张地做各种不同类型的表演,学生轻轻松松、无拘无束地坐在教室里学习。教师还可以根据教学内容和课堂活动类型决定自己的位置和姿势。如在运用多媒体技术进行教学时,教师可以站立在讲台的一边,既不会遮挡学生的视线,又方便操作电脑;在进行教学活动示范时,可以采用有感染力的、夸张的身体动作,以达到某种教学效果;当进行分组讨论时,教师可以在教室里来回走动,检查学生的学习情况,解答学生提出的各种问题,建立和谐、平等的师生关系。

（2）表情语

迈凯洛（Mckerrow，2000，p.287）认为，人的面部表情变化有三大功能：第一，反映人的情感，展示自我情绪；第二，阐释信息内容；第三，建立谈话者之间的视觉连接。教师在教学中的面部表情变化最能吸引学生的注意力，可分为两类：一是常规性的面部表情，要求教师在整个教学过程中要常带微笑，展示出教师的热情、开朗和蔼可亲。二是变化的面部表情，这是教师随课堂教学内容的讲授而产生的喜怒哀乐，是教师与学生发生的感情共鸣。这种变化的表情能使课堂教学充满活力，给学生留下深刻印象。

微笑是一种温馨亲切的表情，有助于形成融洽的交往氛围，是人际交往的润滑剂。教师的微笑能增强对学生的亲和力，表现出教师的人格魅力。友好、真诚的微笑会传递给学生许多信息，使师生沟通更加轻松自如，还可以消除学生由于紧张、羞怯而产生的心理障碍。微笑能使学生产生良好的心理状态，创造和谐轻松的学习氛围。同时，微笑能显示教师的自信，增强学生的信任感。当教师听学生回答问题或发言时，微笑所发出的信号是"我认真地听你说""你说得很好"。微笑与点头或口头的肯定所起的作用是一样的，它有助于提高学生用英语进行交流的积极性。当学生的表现不尽人意时，教师也可用略带责备目光的微笑，让其明白教师的不满及期望。在讲授主题轻松、诙谐幽默的故事或者笑话时，教师的微笑或开怀大笑可以增强语言的表达效果。如果教师一味地板着面孔，动辄训斥学生或满脸倦容、无精打采，不时流露出漫不经心的样子，就会引起学生的反感，达不到良好的教学效果。所以教师的面部表情要根据教学内容、教学情境而适度变化，既不能过分夸张，以避哗众取宠之嫌，也不能一直板着面孔讲课，显得毫无生机。

表情语也存在着民族之间的差异，由于文化的不同，人们表达感情的方式和程度也不同。同一种面部表情，不同文化背景的人会有不同的解释。如美国人认为笑总是表示高兴、情绪高涨或者某事很滑稽，对日本女性因为慌乱或者尴尬而微笑感到不理解。有的外国人把中国人的微笑看成是不可捉摸的微笑（inscrutable smile），认为其与特定场合不相符。相对于亚洲人的过于含蓄、喜怒哀乐不形于色和难以琢磨，西方人的面部表情较多，过于夸张的成分也较多。

（3）手势语

手势语是人类在进化过程中最早使用的交际工具，它是指通过手的动作和形态来代替语言交际和表达思想的一种交际方式。德斯蒙德·莫里斯

(Desmond Morris)在对全球进行考察的基础上,勾画出了手势语的地理分布情况,发现很多手势语具有明显的区域和文化特征。贾玉新(1987,p.461)认为,象征性的手势都是抽象的,只有对相关的文化或当地的风俗习惯有所了解,才能理解其真正的含义。因此,在与来自不同文化区域的人们交流时,我们要注意手势语所包含的不同文化含义,以免产生误解,造成交际失误。

在课堂教学中,教师要针对不同的教学内容、教学对象正确选择和使用手势语。首先,使用手势语的目的要鲜明、有针对性。缺乏手势语会影响学生的理解,也会使课堂授课乏味、平淡。其次,要注意手势的适度性,即速度、幅度、频率和角度等。经验丰富的教师在教学中会根据自己的教学风格、教学内容等创造一套独特的、适用于本班级的手势语。配合默契的教师手势和学生行动会像警察指挥交通那样成为师生之间特有的交流方式。

具体来说,一方面,教师要有意识地运用一些具有积极意义的手势语。如当想让学生安静时,不妨伸出食指放在嘴唇上。当鼓励学生时,可以竖起一个大拇指,或者夸张地竖起双手的大拇指,同时伴以热情的微笑和鼓励性的目光、点头等。当学生出色地完成某项任务时,教师可以带头报以热烈的掌声。在讲话过程中,也应适当地运用手势,如手向上、向内、向前表示希望、肯定等积极意义。手向下、向后、向外常常表达否定、批评等消极意义(欣悦,2003,p.73)。另一方面,教师还要注意不良手势的负面影响。如双臂交叉放于胸前是一种消极防卫和敌对的姿势,给人的感觉是难以接近。把一只手或双手插入口袋不但捆绑了教师的双手,影响做配合教学的动作,而且给人以随便、松懈的感觉。再比如,有的教师喜欢一边讲课,一边玩弄粉笔或板擦,有的教师喜欢一边双手撑在桌子上,一边两脚轮换蹬踏桌子后面的墙壁,有的教师抓耳挠腮、手沾唾液翻书、抠鼻子等,这些都是应回避的体态语,它们会影响教师的形象,降低教师在学生中的威信。

（4）目光语

眼睛是心灵的窗户,目光语可以很好地表达交际双方复杂变化的内心活动。研究者发现,在人们的交流中,目光接触在对话的前三分之一占63%,而到了对话的后三分之一则增加到83%。从汉语的很多成语中也能看出目光语的广泛使用,如扬眉吐气、眉飞色舞、挤眉弄眼、愁眉苦脸、暗送秋波等,它们显示了眼与眉在目光语中的重要作用。

教师课堂中的目光语也是提升课堂教学效果的重要渠道。教师适时地使用目光语接触学生会显得更友好、更有威信,也预示着教师掌握更多的信息,能提高学生接受信息的质量。教师和学生的对视能集中学生的注意力。经验丰富的教师经常扩大其目光语的视域,把所有学生都置于自己的视幅中,并用广角的环视表达对每一位学生的关注。同时能用眼神来组织课堂教学,捕捉学生的反馈信息,针对不同的学生使用不同的目光点视,而不只是把目光集中在少数学习成绩优秀、表现活跃的学生身上。例如,教师可以使用赞赏的目光表扬那些听课认真、积极参与课堂活动的学生,而对思想开小差的学生投以制止的目光,对回答问题感到胆怯的学生投以鼓励的目光等。课堂中,教师要与学生保持丰富的眼神交流,使口语表达更生动传神。切忌眼神黯淡无光,或视线总是盯着天花板、窗外或讲义,不敢正视学生,或视角频繁更换,漂浮不定,给学生一种没有信心、心不在焉的感觉。如果教师与学生的目光接触太少,其授课就会显得死板,缺少吸引力。

由于文化的差异,目光语的使用是十分复杂而敏感的。对于如何目视别人,不同文化有不同的规则。例如,黑人儿童常常眼睛看着地或者其他地方,避免直视教师,因为他们从小就受到直视对方是不礼貌的教育。白人儿童则相反,父母从小就告诉他们,听人讲话时一定要看着对方的眼睛,一是表示聚精会神地听,二是表示诚意,是诚实的标志。他们相信这样一句话:"不要相信那些不敢直视你的人。"在他们看来,不敢直视对方眼睛是不诚实、冷淡、蔑视、恐惧、虚伪、内疚的表现。而在亚洲文化中,多数国家的人们认为讲话时眼睛直视对方是不礼貌的行为,眼睛向下看则是谦卑、尊敬的表现,这是文化差异导致的不同礼貌规则造成的不同行为。由此可见,同样的目光语在不同的文化中有不同的含义,产生交际失误是在所难免的,解决的途径就是掌握不同文化中目光语的使用规则。

2.副语言

副语言也称伴随语言,是指人类所发出声音的音质、音幅、音量、音速以及在会话中出现的一些非语言声音。副语言在人们交际时起到辅助作用,以轻重缓急、高低强弱等特点来表达说话人的感情和态度。美国社会心理学家库尔特·班克(Kurt Bank,1977)是该领域研究的代表。

教师讲话时的音质、强度、快慢及停顿的变化都会让学生产生不同的感觉。教师的语音语调要随讲课的内容起伏变化,或者快乐,或者悲壮,或者高亢,或者低沉,让学生从教师的语音语调中懂得应反对什么、同情什么,通过声音感受教师的爱与憎。另外,教师的声音不宜太高,以让学生听得清楚为标准。这既可保护嗓子,使讲课不至于成为一件声嘶力竭的苦差事,又能避免因讲课声音太大而造成口语失真的现象。教师要善于变化自己的音高和音长,做到声音强弱得当,富有感染力,让学生在教师的一吟一读中得到美的享受。

同时,英语教师在课堂中还要根据学生的语言水平采取不同的语音语调。为了让学生理解讲授内容,教师应放慢语速,重复重点内容,使用更长的停顿,以便让他们更好地理解所输入的语言,有更多的时间来消化教学内容。教师的语音语调要灵活多变,根据不同情景和内容采取不同的语调,以吸引学生的注意力,增加学习的趣味性。

沉默是副语言中的一项重要内容,也是跨文化交际中人们评论和研究的重要话题之一。在中西方文化交往中,我们要注意人们在对沉默的态度、话轮的转接等方面的差异。在中国,人们十分重视沉默的作用,有"沉默是金"的说法。停顿与沉默代表着丰富的内涵,它既可以是无言的赞许,也可以是无言的抗议,既可以代表附和众议,也可以标志决心已定。恰到好处的停顿和沉默有着"此时无声胜有声"的艺术魅力。但是在西方人看来,沉默是缺乏自信心、患有"交际恐惧症"的表现。他们最忌讳交际中的沉默不语,强调在任何情况下都应做出有声的回应,即用话语的转换给说话者以信息反馈。在教学中,我们也经常听到外教抱怨中国学生在课堂上很少做出回应,也不愿提问;当被问及是否明白所讲内容时,学生常常不会给出明确回答,致使外教无法了解学生的真实想法。因此,要克服东西方交往中的文化冲突,就要了解跨文化交谈的技巧和习惯,在与来自英语国家的人交往时,要了解有声反应和话轮转接的作用。

概括地说,教师的非语言行为对学生的学习具有重要的影响,其作用甚至比正规教学本身还要大。库珀(Cooper,1988,p.57)也强调教师的非语言行为的重要性,认为它会影响师生之间的关系和学生的认知能力与学习效率。因此,在课堂教学中,教师要充分了解非语言交际和语言交际的关系:(1)没有非语言交际配合的语言交际行为是很难有效地达到教学目标的;(2)非语言行为只有在一定的语境中才能表达明确的内涵,只有与语言行为配合才能提供明确的信息。脱离语言行为,孤立地理解某一非语言行为的内涵也是难以奏效的。因此,语言和非语言交际行为是相辅相成的。

4.7 外语课堂交际辅助工具
——多模态 PPT 使用的有效性探讨

作为教师语言和非语言交际的一种教学辅助手段,多模态 PPT 演示课件成为教师课堂教学的必备工具。它通过文字、图像、颜色、声音等形式来构建意义,在吸引学生的注意力、增加课堂信息量、活跃课堂气氛等方面显示了其优势和独特性。熟练制作、有效运用 PPT 是评价课堂教学优劣的重要标准,也成为教师发展的重要标志。但是 PPT 课件的制作和使用中还存在很多问题,出现了滥用和乱用的现象,因使用不当造成了诸多问题(秦秀白,2012),很有必要对此展开深入的研究。国内对多模态话语在外语教学中的运用的研究还处在起始阶段,针对多模态 PPT 演示教学有效性的研究还相对匮乏。因此,充分利用现代信息技术,探讨多模态 PPT 演示教学的艺术性,对提高教师的专业发展素养、提升教学质量具有重要的意义。

4.7.1 国内外多模态 PPT 教学的研究

模态是一种抽象的社会符号系统,学者们对多模态的定义进行了不同的论述。克雷斯和万·莱文(Kress & Van Leeuwen,2001)指出多模态是指几种符号模态的同时使用,是在一定媒介之下人与人、人与机器进行信息交流的模式。朱永生(2007)认为模态是交流的渠道和媒介,它包括语言、图像、颜色、音乐、技术等符号系统。顾曰国(2007)则认为模态是指人类通过感官跟外部环境进行互动的方式。1996 年,新伦敦小组(New London Group)首次提出了将多模态应用于语言教学的理念。这一理念把多模态在语言领域涉及的图片、视频、声音等结合起来,运用情景再现和角色扮演等多种渠道的教学方法进行语言教学,培养学生的多元读写能力(multiliteracy)。自此,多模态理论在教学中得到广泛应用。多模态教学的优势在于它更具直观性,图文并茂,声色俱全。作为一种教学理论,多模态(multimode 或 multimodality)是指利用多种教学手段、多种渠道来调动学生的多种感官协同运作,并通过多模态的转换来建构知识,以达到加深印象、强化记忆的目的。它还具有交互性和可重复性的特点,可以促使学生进行自主化和个性化的学习。

国内外学者对多模态在外语教学中的运用开展了研究。如古乔恩和麦克拉伦(Guichon & McLornan,2008,pp.85-93)根据多模态对二语学习者影响的研究结果,提出了计算机辅助语言教学(Computer-Assisted Langue Learning,CALL)课程设计原则和方法。努里和舍希德(Nouri & Shahid,2005)对教师讲授理论知识时的多模态 PPT 与学生学习态度和记忆间的相关性进行了实证研究,发现 PPT 演示能够改变学生的学习态度,提高他们的学习成绩和短时记忆。罗伊斯(Royce,2002)和施泰因(Stein,2000)则分别从外语教学的角度探讨了多模态课程设计和应用原则。针对多模态在会计学科教学中的应用原则和效果进行的研究表明,多模态PPT有助于提高学生的抽象概念理解能力(Bartsch & Cobern,2003,pp.77-86)。在国内,顾曰国(2007)最早开始对多模态与外语教学关系的研究,在对多媒体学习和多模态学习两个概念进行区分的基础上,构建了用于剖析两种学习方式的模型。朱永生(2008)建议改变传统的教学理念和灌输式教学,在多模态环境下开展创造性的学习,以取得更积极的教学效果。王焰(2010)与谢竞贤和董剑桥(2010)分别对多模态话语分析对英语写作和听力教学的影响进行了研究。在多模态PPT演示方面,胡壮麟和董佳(2006)对23个多模态PPT演示参赛作品的语篇进行了分析和研究。韦琴红(2009)从语篇类型和模态运用的角度,借助于30个学生的PPT演示作品,对他们的多元识读意识与能力进行了研究,结果发现学生在PPT演示中喜欢使用直观的多模态语篇形式,语言和图像是他们最频繁使用的构建意义的模态,而对其他符号模态的运用以及利用技术和各种信息渠道来构建意义的能力还不够。作者认为,大一学生的多元识读意识和能力较弱,建议在教学中应注重培养学生的多元识读能力,以满足社会的需求。张征(2010)对多模态PPT演示教学环境下学生学习成绩的变化进行了研究,发现课件对提高学生的学习成绩和短时记忆有帮助,与长效学习成绩的相关性则不够显著。作者在2013年进一步就多模态PPT演示教学对改变学生学习态度的作用、学生对该教学模式的态度趋向进行了研究,发现性别不同的学生,其态度也存在着差异。作者认为,多模态PPT教学能够正向改变学生的学习态度。洪卫(2012)就外语课堂对PPT课件的依赖问题进行了分析,探讨了其危害性及成因,并提出了有效的矫正方法。

总的来说,目前我国学界对多模态在课堂教学中的作用的研究取得了一定成果,但与国外该领域的研究相比,研究的广度和深度还有待进一步拓展,针对多模态PPT课堂教学有效性的研究还十分欠缺。

4.7.2 多模态PPT演示教学的现状

如前所述,多模态PPT演示教学在增加教学信息量、多渠道地吸引学生的注意力、提高学生的学习兴趣和参与程度等方面具有很大的优势。那么目前国内多模态PPT演示教学的现状如何?是否达到了有效教学的要求?为了了解多媒体教学的效果,笔者对所教学院的180名学生进行了问卷调查。调查内容主要包括:对多媒体教学的态度和多媒体教学效果、图片与教学内容的相关性和有效性、影音文件与教学内容的相关性和在提高听力中的有用性、课件内容的衔接性和合适性等。

调查结果发现:(1)多数学生对多媒体教学持肯定的态度,94%的人认为多媒体教学能够提高学生的兴趣,活跃课堂气氛;(2)在多媒体效果方面,25%的学生认为效果显著,40%的学生认为效果明显,10%的学生认为教学效果一般;(3)在图片与教学内容的相关性和有效性的问题中,63%的学生认为十分相关,45%的人认为十分有用,认为一般相关或者一般有用的学生各占21%和25%;(4)在影音文件和教学内容的相关性和有用性问题中,多数学生认可内容相关性和有用性,但仍有12%的人认为有点相关,3%的人认为两者无关;(5)在课件内容的衔接性和合适性方面,认为非常衔接和适合的学生各占总数的40%和60%,而5%的学生认为有点连贯。

从调查结果发现,多媒体课件的使用并没有达到预期的效果。为了进一步了解具体情况,笔者在5名教师和6名教学督导中进行了访谈。笔者选择对教学督导进行访谈,主要是因为他们对课堂教学有效性的看法更具有理论性和权威性,对课堂教学情况有发言权,更能体现PPT课件的使用现状。访谈的问题主要围绕着:

1.你认为课堂中PPT课件使用的有效性是一般、明显,还是无效的?

2.你对评价PPT演示的有效性的依据是什么?

访谈结果如下:

5名教师对PPT课件的教学效果给予了肯定,但对效果的程度如何持不同的意见。3名教师认为,教学效果是明显的,因为PPT课件呈现的信息量远远大于传统的课堂教学;2名教师认为教学效果一般,比传统的教学效果提高不了多少,PPT课件的优势还没有充分发挥出来。在判断PPT课件有效的依据方面,5名教师的看法基本相同,认为PPT演示教学是否有效的主要标志是学生的学习收获,课件的使用是否恰当。一位老师说:"不管什么课,评价是否有效都要看这堂课老师传递了多少信息,学生接受了多少信息,学生吸收的知识越多就越有效。"

多数教学督导肯定了多模态PPT课件的教学效果,但对效果的优劣意见不一。4名督导认为教学效果是明显的,因为PPT课件提供的信息量远大于传统课堂教学,丰富了教学内容,同时也大大提高了学生的注意力和学习兴趣。一位督导说:"从总体来看,课堂教学效果是明显的。绝大多数的效果不错,差的是少数"。2名督导认为效果一般,认为某些教师只是把PPT当作课本的替代物、书面教材的"有声版"或"视听版",过于依赖教学课件;教学效果不是很明显,虽然教师花了大量的时间制作课件,但其优势还没有充分体现出来。也有督导指出,某些教师设计的 PPT 课件越来越精美,越来越"动漫",但忽视了英语教学的规律和特点,忽略了教学目标和教学内容的主体地位。从表面来看,课堂笑声不断,气氛活跃,但实际的教学效果未必很好,这必须引起教师的注意。

在如何判断 PPT 演示教学有效性时,督导们的看法各有不同。有的认为应从 PPT 课件制作的科学性、逻辑性、主题性、课堂中师生的互动,教师使用的恰当性等方面评价。一位督导说:"课件制作生动形象,教学重点和难点明确,教师能熟练地使用多媒体,关键还要看学生的支持率,学生的支持率越高,就越有效。"也有的督导认为其标准主要是学生的知识和能力方面的提高,要看学生学习收获了多少。一位督导说:"评价课堂是否有效果就要看这堂课老师传递的信息量,学生接受的信息量以及其能力的提升,可以说,学生吸收的知识越多就越有效,学生的能力提升得越高就越有效"。

总的来说,参与调查的人员对 PPT 演示教学都表示了不同程度的肯定,认为 PPT 演示教学具有信息量大、活跃课堂气氛、提高学生学习兴趣等特点,但同时也认为其并未产生人们所期待的教学效果,使用中出现了一些问题。可见,如何制作有效的 PPT 课件需要进一步的探索和研究。

4.7.3 多模态 PPT 演示教学的有效性

多媒体教学并不等于有效教学。秦秀白(2012)曾指出多模态、多媒体学习像一把双刃剑。因此,使用得当能够提高学生的学习兴趣和注意力,使用不当就会产生负面的影响,导致瞬间"热闹"之后"空空"的感觉。那么如何提高多模态 PPT 使用的有效性,达到有效教学所倡导的有效果、有效益和有效率呢? 笔者认为,实施有效教学的前提是教师掌握多媒体教学技术,熟练运用计算机软件、投影仪等设备。在多模态 PPT 课件的设计中,教师要依据教育教学理论,利用学生反馈、同行评价等措施不断进行教学反思,进行教学改革。除此之外,还必须做到:

1.建立科学的教学评价标准

科学的课堂教学评价标准是有效教学的重要前提。多模态 PPT 演示有效性的评价标准要符合外语教学的特点和规律。从访谈中我们发现,多数参与调查的教师、督导和学生是从个人的直观感受来对多模态 PPT 使用的有效性进行评判的,缺乏理论依据;多数被调查者把课堂气氛是否活跃、课件制作是否漂亮、课件使用是否恰当等作为评价有效教学的依据。但是通过表面现象判断有效性是不恰当的，对多模态 PPT 课件有效性的评价要从多方面来进行。

首先，教学目标是制定评价标准的依据。多模态 PPT 课件的制作与使用都应围绕实现教学目标而进行。因为教学目标是教学活动的出发点与最终归宿，是确定教学质量评价指标的根据。其次，要转换评价视角，即实现从知识本位到人本位的转化；同时采取多元化的评价主体，即从单一的教师主体转移到教师、学生等多元化主体上来。最后，要扩大 PPT 课件评价的范围，如从课件内容、课件结构、练习与反馈、技术水平、交互效果等五个方面来评定（李航，2008）。课件内容要符合教学大纲要求，与教学目标紧密结合，还要有一定的深度和广度，符合学生的水平，突出教学重点和难点。课件结构要做到导航有逻辑性，安排合理；课件组织符合学生的认知规律和思维模式，布局合理。练习要循序渐进，难易结合，反映学生的实际水平，促进知识的吸收和技能与情感的培养，反馈及时。多媒体技术水平要可靠、安全，适合学生的学习。交互效果要满足师生之间的交互需要，令师生沟通融洽，调动学生的积极性。概括地说，多模态 PPT 课件的有效性是由技术效果与语用效果两者决定的。音质的好坏、文本的清晰度等硬件技术是实现有效教学的基本条件，而上述其他方面则直接关系到多模态 PPT 课件的语用效果。语用效果要求教师在 PPT 设计时遵循关联原则与最佳语境原则。

2.课件展示内容要具有关联性

关联原则要求多模态 PPT 课件内容要围绕课堂主题展开，切忌毫无逻辑地堆砌知识点。忽视教学目标、教学内容以及教学规律和特点，单纯为了活跃课堂气氛而在 PPT 中添加与教学内容无关的图片、视频、背景音乐等，只能达到获取"眼球效应"的效果，却浪费了时间，偏离了课堂主题。因此，多模态 PPT 课件的内容必须具有关联性，每张演示文稿的内容都要和学习的材料主题相关，所使用的声音、视频与图像等模态只是一种辅助手段，各种模态的选择要合适，所占比例要适度，使用多模态的目的是帮助学生理解讲授内容、增加内容的趣味性、避免教学工具的单调性，而不是哗众取宠。多模态 PPT 内容的关联性还体现在课件讲解的难易性、恰当性和循序渐进性。内容安排要做到动静结合，使课堂松弛得当，只有这样才能帮助学生深刻地理解所学内容和主题，提高课堂的教学效率。

3.教学内容要体现最佳语境

语境的创设是使用多模态 PPT 课件的重要目的之一，是实现有效教学的基础。韩礼德将语境分为文化语境、情景语境和上下文语境等。多模态 PPT

课件的语言情境属于情景语境的范畴,呈现的是视觉或听觉意义上的动态性。这种动态语境的语用功能包括话题导向、省略、释疑、寓意和聚焦等。这种动态语境以静态语境(主要指文本文字)为基础,两者具有关联性和实效性,并同时作用于学习者的认知活动。在设计多模态 PPT 课件时,二者不能割裂开来,即动态语境的语义和相对应的静态语境的语义要保持一致(曾方本,2004),切忌使用与授课主题无关的模态。在设计课件时,教师应合理利用静态语境,充分理解动态语境的语用功能,发挥多模态 PPT 课件的优势,利用多模态 PPT 课件创设最佳语境,为达到有效教学做好铺垫。

4.课件使用要与传统教学相结合

多媒体技术的发展为 PPT 课件的运用提供了广阔的空间,但这并不意味着传统教学技能就失去了舞台。多媒体教学是传统教学模式的发展,也是对传统教学方式的扬弃,但不是全盘否定。传统的板书技能是教师运用黑板,以凝练的语言文字等形式传递教学信息的有效方式,是教师重要的教学技能。板书的使用便于学生记笔记,为学生留下理解和消化的时间。同时,教师能了解学生的学习情况,据此随时调整教学进度,及时地进行重复和辅导。多模态 PPT 演示教学要与传统的教学模式相结合,两者应相辅相成、扬长避短,是继承和发展的关系,而不是用一种手段完全取代另一种手段的模式。

4.8 启示

人类的沟通如果只靠口语来表达,其过程一定是平淡乏味的,有了非语言因素的加入,沟通才算得上完美。教学是一门艺术,其效果与教师本人的业务水平、驾驭语言的能力、对各种教学理论的掌握程度和教学方法等密切相关。在外语教学中,教师通过语言和非语言交际行为和手段来传授知识和技能。其中,教师的语言行为能对教学效果产生直接的影响,正如教育家苏霍姆林斯基说的,教师的语言修养在极大程度上决定着学生在课堂上脑力劳动的效率。一位教师纵有再高深的知识,但是表达不好或者表达不清,说话没有标点、没有抑扬顿挫,他的学问都是要大打折扣的。同时,课堂中的语言和非语言交际是相辅相成、不可分割的。没有非语言交际配合的语言行为很难有效实现交际目的。非语言交际只有与语言行为配合,才能提供明确的信息。在外语教学中,教师既要重视语言的教学作用,也不能忽视非语言交际的促学效果,只有把两种交际方式正确结合,才能有效提高外语教学质量。当前,PPT 课件是课堂教学中的重要辅助工具,成为评判教师课堂优劣的一项重要指标,也是教师专业发展的重要组成部分。虽然 PPT 的使用能够极大地帮助教师提升教学的趣味性和有效性,但也导致了"娱乐化"的倾向。因此,有效的多模态 PPT 演示需要科学合理的评价体系来保障;其内容要具有关联性,体现最佳语境;其使用要与传统教学方法相结合。只有这样,才能为学生创造一个最佳的学习环境,使多模态 PPT 演示教学有效果、有效益、有效率,达到三效统一的目的。

第五章　大学外语教师发展之专业
自主学习共同体研究

　　教师专业发展是一个长期的、复杂的过程,教师自主贯穿其中。作为自主学习者,教师会受到同行(同事)、学校及社会等外因的影响。个人努力和专家同行的影响存在于教师发展的每个环节,教师的自主学习和与同行的共同发展是相辅相成、互相依赖的。教师专业学习共同体(Professional Learning Community)是教师教育实践创新的新形式,在提升教师专业水平方面具有可行性和高效性,是教师专业发展强有力的支撑平台,这一点在理论界和实践界已经得到充分认可。本章在梳理学习共同体理论的基础上,对地方高校大学外语教师专业自主学习共同体的建立、发展等问题展开探讨。

5.1　共同体的含义及类型

5.1.1 共同体的内涵

　　"共同体"是一个社会学的基本概念,是 1887 年德国学者腾尼斯(Tonnies)在《共同体与社会》一书中提出的。腾尼斯将共同体概念从哲学引入社会学领域,他用德文中的"社区"(Gemeinschaft)一词来与"社会"(Gesellschaft)一词相区别,原意是指共同的生活。腾尼斯用这个词指那些具有共同价值取向、关系密切的社会关系和社会团体。他认为"忠诚的关系"与"稳定的社会结构"是共同体最大的特点。因为个人在共同体中比在更大的社会环境中更容易与他人形成密切的关系。在腾尼斯看来,Gemeinschaft 的含义十分广泛,既包括地域共同体,也包括血缘共同体和精神共同体。共同体成员在同一种社会关系中形成自己的价值观和价值信念,以某种群体的活动显示其存在。也就是,当一群人为了共同完成某种目标而互相依赖,在长时间的相处和交流互动中渐渐地形成一套共有的习惯和习俗,这时共同体就形成了。这样的群体有着共同的过去,并希望拥有共同的未来。

共同体有广义与狭义之分。广义的共同体是指"社会中存在的、基于主观或客观上的共同特征(如种族、观念、地位、身份等)而组成的各种层次的社会团体或组织,既包括小规模的社区自发组织,也可指更高层次上的政治组织,或者国家和民族这一最高层次的整体,即民族共同体或国家共同体。既可以指有形的共同体,也可以指无形的共同体"(齐格蒙特·鲍曼,2003,p.1)。狭义的共同体就是指一个小的组织或团队。

5.1.2 共同体的类型

随着全球化的发展,人与人之间、群体与群体之间的联系和交往已经不再受到传统的血缘和地域的限制,共同体在原始意义上的含义不断被瓦解,社区的共同体色彩逐渐淡化。但人们对共同体的青睐有增无减,其概念不断被嵌入新的语境中,从而获得重新建构,如越来越多的经济共同体、政治共同体、科学共同体、学习共同体、职业共同体等进入各种层次和类型的组织和团体,乃至民族和国家的视野。

按照不同的标准,可以把共同体为不同的类型:根据学习沟通方式的差异,可分为网络型和实体型学习共同体;根据组织严密程度的不同,可分为严谨型和松散型学习共同体;根据目标覆盖的范围不同,可分为专业型和综合型学习共同体;根据共同体成员地位的差异,可分为有核心和无核心学习共同体(伍思静,陶桂凤,2011)。无论哪种共同体,按照共同体的总体特点,都可分为话语共同体、实践共同体和学习共同体,其中学习共同体包括专业学习共同体。

话语共同体是指由拥有共同的兴趣、谈资和话语体系的人组成的团体。这是一个有着共同的目标、相互交流的机制、使用特定的体裁和专用词汇组成的团体(Cutting,2000,p.1)。话语共同体通过话语来形成文化,实现文化的生产和再生产。有的研究归纳了共同体的六个基本特征:(1)拥有广泛认同的公开目标。(2)共同体的目标可以是抽象的,也可以是深奥的;目标的形式可以正式写进文件里,也可以是成员之间默认的。(3)各个成员之间具有相互交流的机制。(4)该共同体使用这种交流机制作为成员之间交流的基本方式,每个人必须参与到这种交流中，才能成为该话语共同体的成员。(5)在交流目标的刺激下，共同体使用并占有一种或多种体裁，对自身的话语提出一定的要求，如适当的题目、形式和功能等。(6)话语共同体使用特有的词汇，这些词汇主要用于专业人士间的交流，目的是提高效率，达到更好的效果(Swaless，2001，pp.24-27)。

实践共同体(community of practice)最早由人类学家莱夫和温格(Jean Lave & Etienne Wenger)在《情景认知：合法的边缘性参与》(*Situated Learning：Legitimate Peripheral Participation*)一书中提出，旨在强调活动在使个体与共同体以及共同体使个体实践合法化时的重要性，关注交往在学习者参与实践共同体时发挥的关键作用。1988年，温格在《实践共同体：学习、意义和身份》(*Communities of Practices：Learning，Meaning and Identity*)中对其进行了系统的阐述，认为实践共同体中所有成员为了同一主题共同努力或共同解决问题，在共同的追求中通过坚持不懈的互动来发展自己的知识与专长。为了实现共同的事业，共同体成员通过长期交往来共享集体确定的实践活动和信仰等。每个成员对同一主题或同一领域有着共同的兴趣，长时间分享着共同的信念、知识和价值观，从事相同的实践和事业，一起应对实践中所面临的问题，逐渐形成了个体的文化同一性、成员间的相互依赖性以及再生产机制。温格将"实践"与共同体的形成联系起来，提出了实践共同体中实践活动必须具备的三个条件(如图5-1)。

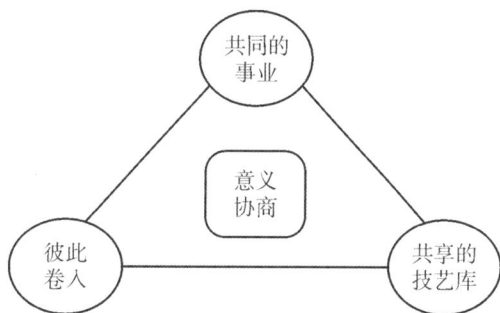

图 5-1　温格(1998)提出的实践共同体的三个基本要素

在三个要素中，共同的事业(Joint Enterprise)是指"共同协商的过程"及其所带来的共同责任、彼此的监督等行为规范，即"彼此的问责"。温格认为"彼此卷入"(Mutual Engagement)区分了不同的共同体。实践共同体内部并不是同质化的，而是保持着多样性和差异性，也不是必须具备和谐的成员关系,因为"挑战、异议与竞争也是参与的形式"(1998,p.77)。共享的技艺库(Shared Repertoire)是指共同体对共同的事业、对意义以及彼此卷入等活动自然生成的产品,它包括"常规、词语、工具、做事方式、故事、手势、符号、类型、行动等由共同体生产并成为其实践一部分的各种概念"(1998,p.83)。连接和贯穿三个要素的核心是实践共同体中对意义的协商(1998,p.52)。作为一种社会文化学习理论,实践共同体理论很复杂,涵盖了意义、实践、共同体与身份等多个彼此联系的重要概念。

学习共同体的含义则更为广泛。多数研究者认为,如果一个共同体以学习为其主要的实践活动,那么该共同体就是学习共同体,或者说凡是以社会协商的方式建构知识的团体就可以被称为学习共同体。巴斯(Barth)认为学习共同体是每个个体能根据自身的特点和目的,主动积极地开展学习并相互监督、相互促进的地方。迈尔斯(Myers)和希姆普森(Simpson)则强调学习共同体的氛围,认为每个成员都是共同体中一个完整而独立的个体,个体参与者都应该也必须为共同学习而负责。斯贝克(Speok)认为学习共同体应该能够促进学习,并把学习视为长期的、持续的、积极进取的合作过程,从而提高个体学习和生活的质量(转引自杜福尔·埃克,2004,Ⅹ-Ⅶ)。可见,从共同体到学习共同体的演变是一次质变:其实质是自主、自觉和创造;新的特质是共创性、任务性和发展性;新的结点是拥有共同的愿景、话题、任务和价值(陈晓端,龙宝新,2012)。在教育领域内,人们将学习共同体作为学校改革与发展的重要策略。学习共同体中的"共同体"意味着学校担负着促进所有教师学习的重任,也意味着学校教育场景中的人们就是自身文化的创造者,学习是这个场域中所有人的共同事业。

专业学习共同体是在共同体和学习共同体的基础上发展起来的,它适用于特定的专业社群成员。霍德(Hord,1997)指出,当所有成员一起合作开展共享性学习,并践行所学的内容,一起致力于提高自己的专业知识水平并促进学生的学习时,这种团体就是专业学习共同体。这种共同体与其他共同体的区别是该团队由专业人员构成,共同面对的是专业问题,目标是共同解决专业群体所面临的亟待解决的实践难题,其最终目的是实现共同的专业发展。因此,专业学习共同体圈子小,层次高,位于整个共同体系统中的最高层。

5.1.3 教师发展领域内与共同体相关的概念研究

20世纪80年代,共同体概念被引入教育领域。90年代初,教育领域掀起了共同体研究的浪潮,其标志是 1993 年塞吉欧维尼(Sergiovanni)在美国教育研究协会举办的一次会议上的讲话。他倡议将学校的隐喻从"组织"转为"学习共同体",认为这种转换将给学校带来极大的变化,能激发教师、学生和领导层的发展动机。1995 年,博耶尔(Boyer)正式提出"学习共同体"这一概念,认为学习共同体是一个由教师、学生、管理人员和其他人员组成的组织,学习共同体的成员有明确的奋斗目标,朝着共同的发展愿景努力。此后,人们对学习共同体的研究热情逐渐增加。1997 年,美国的西南教育发展中心(Southwest Educational Development Laboratory,SEDL)首次对"专业学习共同体"(Professional Learning Community,PLC)进行了论述,提出专业学习共同体是由具有共同理念的管理者和教师构成的团队。该团队成员致力于促进学生的学习,成员之间开展持续性与合作性的专业学习。作为一种组织形式,专业学习共同体被人们认为是促进教师专业发展的新途径,是学校改革的有效策略。随后,西南教育发展中心与阿帕拉契亚教育中心(Appalachia Educational Laboratory)开发出专业学习共同体问卷,将其划分为五个维度:共同的价值观与理念、支持与共享的领导、支持性条件、合作性学习及其应用、个人实践的共享。2004 年,国际教育教学大会召开,把会议主题定为"教师即学习者:构建专业发展的共同体"。将"教师学习"置于"共同体"中,为教师专业发展提供了动力和环境。专业学习共同体逐渐成为促进全球教师学习的新趋势(Lieberman & Mace,2009),它以促进师生的知识建构和知识共享为目标(Lieberman & Miller,2011)。霍德(1997,p.16)也曾指出在专业学习共同体中,教师和学校管理者要不断追求和分享学习,并进行教学实践,通过增强他们作为教育专业人员的专业效能来提高自身水平和素质,同时满足学生的学习和发展需求。

随着教师专业化浪潮和网络技术的发展,教师共同体成为风靡一时的词汇,并且彰显出强大的辐射力。与教师共同体相关的词汇层出不穷,如教师专业学习共同体、教师网络学习共同体、教师实践共同体等。尽管这些术语之间存在差异,但其界定主要是从群体关系、社会组织的角度来切入的。任何共同体都是围绕某种稀缺资源来形成的,如经济共同体追求的是利益,政治共同体追求的是权力,精神共同体追求的是心灵,而教师共同体追求的则是专业智慧。可以说,教师专业学习共同体既是共同体构想在教育领域中的一种实践形态,也是这种构想在教师行业中的一次重构和再创造。

在教师发展研究领域中,人们普遍认为教师科研成功的关键是合作环境与高效的共同体建构。探究、专业学习与实践这三个核心概念也成为推动教师科研并为广大教师所接受的关键要素。王晓芳(2014)指出,西方学者借用了三种概念框架,即教师探究共同体、教师专业学习共同体与教师实践共同体来形容、研究和分析教师之间由于合作开展教育科研所形成的教师共同体。三个概念的对比分析如下:

第一,探究共同体与教师科研直接有关,甚至是为了进行此类活动而被建构出来的(So,2013)。制定行动研究的程序与活动、教师科研的活动程序、探究的循环等都是探究共同体的主要活动。教师作为研究者,在探究共同体中,通过合作研究、搜集材料、获得发现,进一步改善教学实践活动。我国传统的教研组和备课组均以合作探究为核心,将教学、探究与专业研修等融为一体,成为"专—学—研—训"共同体。

第二,相对于探究共同体,专业学习共同体更多的是从组织发展、学校整体改进、学校领导力和行政管理等视角来分析教师的教学科研活动。特别强调学习组织与文化的变革,关注的是促进教师发展的策略以及学校领导力的作用。专业学习共同体能够为教师科研提供平台,而探究又可为共同体的活动提供焦点。教师专业共同体有三个特色:(1)专业性。其目标是促进教师专业发展,提高教师的教学质量与专业素养。(2)学习性。学习是专业学习共同体的基础和方式,也是全体成员共同努力的目标。(3)合作性。合作是专业学习共同体的最基本模式,教师通过合作的方式互相支持和共享经验,最终实现共同的愿景。专业学习共同体对教师专业发展、学校效能的改进和学生学业的积极影响逐渐得到了广泛的证实(王晓芳,2014)。

第三,实践共同体强调参与、意义、身份与实践价值,它促进了教师的"研究者"身份的获得和转化,为探究如何建构一线教学科研共同体提供了实践参考。王晓芳(2014)认为,实践共同体一方面鼓励教师"从做中学",通过合作来构建自身作为研究者、参与者和合作者的身份认同,另一方面也鼓励学校和教师积极与其他院校建立合作科研的关系,推动不同知识之间的联合、碰撞和跨界学习,为新知识的产生创造条件。

实践共同体、专业学习共同体和探究共同体三者之间的具体比较如表5-1:

表 5-1　教师共同体概念比较

	探究共同体	专业学习共同体	实践共同体
理论基础视角	无明确理论基础	组织学习、管理、领导力理论等	社会文化学习理论
成员资格构成	成员具备"实践者""研究者"双重身份；教师为终身学习者	成员之间须具备"共同的愿景和价值观"	成员所从事的实践核心要素须相同；"新手""专家"之间须划分
共同体中合作活动的过程	行动研究循环，教学科研的活动过程，如出现问题、搜集资料、反思等	教师进行合作、反思，促进学生学习；学校领导者等行政因素	强调彼此卷入、意义协商、身份形成与跨界学习
活动的目的/成果	教师专业发展；产生新知识；尝试改变学校、社区的现有结构；提升社会正义	提升学生学习效率；促进教师专业发展	成员身份的活动；维持共同体的现状；共同体自身的"再生产"
范围或层次	除了作为研究者的教师之外，还可以包含大学研究者等人员	从共同体扩展到合作网络；从校内扩展到校际；等等	共同体内部；共同体之间的互动
可用于分析教师科研的视角	教师科研的活动过程，如探究循环	教师科研的支持性条件，如时间、行政、领导和结构	教师的身份重构和习得；研究者与实践者之间的跨界互动和学习

　　宋萍萍和黎万红(2017)也对专业学习共同体和实践共同体进行了研究，发现两者之间存在着共通之处，如目标都是促进教师的学习和发展，都强调支持性、合作性的共同体氛围对教师发展的重要性，都将教师自主与教师赋权视为专业发展的最终目标。但是两者在理论基础、学习机制、实施取向等方面存在着差异。作者从来源、学习机制、产出结果、个体学习与获得、实施取向等方面对专业学习共同体和实践共同体进行了具体的分析和对比，如表 5-2：

表 5-2　专业学习共同体和实践共同体的对比

共同体的概念	理论基础	共同体所产出的结果	个体学习与获得	学习的机制	实施取向
专业学习共同体	学习型组织理论	共享的愿景、价值与规范	关于学生或教学的信念和知识	合作性探究、反思、行动试验、共享个人实践、合作文化等	自上而下
实践共同体	情境学习理论	新手获得合法的边缘性参与的机会；意义(就实践的意义进行持续的协商)；区分该共同体的边界	专业知识与技能的改变；进入或离开一个实践共同体的轨迹	合法的边缘性参与(持续参与实践的机会，从边缘性参与到完全掌握实践)	自下而上

总的来说，"共同体"从一个新生事物的名称逐渐演变成教师发展领域的显性词汇，成为一种新兴的强有力的教师发展途径，彰显了教师发展已经进入新的阶段。教师专业学习共同体的兴起，一方面源于人们逐渐意识到任何促进教师发展的努力都只有落实到教师个体的主动学习上才能实现，另一方面是因为人们对教师专业发展的认识超越了以往只关注教师个体这一微观层面的狭隘视角，转而从合作与文化背景的宏观视角来看待教师专业发展，这也是教育改革和发展的关键。研究证明，教师专业学习共同体的教育价值体现在：(1)是促进学生学习的有效途径之一；(2)对教师专业水平和教育能力的提高具有很大的推动作用；(3)能为学校发展和改革提供强大的精神动力；(4)有助于确保教师专业活动的规范性与道德性；(5)能提高教师的专业水平；等等(牛利华，2013)。因此，教师专业学习共同体成为当前乃至今后世界教师专业发展的主流范式。这种共同体既可以是校内组织，也可以是校际职业联合体。本研究属于前者——校本教师专业学习共同体。

5.1.4 本研究中教师专业学习共同体的内涵

教师专业学习共同体是在学习共同体基础上发展起来的一种新型的社会群体。牛利华(2013)认为其内涵是指以学校为基地，以教育教学实践为载体，以教师间的共同学习、研究和探索为形式，在具体情境中通过沟通、合作与交流，最终实现教师整体成长的提高性组织。袁维新(2010)认为教师专业学习共同体是教师在共同的目标和兴趣基础上自组织的，目的是通过对话、合作和分享性活动来促进教师专业发展。它是由教师、专家、骨干教师、学校领导、学科教研员等共同构成的团体。在共同体内,成员之间经常沟通、交流,分享学习资源,共同完成一定的学习任务,从而形成了一种相互影响与相互促进的和谐的人际关系。可以说,教师专业学习共同体是一种事业型的群体,一种共同面对实践难题的实践共同体,它以专业发展为主题,是教师社区内的一种智慧联盟、实践联盟、工作联盟和专业联盟。

根据上述讨论,我们界定本研究中的大学外语教师专业学习共同体的内涵如下:该共同体是以大学英语教师、专家、学校管理者等自愿组合为基础,以提高教师的教学质量和学术实践水平、促进教师的专业发展为共同愿景,以交流经验、分享资源知识为手段,以实现知识的传递、共享和创新为学习目的而组成的旨在促进知识建构和自主发展的学习型组织。其目标是共同发展,核心是互动合作,路径是互助学习,灵魂是协商对话。

5.2　学习共同体的特征

国内外研究者对学习共同体的特征进行了研究。美国教育心理学家巴拉布和达菲(Barab & Duffy)认为实践共同体具有以下特征:(1)共同的文化与历史传承。实践共同体不是为了某种需要而临时搭建的简单组合,成功的实践共同体部分地掌握了社会协商意义的共同历史文化遗产,包括共有的目标、协商的意义与实践活动。实践共同体中的新手成员从老成员的经验中继承了已经被假设和验证并得到社会认可的目标、意义与实践。(2)相互依赖的系统。个人成为共同体中的一部分,与实践共同体有着内在的联系。(3)再生产的能力,新成员与专家成员一同合作才能得以成熟和发展。随着时间的推移,新成员不断充实到共同体的共同实践中,甚至可以代替老成员,从而实现共同体的再生产(转引自戴维・H.乔纳森,2002,p.34-38)。

在国内对教师学习共同体特征的研究中,袁维新(2010)把教师学习共同体的自组织特征归结为自我适应、自我认同、自我控制和自我发展四个方面。郭燕和徐锦芬(2015)认为教师专业学习共同体应具有以下五个特点:(1)共享的规范和价值;(2)反思性对话;(3)去个人化的实践(即教师以公开方式从事教育教学实践,他们身兼建议者、专家和学习者的角色,既为同事提供支持,也获得同事的帮助,互相分享实践经验;(4)对学生学习的集体关注;(5)教师合作。

总的来说,学习共同体强调成员之间的紧密合作、同一的精神意识、成员强烈的归属感以及社会团体的认同性等。学习共同体在形成和发展过程中形成了各自的历史文化特色,并经过社会协商被成员所接纳与认同,成为共同体身份归属与认同的标志。同时,各共同体又与其他共同体存在着相切或相交的密切关系,从而形成了相互依存的大社会,各共同体的长远存在和发展则依赖于其成员的新老更替。我们将此进行延伸并扩展至教师专业学习共同体的特征来进行描述。

5.2.1 自我认同

查尔斯·泰勒(2001,pp.50-51)认为"自我"是人的主体性,它从由认同感凝聚而成的公共空间中生成,"我只能在某种公共空间中,通过我和他人对这些存在的客体的经验,才知道愤怒、爱、焦虑、对完满的渴望等是什么"。即"我"只有在共同体的学习空间中,才能建构客体经验的意义,培养个体的认知能力,发展社会化的自我。"认同"问题是哲学的基本问题,来自于作为社会主体的人对个体生存状况和生命意义的深层次追问。认同和类别、角色等概念相关,显示的是生活在社会中的个体与社会的关系,即对自我身份的确认。就个体而言,是指个体相信自己是什么样的人或要成为什么样的人;就共同体而言,是指个体在共同体组织和文化传统中的归属感。

学习共同体由对同一主题感兴趣的人组成,大家拥有相同的价值理念和共同的学习目标,所有成员共同努力达成共同体的意见和看法。共同体的实践活动既构成了群体的自主性,也形成了"自我",同时也树立了"我们""大家"的观念。为实现共同目标做出的努力以及对专业知识技能形成的一种集体性认识,培养了全体成员"Who we are"的认识或感觉,即共同体意识。共同体成员在参与集体学习的过程中,既获得了集体的智慧,也形成了对自我和共同体的认同。虽然个体成员在最初作为共同体的合法边缘参与者参与到整个活动系统中时,会感到共同体的规则和行为预期是任意的或者人为的,甚至是不必要的,但在逐渐融入共同体的过程中,个体成员会慢慢接受共同体的规范,并以此界定共同体和个人的身份。只有在共同体活动中不断地扩展参与度,个体成员的自我认同感才能够得到发展。正是这种积极的参与促使个体和共同体不断地成长。

在教师学习共同体中,教师的自我认同是指教师对共同体的愿景、信念与自我身份的认同。首先,共同体的愿景是推动教师个体行动的内在动力,是鼓舞每个成员的力量,它能够激发出共同体强大的驱动力、凝聚力和创造力,培养勇于改革创新和一往无前的精神。"在人类的组织中,愿景是唯一最有力的、最具激励性的因素,它可以把不同的人联结在一起"(戴维·W.约翰逊,罗杰·T.约翰逊,2003,p.52)。其次,教师学习共同体中存在着核心成员和边缘参与者两种角色和身份,虽然扮演核心角色并受人尊敬的成员的身份在某种程度上已经得到了确定,但全体成员之间是彼此尊重、互相信任、平等对待、密切配合的,他们机会均等,一起追求共同的目标,不论哪位成员做什么,只要有利于共同体的发展,都是值得肯定和赞扬的。无论是边缘参与者还是核心成员,在共同体的活动中都是相互依赖的,在限定的时间内,有的成员可能会做出更大的贡献,他们的身份也可能会发生变化。在教师学习共同体中,每位成员在认同自身所扮演的不同角色的同时,向着相同的目标努力追求,不断发展自己的专长与兴趣,并逐渐确定自己的身份。

5.2.2 相互依赖的系统

共同体有着共同的目标,当全体成员为同一目标努力的时候,这种意识会使全体成员形成一个统一的整体。一个共同体是一个相互依赖的系统,这既意味着共同体成员之间的相互支持和协作,也意味着共同体是一个开放的系统,其开放性不仅可以使成员之间相互鼓励和学习,还可以创造轻松与合理的氛围,促进成员之间的互动与交流。另外,共同体这一开放的系统与其所处的范围更广的社会系统之间也保持着信息的流动和合作。同时,个体和共同体之间也建立了一个嵌套的交互网络,个体通过参与共同体的实践活动而改变并维持着共同体。个体与个体之间也形成了相互依赖的系统,所有个体都能在系统中获得身份。因此,学习就是个体参与共同体活动并成为其中一部分的实践过程,是与其他共同体成员、工具和资源建构关系结构的过程。心理学家莱姆克(Lemke,1997,p.38)指出,我们的活动、参与和认知,总是和他人的参与和活动相互联系、相互依赖,这种依赖关系可能是和人,也可能是和工具、过程等等。成员如何参与、从事什么样的实践获得,是由整个共同体生态系统所决定的。个体的自我同一性在实践中得以发展,是因为每个个体在这一模型中不再是独立自主的人,而是活动中的人,是关系中的人。

教师学习共同体是由来自不同教育文化背景的教师组成的,每位教师都可能是某一领域的专家学者,都可为共同体知识库建设以及共同目标的实现做出自己的贡献。但是不可能每个人都是每个领域的专家,这就为成员之间的相互支持与合作奠定了基础。每个人的贡献和发展都会得到重视和支持。共同体成员一起面对学习任务,这些任务使共同体成员产生沉浮与共、同甘共苦的集体意识和目标,形成"人人为我,我为人人"的相互依赖关系。每个共同体成员通过共同体内部的交往机制共享集体智慧,通过各种合作、对话与分享促进自身的专业发展。这种合作包括教师之间的合作、学校内部各教学部门间的合作以及大学与中小学的合作等。

5.2.3 自组织和自生产能力

与任何一个生命有机体一样,共同体作为一种生态系统,它的自组织与自生产能力是指共同体本身能够不断地进行自我再生产,从而完成它的自组织和自生产的能力。莱夫和温格(Lave & Wenger)认为,共同体不断重复着自身,新成员经历文化适应的过程,逐渐从边缘参与者走向核心成员。在探讨了"合法边缘参与"问题的基础上,作者指出人们学习的主要动机是参与真实的活动、解决现实中的问题以及创生自我的同一性,并逐渐成为共同体的核心成员(转引自郑葳,2012,p.66)。

学习共同体是一个复杂的适应系统,它的主体是学习者,它的学习活动在很大程度上都是自组织的。个体学习者在各种复杂的心理机制和思维方式的综合作用下,通过对感官获得的信息进行组织和加工,形成一定的认知图式,这是学习者内部自组织行为的结果。这种自组织系统必须要和外界进行物质、能量以及信息的交换,在交换中获得知识。在复杂的适应系统中,所有主体平行地、独立地进行适应性学习和演化。个体在环境中的适应性行为反过来不断地影响和改变着环境,同时环境对个体的行为产生影响和约束,通过这一过程的反复共同体的再生产能力得到提高。

教师学习共同体同样具有这种再生产能力。在由专家和新手教师组成的共同体中,新手教师是"学徒",是边缘参与者,他们在专家的指导下不断地学习,经过长期的耳濡目染,习得了专家前辈的显性知识和隐性知识之后,达到新的层次。在教学研究过程中,他们又能为新手成员提供帮助和指导,然后成为专家,实现自我的发展。新手成员能够逐渐成为共同体核心成员并促进共同体发展的这种再生产能力对于共同体文化的传承具有十分重要的意义。一方面,新手成员不断学习共同体的行事方式,从而推动自身的成长。另一方面,个体的进步又激励着他人的进步,也促使共同体结构更加完善和稳定,共同体结构的完善又将直接影响个体的学习和进步。个体和共同体的这种和谐的平行发展存在于整个共同体的学习实践过程。通过从新手转变成为核心成员这一参与性、合作性的实践过程,共同体和其成员完成了生产和再生产的任务,凭借成员同代间与代际间的多种结构性互动,教师专业学习共同体获得了丰富的学习机会,正是这种动态性发展驱使并维系着共同体功能的持续发挥。

5.3　学习共同体理论的发展历程

在阅读了大量相关文献的基础上,我们按照赵健(2005)的研究把学习共同体理论的形成与发展分为四个阶段。

5.3.1 腾尼斯(Tonnies)的共同体理论(1887)

腾尼斯将共同体概念从哲学领域引入社会学领域。社会学领域更加注重这一概念的社会特性,强调其成员个体可以建立互助、友好和密切的社会关系,而这种社会关系的建立是在成员自主自愿的基础上实现的。腾尼斯认为,只有通过这种方式建立的共同体才是真正的共同体。此后,该概念不断发展,被引入学习领域,为学习共同体的产生奠定了基础。

5.3.2 圣吉(Senge)的学习型组织理论(1990)

彼得·圣吉(Peter Senge)是学习型组织理论的创始人。该理论强调共同体是在成员自愿的基础上建立的,成员拥有共同发展的愿望。学习型组织是一个不断创新和进步的组织。在该组织中,成员需要不断突破自己,积极创造真心向往的结果,努力培养全新、开阔的思维方式。为了实现共同的目标,每个成员都要全力以赴,不断学习如何共同学习,实现共同的抱负,同时也依靠共同体的力量发展自身的能力。

1990年,圣吉发表了《第五项修炼:学习型组织的艺术与实务》(*The Fifth Discipline:The Art ＆ Practice of the Learning Organization*)一书,开拓性地倡导学习型组织的管理思想。书中阐述了学习型组织要经历的五项修炼:(1)自我超越。这是学习型组织的精神基础。组织要设计出鼓励每个成员不断成长的计划,促使成员为实现自己的理想不断学习和突破自己的极限,实现自我。(2)改善心智模式。成员必须学会以开放的心态包容创新的观点，并对其严加审视，有效地表达自己的想法。(3)建立共同愿景。全体成员因为共同的目标、价值观与使命感而凝聚在一起，为了实现共同发展的目标而主动学习，追求卓越。(4)团队学习。展开自由交流、讨论和深度会谈，激发群体智慧，有效地克服妨碍学习的自我防卫心理。(5)系统思考。要用系统的观点看待组织的发展，引导成员从局部到整体，从事物的表面到其背后的结构，从静态分析到各种因素的相互影响，寻找一种动态平衡。五项修炼是一个内在关联的整体，是建构学习型组织的关键。在建构学习型组织时，要采取全方位建设的态度，真正发挥学习型组织的潜力。该理论为教师专业学习共同体的建构和发展提供了理论基础。

5.3.3 博耶尔(Boyer)的学习共同体理论(1995)

博耶尔在他人研究成果的基础上，第一次在《基础学习：学习共同体》(*The Basic School*：*A Community for Learning*)中提出了"学习共同体"的概念。该理论同样强调学习共同体成员要有共同的愿望、和谐的氛围以及彼此间的自由交流。博耶尔对共同体成员应具备的个人道德品质进行了研究，并提出了学习共同体成员应具备的七种美德。20世纪90年代末，学习共同体思想从学校领域延伸到社会的各个方面，从关注教师和学生如何成为学习者，转变到探索使所有社会成员都能成为学习者的策略，许多与学习共同体相关的概念也由此产生，如布朗(Brown)和坎皮奥内(Campione)倡导的学习者和思考者共同体、李普曼(Lipman)的探究共同体和罗斯(Roth)的实践共同体等。

5.3.4 霍德(Hord)的专业学习共同体理论(1997)

1997年，在原有学习共同体理论的基础上，霍德提出了专业学习共同体的理论。他认为专业学习共同体成员包括教师和管理者，他们拥有共同的愿景。所有成员通过合作与共同探索，不断地对教学实践进行改进，实现专业共同体的目标。其基本内涵是共同体成员的共同价值愿景、以学习为中心、平等的全员参与及协作共享。对教师专业学习共同体来说，所有成员具有强烈的学习愿望和研究精神，共同参与，共同协商，相互分享资源，交流经验，在教育活动中解决实际问题。通过这种方式，良好的人际关系得以形成，和谐的合作氛围得以创设,教师个体的素质和能力得到提高。共同体的最终目标是实现学生的全面发展与教师的专业发展,其核心是"分享与合作"(转引自孟丽华,武书敬,2015,p.30)。因此,专业学习共同体是一个共享的、开放的、对话的、支持性的共同体,是充满尊重和相互信任、富有使命感和创新精神的共同体。

5.3.5 文秋芳的大学外语教师专业学习共同体理论(2017)

相对于国外教师专业学习共同体理论的研究,我国至今还未发现在实践基础上建构大学外语教师专业学习共同体理论的研究(文秋芳,2017)。为了弥补该方面研究的缺陷,文秋芳(2017)基于校本和校际两个专业学习共同体建设的实践,经过多次修改,建构了大学外语教师专业学习共同体的理论框架。具体如图 5-2:

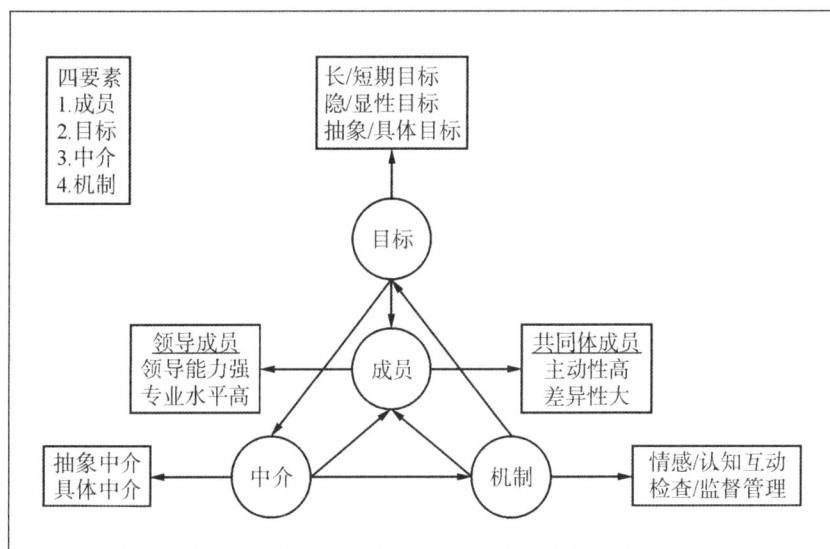

图 5-2　外语教师专业学习共同体的理论框架

该框架由成员、目标、中介和机制四个要素构成,整体呈三角形。共同体成员是学习共同体的主体,位于三角的中心。目标在三角的顶端,是共同体建设的起点,又是验证共同体建设成效的终点,因此决定了共同体建设的方向。中介是实现目标的载体,机制是完成目标的内驱力。目标、中介和机制必须通过共同体成员来发挥作用,这三个要素都与成员形成互动的关系。文秋芳(2017)认为,该理论框架符合中国国情,具有较强的概括性和应用性。

5.4　教师专业学习共同体建构与发展的理论依据

纵观西方传统的学习理论,无论是认知学派还是行为主义学派,所关注的都是个体学习者面对环境时所产生的反应性活动,是自我的加工或自我的反应,倡导的是个体性的学习。它们主要研究的是发生在个体身上的行为和以个体活动的形式来完成的学习活动,是一种"个体户"式的学习。但是,社会心理学和人类学的研究表明,人类最重要、最独特的能力是能够向他人学习。我们是通过他人并与他人一起学习的,因此人的学习不是孤立的、程序化的活动,不能忽略社会情境和文化对学习的重要影响。

随着共同体概念的产生,人们开始关注自然状态下人类学习的具体性、协作性与情境性等特点。特别是随着互联网技术的发展,人们可以自由地在网络上发表见解、分享生活和相互沟通,可以自发地贡献、创造和提取新闻资讯。人的最基础本能是渴望成为群体的一员,在群体中产生与他人合作和共享的协调一致的行动。借助于便捷的网络,构建人们期望的群体变成了一件简单的事情,每个人都能够通过群体与来自世界各地的人们对话、合作和分享信息。随着各种共同体的应运而生,学习理论的视角也开始向社会文化转变。进入 21 世纪,终身教育理念的发展促使人们对学习理论的探讨也逐渐深入,特别是社会建构主义学习理论的出现把学习置于共同体的话语体系下,为学习理论的研究提供了更广阔的思路。

5.4.1 社会建构主义学习理论

社会建构主义理论的形成受杜威、维果茨基、布鲁纳(Bruner)和班杜拉(Bandura)等人的主张的影响,强调在以理解为基础建构知识的过程中,文化和情境起着重要的作用,认为社会文化是知识生产的决定因素,学习是意义的协商,知识是社会性的建构。其主要特征包括互动性、交互性、商谈性和超越性等。互动性是指通过语言或知识使主观与客观、个人系统与社会系统、人与世界之间相互转化。社会建构主义强调交互性(intersubjectivity),认为真正的思想是一定社会环境中集体协商的产物,是集体智慧的结晶,而不是个人的产物。商谈性是指一群人一起使用共享语言进行交流,通过协商、对话和共识等认识工具来建构世界图景。社会建构主义认为真理是各种思想或利益在协商过程中的冲突、争辩、让步和共识的产物。人们进行协商的目的就是表明思想,比较对相同问题的不同看法,权衡各种观点,通过讨论走向使问题、观点更加清晰。超越性则是指通过社会知识和个体知识的不断循环达到不断超越知识和超越自我的目的。在两种知识的不断循环中,现有的公共知识在教育背景中得到再生产,从而成为个人知识,个人知识经过个人的创造和公共协商进入公共知识领域,两种知识之间的互动转化促进了知识的进化(郑葳,2012,p.86)。

在知识观上,社会建构主义认为知识是人类的一种产品,是在个体与他人及其生活的社会和文化环境的相互来往中建构的。在学习观上,该理论认为学习不止发生在个体内部,也不仅仅由外部力量塑造,只有当个体参与到社会活动中时,有意义的学习才会发生。对社会建构主义者来说,学习是一个建构意义与关系的过程,是与他人进行互动和协商,从而达成共识的过程。社会互动、文化情境,如人们的价值观、意识形态对知识的建构起着决定性的影响。社会建构主义要求关注学习者环境中的文化惯例,认为学习者要首先进入并适应某一实践共同体。同时,也强调共同体的角色和社会环境在知识建构中的地位和作用。因此,社会建构主义既承认意义建构的个体性,也更强调意义建构的社会性。正如玻尔·欧尼斯特(Paul Ernest)指出的,社会建构主义的中心观点是:只有当个人建构的、独有的主观意义与理论跟社会和物理世界相适应时,才有可能得到发展(高文、维果茨基,1999)。

社会建构主义理论对传统的教师培训理念提出了挑战,因为该理论认为真正的思想和知识是集体协商的产物,社会互动和文化情境对知识的建构起着决定性的影响。因此,教师的学习活动不是个人行为,而是教师通过与他人进行交流、反思与批判来实现自我的不断改进的过程。在共同体的互动活动中,教师通过争辩和讨论、沟通和交流来合作完成学习和研究任务,共同解决问题。共同体是意义协商的载体和前提,不同的学习型组织演绎着学习共同体的内涵。作为社会性支出系统,教师学习共同体能够为知识建构创设一个范围更广的学习环境,提供更丰富的资源与支持,为教师的自我超越提供良好的环境,为教师专业发展打下良好的基础。

5.4.2 情境学习理论

在传统的教育范式影响下,人们往往认为,知识一旦从具体情境中抽象出来成为概括的东西,就可以脱离知识产生的情境来传递给学习者,供其进行个人内部加工,学习的结果也能够自然地迁移到各种真实情境中。然而,人们的学习是与整个具体环境互动的,如果把知(knowing)和行(doing)分开,就会产生惰性知识。这种惰性知识在现实中不会自发地应用到有关的情境中。因为情境总是具体的和不断变化的,抽象的概念和规则的学习常常无法灵活适应具体情境的变化,因此,学习者往往难以用所学的知识解决现实世界中的真实问题。知识是情境的,通过活动才能得到发展。在运用上,知识与工具有着同样的特点,即通过运用才被人理解和掌握。布朗、柯林斯和杜吉德(Brown,Collins & Duguid,1989)提出了学和做统一的观点,认为学习总是围绕着实践而构成的,我们应该抛弃知识和概念是"独立实体"的看法,知识只有在使用中才能获得完全的理解。

20世纪90年代,人们将研究视角投向了情境学习理论。该理论在已有研究的基础上提出了关于学习的新隐喻。所谓情境学习(situated learning)或情境认知,是指学习深置于建构它的情境中,知识的获得受到情境、活动、文化的影响。与信息加工模式不同,该理论关注的焦点由学习者本身转移到整个学习情境,强调学习者和环境之间的关系,认为学习者与其学习环境是互惠互动的关系,学习者所处的环境和其中的学习活动是协助并支持他达成学习目标的关键。情境学习理论的特点是将个体认知置于社会背景以及文化建构的工具与意义中,认为知识是人和环境交互作用的产物,是无法从环境中单独剥离出来的。

情境学习理论是学习理论的革新,是对知识和学习的个体性理论的挑战。该理论提出认识主体是不能从认识过程中分离出来的,学习与实践活动密切相连,意义是在协商中产生的,不能与社会实践、知识的产生和应用情境相分离。在这点上,该理论与社会建构主义的观点相似,情境学习理论也强调情境与对话的重要性。这种观点也来源于教育心理学和文化人类学。前者主张学习不能与实践对立,意义的形成与它被协商制定的实践和情境是不可分的。后者则主张学习是情境性的,离不开学习活动所发生的情境和文化,强调学习者共同体对学习的意义。

情境学习理论有着深刻、广泛的理论基础,它超越了传统的心理学情境观,并不断地从生态学和人类学等相关学科的研究中反思自身的发展,逐渐成为当前学习理论研究领域的前沿和主流(崔允漷,王中男,2012),也成为建构教师专业学习共同体的强有力的支撑。

5.4.3 群体动力理论

群体动力学是心理学的一个分支,它吸收了相关学科的理论及知识,研究对象是人们在群体中的行为,目的是通过分析群体现象的动态特征发现其一般规律。"群体动力"是群体活动的方向。该理论是社会心理学家 K.莱文(K. Levin)于 20 世纪 40 年代首先提出的。他认为,群体是由一群有相互关系的个体形成的动力组成的整体,其内部各种力量的集合形成了动力系统,个体行为随时受到群体的压力的影响,最终群体规范得以形成,这些规范成为个体的行为准则。群体的目标决定群体的性质,影响个体行动的动机(转引自 Shaw, 2003)。群体活动的动向取决于内部力场和情境力场的相互作用,因此,研究群体的动力就是研究影响群体活动动向的各种因素。群体的动力系统取决于三大因素:凝聚力、驱动力和耗散力。三者之间相互作用、抗衡、消化与转化,使群体得以发展。其中凝聚力保证群体的稳定,驱动力促使群体不断地演化发展,耗散力则破坏群体的稳定和演化。在整个动力系统中,群成员的状态也受彼此的影响。一个成员的状态变化会引起其他成员的状态变化,群体之间的这种交互作用构成了群体动力,该动力寻求发挥群体最大功效的内部机制与群体发展的推动力。

根据该理论,通过建立大学英语教师学习共同体来提升教师的专业发展能力是切实可行的。因为任何人都有一种群体归属感,都不愿意被他所属的群体所厌弃,大学英语教师亦是如此。当前,大学教师多是按照自己的学科领域被划分到相应的院系、教研室(组)等学术组织中。同一学术组织内的教师拥有类似的研究方向、讲授类似的课程内容,这有利于彼此之间的学习和交流。但是,这种学术组织的建构方式也带来许多问题,比如,忽视了教师专业发展的阶段性特征,不同教师团体之间各自为政,影响了教师教学能力和水平的提升。每位大学教师都生活在学校和教师群体中,自然受到群体目标的影响,并将之内化为个体的追求和动力,产生强烈的依赖和归属心理,特别是当群体目标富有挑战性,需要充分体现自身价值时,这种吸引力就更大。

建立在群体动力学理论基础上的教师专业学习共同体的典型特征包括:(1)目标凝聚力。这一目标能够促进教师整体水平的提升,决定教师行为的指向性。教师个体将群体目标当作自己的目标来追求,会对学习共同体产生强烈的归属感。同时,由于共同体成员同时受到群内规章制度的约束和外部社会的影响与挑战,这些因素会激发全体成员共同努力,从而形成凝聚力。(2)

行为驱动力。共同体的每位成员主动观察和反思自己的教学行为,将实现共同的目标看作自身价值的实现,全体成员共同朝着提升教师整体发展水平这一目标而努力,形成了有效的驱动力。同时,每个教师个体都希望得到群体的认可,通过个体努力找到自己的位置。如果群体内的位置安排合理,成员们就会拥有更高的积极性,向更高的目标奋进。优秀教师是群体的核心,他们来自于教师的实际生活,很容易产生巨大的感召力,从而促进群体良好风气的形成。(3)行为约束力。由于每位成员的生活和教育环境的差异,个体的行为方式、价值观和道德标准等也存在差异,自然会产生冲突,这是群体内的耗散力。约束力是在自我实现和共同体的规范与压力中产生的,它可以有效地减少群体的耗散力,促进个体主观能动性的发挥,对整个系统产生有效的驱动作用。

教师学习共同体动力系统内的三种因素之间的关系如图 5-3:

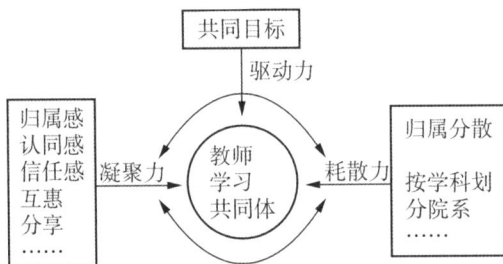

图 5-3　教师学习共同体的动力系统模型

5.5　教师专业学习共同体的研究现状

国外教师专业学习共同体研究绝大部分围绕其他学科教师展开(郭燕,徐锦芬,2015)。如有的学者针对新入职科学课程教师进行了个案研究,发现教师参与专业学习共同体对其专业成长起着十分重要的作用(Bianchini & Cavazos,2007)。韦肖等人(Vescio,et al.,2008)综述了 11 项关于专业学习共同体对教师实践及学生成绩影响的研究,结果发现共同体能够促使教师在教学实践中发生改变,能建构更具合作精神、更具权威性、更聚焦学生学习、更能持续学习的文化氛围,能够对学生的学习产生积极影响,学生的成绩有所提高。还有的研究描述了合作学习方式带给教师的困惑与挑战(Meirink,Meijer & Verloop,2007;Roblin & Margalef,2013)。格林等人(Green,et al.,2013)研究了 15 位教师专业学习共同体成员,发现他们的教学更加富有创意、更加有信心,等等。但是,以外语教师为对象的实证研究则十分少见(郭燕,徐锦芬,2015)。

20世纪90年代后期,共同体概念被引入我国。经过多年的探索,有关共同体的研究已经取得了较为丰富的成果。但多数研究集中在其他学科,研究内容主要涉及学习共同体的意义、理论、具体应用与组织形式、特征、构建模式和策略以及存在的问题等方面。

郑葳和李芒(2007)就学习共同体及其生成进行了探讨。作者认为学习共同体是一种多元、民主、安全而平等的开放式学习环境,既能促进学习者的认知发展,也能催生他们的主体性。作者提出共同体形成的措施包括:创造开放合作的学校和课堂文化、赋予学生和教师参与和创造教学实践的权利、促进共同体内部与外部环境的对话协商。郑葳(2012)进一步从文化生态学视角,对如何建构学习共同体开展了宏观研究,提出了生态型学习共同体的生成模式。在学习共同体实质方面的研究中,张增田和彭寿清(2012)认为教师学习共同体是三种意蕴的结合体:从成员之间思想信念的统一程度看,它首先是一种精神共同体;从问题解决的指向和过程看,它是一种实践共同体;从利益共享和文化融合的视角看,教师学习共同体更是一种合作共同体。

王天晓(2013)就教师学习共同体提出了公平、联动、圆桌会议三个重要议题。认为教育公平是教师共同体建设的价值取向;以教师发展为中心的多元联动是共同体建设的基本实践;圆桌会议是实现共同体多元主体决策的有效举措。王天晓和李敏(2014)对教师共同体的特点及意义做了进一步的研究。认为教师共同体是在学校推动或教师自发的前提下,基于共同目标和兴趣,自愿组织的专业性团体。其目标是通过对话、合作与分享促进教师专业成长。教师共同体能为教师专业发展提供精神家园,是教学、研究和学习三合一的专业生活载体,具有实践性、研究性、专业性、合作性和开放性的特点。

潘洪建(2013)探讨了如何实现由合作小组到学校共同体的跨越,认为个体差异是学习共同体的重要资源,班组异质是学习共同体组建的基本方式,真实任务是学习共同体维系的驱动力量,互动交往是学习共同体运行的内在机制,共同进步是学习共同体建设的目标追求。王晓芳(2014)从共同体成员资格的异质或同质、共同体的冲突、如何保障教师个体性和专业自主性以及共同体中行政结构因素与制度化的必要性等方面,重新审视和反思了教师专业学习共同体理论原有的标准或理念。作者认为共享价值观、和谐的关系、集体行动与合作、去行政化和等级化是建构教师专业学习共同体的核心标准。

在教师学习共同体建构问题和策略等方面的研究中,牛利华(2013)分析了教师专业共同体发展中的焦虑和现实出路,认为教师专业共同体在理论上尚有许多亟待做出清理的内容,这样的境况导致了教师共同体在实践上的艰难。要走出实践困境,就必须明确建构教师专业共同体的实践要素:关注教师合作需求的异质性是建构教师专业共同体的现实条件;处理好教师教学个性与共性之间的矛盾、形成成员之间的平等关系是建构教师专业共同体的组织条件;发掘学校发展中的深层矛盾、为教师树立共同的工作愿景是建构教师专业共同体的情感基础。

随着网络技术的发展,教师学习共同体的研究延伸至网络环境下的学习共同体。许多研究探讨了如何在网络环境下建构教师学习共同体。孟昭宽和杨丽娜(2012)就虚拟社区中的教师专业共同体模型进行了研究,提出了如何在虚拟社区内建构教师专业共同体的策略,如:强化终身学习意识,提升专业发展内驱力;制定专业共同体规范,建立和谐网络交互空间;营造合作文化氛围、提升专业发展水平;制定发展性评价策略,真实评价专业发展水平;完善教师专业发展信息平台,实践信息技术教育价值。于兰和陈仁(2014)认为教师专业发展是教师个体追求行为与协同发展和共同提高的群体效应,更关注"个体发展"。作者指出将教师纳入教师专业共同体的"自组织"是对传统教师专业发展个体依赖的突破。

与此同时,各种实体或虚拟的学习共同体蓬勃发展。1999年,黑龙江省哈尔滨市南岗区教育局开始探索用学习共同体理论进行学校管理的理论和实践研究。教育局把学校建设成为教师、家长、学生与社区人士参与的学习共同体;组织辖区所有中小学校成立学习共同体,为学校提供相互学习和帮助的平台;激励每所学校根据自身的实际情况,通过学习自己发现问题,提出解决问题的办法,然后在全区范围内召开现场会,请所有学校一起研讨,对不足的地方提出改进意见和建议,充分利用集体智慧来发展学校。2000年,首都师范大学开发了虚拟学习社区智能网络教学平台,于2003年向北京市所有中小学免费开放。该系统建立网络学习共同体,构建虚拟学习社区,让学习者开展共同的学习活动,形成一致的价值取向和偏好,培养学员的认同感、归属感和尊重感。该系统还为学习者提供与同伴的交流和合作、与辅导者之间的双向交流,使其可以共同建构和分享知识。在沟通交流中,学习者可以了解不同的信息和理解问题的不同角度,由此来反思自己的想法,重新组织自己的思路。

20世纪后半叶以来,随着高校教师教育与基础教育改革的同步,国外出现了一种新型的教师专业学习共同体,即"U-S协作型(university-school collaboration)专业学习共同体"。这种协作是指大学与中小学之间建立合作关系,具体指大学教育院系与中小学幼儿园作为合作伙伴,以协作方式开展教育及研究活动的一种模式。该模式逐步成为国外大学与中小学伙伴关系中一条有效的教师专业化发展途径,通过突出大学和中小学之间的双向重构提升教师专业发展的实效,成为一个显性的教育实践。这种模式的特点是以学习为本的愿景体系、互惠性专业学习团队、实践知识的学习与创造和整合式学习路径(杨甲睿,张洁,2013)。在我国,各种形式的 U-S 协作型共同体也相继建立起来。如 2006 年,为了推进我国城市和农村的整体教育改革,推进大中小学综合改革,中国未来研究会教育分会与中国未来研究院共同组建了中国未来教育(学习共同体)研究所,推出了"21 世纪未来学校构想"。为进一步提高中国未来教育(学习共同体)研究所的理论和实验研究水平,经中国未来教育(学习共同体)研究所与北京红缨教育集团、北京红缨幼儿园共同商定,2006 年,北京红缨幼儿园成为我国第一个中国未来教育(学习共同体)研究所指导下的实验幼儿园。此后,中国未来教育(学习共同体)研究所组织中外教育专家从理论上指导红缨幼儿园的教育教学工作,并组织红缨幼儿园与日本、韩国等国幼儿园之间开展交流与合作。同时,地方高校对这种模式进行了延伸和拓展,如李中国和辛丽春等(2013)开展了以省级政府(G)统筹为主导,以高校(U)与地方政府(市、县两级政府)所属中小学校(S)联盟为主线的 G-U-S 教师教育模式的研究。该研究注重解决教师教育体系重建、教师教育课程设置滞后、教师培训绩效不显明、教师教育者专业发展平台缺失、师范生生源质量不高等问题,并取得了显著成效。

在对相关文献的研究中,我们发现早期的专业学习共同体研究主要围绕其特征和功能,把学习共同体看作教师发展的手段。随着研究范围的扩大,研究视角从学校视野扩展到教育改革的整体方面。在研究方法上则经历了从最初的问卷量表到后来的质性研究的转变,如今还出现了多层次、多方法、多视角的研究。作为一种新兴的强有力的教师专业发展途径,教师专业学习共同体能够提供一种多元、民主、平等而安全的合作式、开放式学习环境,共同体成员有着共同目标和愿景,在真实的教育实践环境中,通过共同参与、相互配合、探索改进来解决教师教育中的一系列问题。既促进了学习者的认知发展,也催生了学习者的主体性,成为学校发展和改革的精神动力源。

与其他领域的研究相比,我国在外语教师专业学习共同体方面的研究还是凤毛麟角。在现有的研究中,研究者普遍认为,教师实践社群是促进教师专业发展的重要策略(吴寒,2011;文秋芳,任庆梅,2011)。周燕、曹荣平等(2008)和高四霞(2011)通过案例研究证实教师实践共同体能够有效促进教师专业发展。文秋芳和任庆梅(2011)开展了"基于课堂关键问题研究的教师—研究者合作发展共同体"课题研究,建立了高校外语教师互动发展的新模式。在教师专业学习共同体研究方面,伍思静和陶桂凤(2011)从知识地图的视角,结合个案,从基础理论、运作原理、优势分析、构建步骤和注意事项等方面对如何构建大学外语教师学习共同体进行了实证研究。朱淑华和伍思静(2012)通过对专业学习共同体的概念、内容和模式的介绍,分析了大学外语教师专业学习共同体构建的内部和外部条件,认为共同体建构的最大障碍是难以克服的社会文化现状和陈旧的教师教育观念。作者提出了建构教师共同体的策略,如建立共同愿景、转化领导角色、建立和谐的氛围、成立网络学习共同体等。赵迎(2013)以课堂学习共同体理论在大学英语精读课的实践为例开展了实证研究。通过对比实验组与对照组学生的学习成绩以及学生对该教学模式的反馈,发现课堂学习共同体能有效地促进学生自主学习能力和英语运用能力的提高,促进合作交往技能的全面发展与提高。朱淑华(2013)对高校英语教师学习共同体的交互主体性进行了研究,认为教师学习共同体强调人与人之间合作程度的紧密、精神意识的同一性、归属感的强烈性和社会团体的认同性,指出教师学习共同体是典型的合作文化中的学习型组织,该组织要求成员有共同的愿景,在合作中改进教学和自身学习,不断进行反思性的专业探究。郭燕和徐锦芬(2015)对大学外语教师专业学习共同体建设的有效性进行了探索,发现共同体建设对教师专业发展有积极的作用,这是建立在共同体内有效的人际互动与尊重、教师个人实践性知识的传播、课程改革及改革对普通教师的赋权等基础上的。在此基础上,作者进一步探索了共同体建设对教师教学能力的促进作用,指出共同体建设过程中以有效教学为核心的互动、合作与交流和普通教师的被赋权与专业自主是促进教师教学能力发展的根本因素(郭燕,徐锦芬,2016)。刘乃美和张建青(2016)就教师学习共同体中隐性知识的显性化开展了研究,探索了促进共同体成员学习和专业发展的具体思路和方法。随着信息技术在外语教育领域应用的增加,有的研究考察了英语教师在虚拟实践共同体中的专业成长(王琦,富争,2011;张杰,林丽,2012;武和平,高军德,等,2013)。

纵观相关文献,我们认为外语教育领域中关于教师专业学习共同体的研究取得了一定的成绩,但总的来说,国外针对外语教师学习共同体的研究还相对匮乏,国内已有的相关研究则存在着实践层面过于笼统空泛,没有深入探讨共同体建设过程中促进教师专业发展的具体举措,多数研究对教师专业发展效果的验证往往只是用宽泛的表述来概括,缺乏系统的定量或定性数据支撑

(郭燕,徐锦芬,2015),以及针对地方高校大学英语教师学习共同体的研究还不多见等问题。基于此,本研究基于临沂大学大学英语教师专业学习共同体建构和发展历程,探讨如何促进外语教师的专业发展能力,力图为地方高校外语教师专业发展摸索一种新模式,开辟一条新途径。

5.6 地方高校大学外语教师自主学习共同体建构与发展

5.6.1 研究背景

教师专业发展既要有教育政策的保障,又需要教师拥有自我发展的意识和追求卓越的精神。一方面,教师自主首先体现在要对自己的专业发展负责,要有一种强烈的自主意识,成为自身发展的主人(郭元婕,鲍传友,2006;顾佩娅,2008)。另一方面,教师不能坐等各项教育政策、教育管理机制的健全完善,然后再来从事教师应承担的职责,教师的专业发展都是教师在自主、自助、合作中实现的(龙宝新,2013)。现代社会是一个竞争与合作并存的社会,合作既是一种素质也是一种智慧,教师发展同样离不开同行、专家的帮助,需要在与他人、与教师团队和学生的合作中进行,这是教师发展的必由之路。因此,建构教师专业学习共同体是促进教师发展的有力平台。只有为教师搭建自主和主动学习的生态环境,促进教师之间的合作、交流、知识共建共享,才能实现教师发展模式、手段和内容的创新,促进教师的全面协调发展。

如前所述,地方院校是我国高等教育的主力,其发展水平在很大程度上决定了我国高等教育的发展水平。高校教师是高校发展的中坚力量,只有不断提升高校教师的专业水平,才能促进地方高校科研和教学水平的提升,因此,提升地方高校教师专业发展水平是高校建设的核心内容之一。为了建立一支高素质的教师队伍,临沂大学外国语学院多年来一直致力于教师专业发展的探索,制定各种优惠政策,鼓励教师开放视野、提升自身素质。2011 年 11 月,大学外语部四名骨干教师参加了由中国外语教育研究中心和外语教学与研究出版社主办的全国大学英语教师团队建设与互动发展研修班。研修班对大学外语教师进行了从理论到实践的培训,对互动团队建设和行动研究中应该注意的事项等进行了提醒。在学院领导的鼓励下，我们于 2012 年先后成立了 ESP 教学团队、竞赛服务团队、翻译教学团队等。各团队共同学习教师专业理论知识，共同探讨教学中遇到的问题，通过举办座谈会、学术研讨会等形式，促进教师专业发展，取得了一定的成绩。

经过几年的教学改革，我们发现，参与每个团队活动的成员多数来自于同一个教研室，从某种程度上来说，教师团队等同于以前的教研室课题研究项目小组，团队的运行机制和以前的教研室管理制度没有多大的差别，学习活动常常受制于行政管理，教师的积极性和参与性并没有充分地发挥出来。基于这些原因，随着网络信息技术的发展，我们通过深入学习教师专业发展的内涵与特点，于 2014 年自发组建了由外国语学院大学外语部一线教师组成的，在知识、职称、年龄等方面结构合理、具有梯队特点的教师专业学习共同体。该组织不同于教研室和课题研究小组，它的建立基于以下三个原则：(1)自发性。与其他的行政组织不同，它是教师自愿参加的，不是因外部的强迫或命令而组建起来的，这确保了参加教师具有相同的专业发展目标。(2)自治性。共同体的规章制度和工作计划是全体成员共同制定的，这保证了共同体是通过民主管理运行的，具有民主化的氛围。(3)约束性。每位教师一旦加入，就既要承担一定的责任和义务，也有享受共同体知识的权利。

霍德(1997,p.29)为专业学习共同体的建设设计了五个维度。第一，支持与共享的领导。校长或者院长要抛弃领导万能的思维，通过分布式领导和教师共享领导权，让教师参与研究学校改革的策略和促进学生学习的方法，与教师共同决策。第二，共同的价值观和愿景。共同体全体成员拥有共同的愿景和目标，并全程参与其开发和实现，共同努力，共同进步。第三，协作学习。教师通过协作交流的方式，进行反思性对话和探究，共同探讨促进教师自身发展和学生学习的方法及策略。第四，支持性条件。拥有组建共同体所需的物质条件和人文条件。物理条件如教师何时、何地、如何定期聚集在一起组织学习、共同解决问题、共同进行决策等；人文条件涉及教师对学生、领导、教学改革的意念，对终身学习的向往和兴趣，以及对待学生和同事反馈意见的态度等。此外，管理者的支持、同事间的信任和配合都是人文条件的内容。第五，共享的个人实践。教师就教学中的相关问题共同讨论，互相交流，共同制订科学合理的教学安排，观摩彼此的课堂教学，并适时给予反馈；共同探讨改进教育教学的行为，共享学习资源，以相互支持与相互促进的心态进行各自的教学实践，形成一个相互影响、相互促进的群体。

按照教师专业学习共同体的上述五个维度，我们针对大学外语教师专业发展的诉求,确立了提升大学外语教师的教学和科研能力、促进教师专业发展的总目标,建构了教师学习共同体研究的总体框架,如图 5-4:

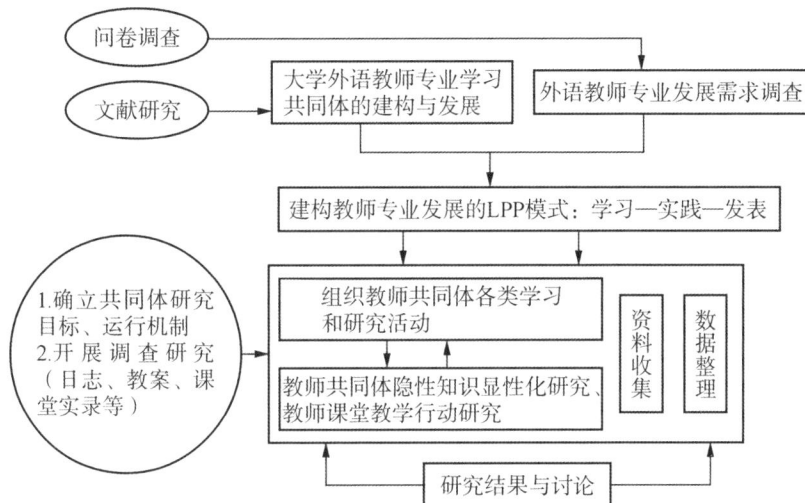

图 5-4 教师学习共同体研究的总体框架

5.6.2 教师学习共同体建设和发展的保障

教师自愿加入教师学习共同体,并不意味着它是一个松散的组织。教师专业学习共同体是一个生命系统,它的健康发展需要一系列的规章制度作为保障。

1.确立共同体的运作机制

胡弗曼和海普(2006,p.3)指出,专业学习共同体的形成需经历发起—执行—制度化的过程。我们按照该过程以及霍德提出的学习共同体的五个维度要求,制定了教师学习共同体运作的流程,如图 5-5。

2.建构教师专业发展的 LPP 模式

通过对教师专业学习共同体相关文献的探讨,我们认识到,教师专业发展包括相互衔接的学习、实践和发表三个阶段,且每个阶段都是后续发展的依据和基础,因此,我们确立了"学习(Learning)—实践(Practice)—发表(Publication)"(LPP)的教师发展三阶循环模式,如图 5-6:

在"学习"环节,我们会开展各种学习活动,如自主学习、合作学习、"师徒传授"、专家引领学习、为教师提供外出参加学术会议和学习的机会等。在学

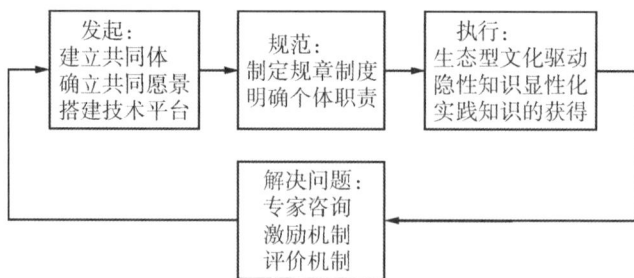

图 5-5　教师学习共同体运作的流程

图 5-6　教师专业发展的三阶循环模式

习中强化教师专业发展的基础,弥补教师在教育教学、科学技术以及社会文化方面的不足。开展阅读活动,帮助成员掌握必要的知识,引导他们关注教育中的问题,查找自身教学能力和优秀教师之间的差距。通过教学现场观察,鼓励成员对专家或同行教学进行模仿,开展知识的学习和分享活动。

没有实践的知识是他人的知识而非"我"的知识。在 LPP 模式的"实践"环节,我们通过开展课堂行动研究来巩固和发展"学习"阶段的成果。在行动研究中,研究者与实际工作者通过合作促使教师个体在理论学习和反思中不断提高自身的研究能力、理论分析能力和教学实践技能,从而促进教师自我完善和专业自主发展。

在 LPP 模式的"发表"环节,共同体指导教师对"学习"和"实践"阶段获得的知识和经验进行反思和总结,把研究的成果以研究报告、教育叙事、教学日志、教学课例、学术论文、学术专著等形式进行"呈现"或"发表",实现共同体知识的共享与转化,锻炼教师的思维和表述能力,提升教师的科研能力。

3.制定教师学习共同体发展的保障制度

(1)确立共同体成员的精神纽带——共同愿景

愿景是激励教师不断学习的动力,它能产生巨大的驱动力和凝聚力。教师学习共同体的所有活动都围绕着教师发展的共同目标而展开。我们确立的大学外语教师学习共同体的最终目标:一是解决外语教师长期处于专业发展的隔离状态这一问题,通过合作式、协商式的学习和研究模式促进教师之间的互动,突破教师职业教育发展的"高原期";二是改变我国外语教育理论研究脱离课堂教学实践的现状,促使教师在行动研究中解决教学问题,提高一线教师的教学和科研能力,以及研究者理论联系实际的能力。我们制订了长期目标和短期目标。短期目标希望通过解决课堂关键问题,提高课堂教学质量。短期目标的设立让每位成员在活动中不断体验到成就感,了解共同体的价值与方向,并不断证明个体存在的理由与意义,这也是促使教师积极参与活动的动力。长期目标是提高每位教师成员的教学和科研水平,促进其专业发展。两个目标均满足了每个成员的需求和兴趣。

(2)建立共同体发展的"培养基"——生态型的共同体文化

组织文化是共同体的根本,是发展、合作、共享的精神支柱,它能够对共同体成员的行为方式产生持久、内在的影响,离开组织文化的支持,共同体形同虚设。教师的专业发展需要一定的文化环境,离开了教师工作和生活的文化生态环境,教师发展就难以推进。教师自主并不排斥教师间的合作,相反,合作有利于提高教师的自主发展能力,教师是通过个体学习和合作学习实现专业发展的。正如学生的自主学习本身并不排除教师的介入,在教师的帮助下学生能更加高效地实现自主学习,教师自主也可以通过与同事合作来实现。为了构建生态型的文化氛围,我们以对话协商的方式组织了各种活动,如听课评课、观看优秀教师课堂教学录像、文献阅读、专题讲座、分享教学反思日记和反思报告、外出参加研讨会等。通过深度合作和知识共享,促使成员进行情感与认知互动,在民主、合作的学习氛围中与环境展开有意义的对话,围绕共同目标打造和谐互动型集体,通过成员的互动,建立支持共同体发展的良好系统。同时使每位成员不断汲取智慧和力量,感到教师共同体是一个温暖而舒适的"家",体验一种归属感和安全感。在共同体作为"培养基"的支持滋养下,提高教师的积极性和创造性,为学习共同体的知识共享创造良好平台。

(3)制定共同体发展的保障——共同体活动的规章制度

没有规矩难成方圆,基本的组织规约有利于打破成员的自我防御心理,促进彼此之间的信任,为知识共享构建一个无形的平台。每位教师需要了解,一旦加入共同体,相应的责任和权利就会产生。为此,我们制定了一系列的规章制度,这些规章制度是共同体成员共同协商制定的,是大家的"契约"。包括共享原则、协商原则、听评课原则、师徒传授制度和扶持原则等等。

共享原则是共同体建立的一个共享机制,该机制明确了个体和共同体的职责,要求每位成员要不断获得新知识并与他人共享。每位教师不只是学习者,一个获益的人,也是一个能对共同体的发展做出贡献的人。教师自愿加入共同体就意味着选择了一种共享的生活方式,参加者有义务把自己在教育教学实践中所发生的故事以及自己的感想说出来与其他人分享,同时也有权利分享其他人的故事和感想。共同体采集每个成员的知识和技能,由此扩充集体的知识和技能,形成集体的知识库,然后将集体知识转化为个体知识,实现共同体文化的再生产。协商原则是指共同体所有的观点、理论、方法、研究过程等都是由全体成员在协商的过程中建构的。协商意味着交谈和对话,交谈包括讨论和深度对话。协商原则促使共同体成员以一种开放、合作、包容的方式进行沟通,以和谐、真诚的氛围促进集体的凝聚力和向心力,使共同体保持长久而健康的发展。在听评课方面,我们制定了严格的保密原则,如确保课堂观察记录和讨论的结果在未经教师同意的情况下不予公开,对课堂教学进行讨论时参与成员都要畅所欲言,绝不允许背后议论别人的缺点或向领导打小报告,汇报别人的缺点等。同时,还要避免阿谀奉承、骄傲自大等行为,这是听评课应当遵守的基本原则。师徒传授制度是指年轻教师在有经验的老教师的带领下,开展理论学习以及听课备课活动,在专业发展过程中接受专家教授的指导。扶持原则是指制定有利于青年教师发展的措施,鼓励和支持青年教师参加各级各类教学比赛和学术科研活动,鼓励他们积极申报各级各类研究项目,为提升青年教师的专业发展能力铺设道路。

(4)搭建共同体运行的平台——良好的网络技术支持环境

网络技术的发展为人们的学习和交流提供了一个便捷的平台,网络学习共同体逐渐成为一种以实践为基础,支持知识创新、意义协商、交流共享、文化传承的重要社会结构。与传统形式的学习团体相比,它既突破了传统意义上的时空、资源、成员等限制,借助于数字化使空间和资源等得到了很大的弹性延伸,也变革了学习和协作方式,为组织松散的教师学习共同体提供了有效的分享、交流、合作平台以及解决问题的机会。

优良的运作环境是保证资源的及时性、有效性、可靠性和可共享性的前提。首先,我们借助临沂大学省级实验中心的技术平台,开辟了教师学习共同体的交流平台,并充分利用博客和 Wiki 系统等网络工具,每位教师建立个人博客。其次,我们利用即时通讯工具,如 QQ、微信、RTX 等,打造了教师能够及时获取信息和交流的空间。最后,我们建立了供教师自主支配的视讯平台和网络教室,为教师提供了优良的知识系统和资源。通过网络和实体相结合的教师学习共同体活动,教师的学习效率和交流机会得到了极大的提高。

(5)建构共同体发展的"动力源"——良好的知识共享奖惩机制

知识共享就是通过各种传播渠道和交流形式,与组织中的其他成员分享个体拥有的知识的行为过程。在教师学习共同体中,对教师知识的管理和共享是共同体的核心目标,实现这个目标的主要途径是在共同体中促使隐性知识显性化以及将隐性知识转化为其他成员的隐性知识。对于高校教师而言,显性知识的共享比较容易实现,但隐性知识的共享存在困难。一方面,虽然信息技术的发展为高校教师的知识共享提供了十分便利的条件,但隐性知识的共享还依赖于人的思想、价值观、体制、文化、环境等因素。另一方面,隐性知识是教师个体的智力资本,教师通过很大的努力使其不断价值化和增值,这也是教师在教学和科研中用以保持竞争力的优势资源。从个人理性的角度来说,教师会在知识共享问题上进行垄断受益和共享受益的比较。因此,隐性知识常常是教师获得学术声望和职称晋升的关键资源,对保持个人在组织中的核心地位起着重要的作用,通常情况下,他们不愿将该类隐性知识与他人共享。此外,有时候教师不进行知识共享,并非本人没有共享意愿或者共享能力缺乏,而是由于对知识共享存在一些顾虑,如担心被他人认为是出风头、抢荣誉,担心因个人观点错误而招到嘲笑,或者反驳他人观点会得罪人等等。所有这些顾虑,都会影响教师知识共享的行为和共享效果。因此,如何让共同体的知识共享达到双赢的状态,进入良性循环,保证知识共享的顺利进行,从整体上提升高校的教学和科研水平,是教师专业学习共同体的一项艰巨的任务。

从心理学的视角来看,人的需求会产生某种行为动机,而动机又会影响人的行动,当人的需求得不到满足时,就会限制人的行为动机。同样,在知识共享的过程中,如果只会带来个人地位的降低和利益的损失,那么教师知识共享行为定将难以进行。因此,要激发教师知识共享的积极性,就必须建立相应的机制,合理有效的激励机制是知识共享和转化的动力源。为了促进教师智力资本的有效转化,保证教师热情的高涨,教师学习共同体对知识的贡献进行了量化,根据个人隐性知识的贡献建立了相应的报酬和奖励机制。对隐性知识传播者给予相应的价值补偿,建立了对教师知识共享的程度和效果进行评估的标准,并把个人知识共享作为教师绩效考核的标准之一。在具体实施中,我们根据教师共享的隐性知识解决问题的效果给予相应的物质和精神奖励,如选派教师进行国内外学习和参加国内外学术交流会、将其评为先进等,并建立按知识贡献分配的激励制度,促使教师个体隐性知识不断转化为教师学习共同体内部的共享知识,使积极进行个体隐性知识共享的成员充分享受个人成就感和发挥利他精神。教师个体在获得物质收益的同时,也获得了被认同感和自我价值的实现。同时,对知识共享不合格的教师进行一定的惩戒。

通过规章制度的建设,教师学习共同体知识共享的氛围、教师知识共享的意愿和能力都得到了保证(如图 5-7),共同体知识共享的结果自然达到了预期的目标。

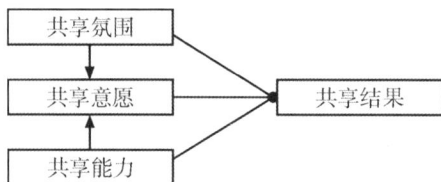

图 5-7 教师学习共同体隐性知识共享的框架

5.6.3 教师学习共同体中隐性知识显性化的研究

知识创造财富,知识的传播与运用是推动社会进步的重要力量。21 世纪是知识竞争的时代,知识的管理也是国家竞争力的一个重要体现,是实现学习共同体知识价值最大化、培育核心能力和竞争优势的一种有效手段,是知识管理的关键部分(石文典,杨丽恒,2009)。而隐性知识显性化是创新创业和保持竞争力的基础和源泉,研究知识的共享问题具有十分重要的意义,这也是知识管理的关键和难点所在。相对于显性知识,隐性知识具有其无法相比的创新价值和知识再生功能。由于隐性知识受多种因素影响,具有自身的特点,是高度个人化的知识,具有转化不力和垄断的倾向,难以编码,因此,教师学习共同体成员自身集聚的大量隐性知识难以得到有效的共享,既浪费了资源,也阻碍了个体的可持续发展。我们在依据教师专业学习共同体建立的共享制度的同时,在共同体的发展中采取各种措施促进隐性知识的显性化。

1.隐性知识的内涵和特征

1958 年,英国思想家波兰尼(Polanyi)在《个体知识》中从哲学的角度首次

提出了 tacit knowledge 的概念,将人类通过活动所获得的知识分为"内隐"和
"外显"两种形式。他指出,人有两种知识,一种是用书面文字、图形或数学公
式表述的,另一种知识则是不能系统表述的,如人们有关自己行为的某种知
识。我们把前一种知识称为显性知识,后一种知识称为隐性知识(tacit
knowledge)(郭秀艳,2003)。国内不同学科领域对 tacit knowledge 采用不同
的译法,先后有"意会知识""内隐知识""默会知识""缄默知识"等,且同一译法
出现在交叉学科中的现象也十分普遍。用"隐性知识"和"显性知识"分别表达
explicit knowledge 和 tacit knowledge,既和谐对称,便于记忆,又富有特色,
故本书选用"隐性知识"这一译法。

　　在波兰尼看来,显性知识是名言知识,又称"可言说的知识"(verbal
knowledge),是一种类型知识,如学习者可以系统地、有意识地进行学习的传
统的描述性语法知识;而隐性知识则是指无法言传,也难以用图像、文字等表
达的知识,或称"前语言知识"(pre-verbal knowledge),是人们在无意识中获
得的,常常以个人经验、感悟、团队的默契、组织文化和风俗习惯等形式存在。
正如谭支军(2015)指出的,隐性知识的获得必须通过个人亲自体验、实践和领
悟,很少能够通过他人的帮助或环境的支持来习得。

　　隐性知识和显性知识共同构成了个体完整的知识体系。两者相比,显性
知识只是"冰山一角",隐性知识则是隐藏在冰山下面的大部分,它在人的整个
认识活动中占据支配地位,对价值的创造和知识的创新发挥着十分重要的作
用。隐性知识的特点有:(1)不可言说性;(2);个体性;(3)情景性;(4)实践性;
(5)文化性;(6)无意识性;(7)相对性;(8)偶然性和随意性(高湘萍,2003;陈茂
庆,2003;谭支军,2015)。

　　按照上述观点,我们讨论一下外语教师隐性知识的内涵。陈向明(2009)
指出,第二语言教师的知识包括外语学科知识、外语学科教学知识和外语教学
实践性知识。前两者可以归纳为显性知识,而外语教学实践性知识则是隐性
知识,它镶嵌在教师日常教学情境和行动的动态知识体系中,以教师的个人经
验和个性特征为基础,符合外语学科教学规律和学生需求。具体来说,它包括
教师的专业技能、教学经验、工作经验等。认知层面的隐性知识包括教师个人
的价值取向、理解力、行为模式以及对人际关系的处理能力等。

　　2.隐性知识显性化的过程

　　知识价值的实现在于流动,知识转化模型的代表性研究成果是思维适应
性控制(Adaptive Control of Thought,ACT)认知模型和"社会化—外在化—
组合化—内在化"(Socialization-Externalization-Combination-Internalization,

SECI)知识转化模型。ACT 模型是美国心理学家约翰·R.安德森(John R. Anderson)于 1983 年提出的。在该模型中，安德森将知识分为陈述性知识(declarative knowledge)和程序性知识(procedural knowledge)。陈述性知识是显性的，是关于是什么的知识，属于事实性和资料性知识，可以直接被描述出来，而程序性知识是关于如何做的知识，即做事的一套操作步骤，常常是隐性的。在二语习得领域，人们认为陈述性知识等同于显性知识而程序性知识等同于隐性知识(陈亚平，曹荣平，2012)。ACT 模型区分了两种知识的表征，重视两种知识转化对语言学习的影响，提出了技能习得的过程：认知阶段(cognitive stage)—连接阶段(associatve stage)—自动化阶段(autonomous stage)。该理论强调两种知识转化的的机制在于练习，反复的练习有助于知识转变的实现。ACT 模型强调的是学习者内部表征和加工过程对第二语言学习的影响，虽然该模型对语言习得的实质与习得过程的理解对外语学习很有启发和指导意义(黄若妤，2002)，但在某些方面也受到了批评，如安德森提出的所有知识最初都是以陈述性的形式存在的观点、该模型核心的产生规则、母语学习和二语学习的差异在于学习者所达到阶段的问题等都引起了其他学者的质疑(张璐，2013)。

在知识管理领域，日本学者野中郁次郎和竹内弘高(Nonaka & Takeuchi，1995，p.22-25)提出的知识创新动态理论 SECI 模型(如图 5-8)得到了广泛的认可。该模型提出隐性知识与显性知识之间的转化需要经历社会化(socialization)、外在化(externalization)、组合化(combination)、内在化(internalization)的过程。

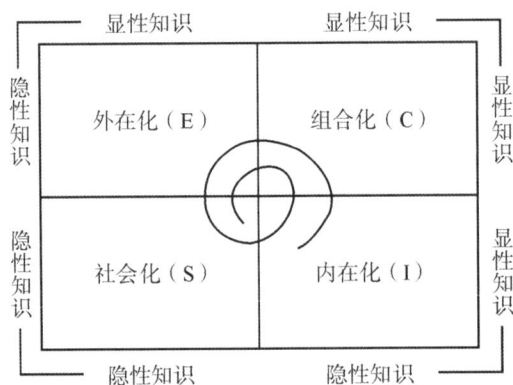

图 5-8　隐性知识显性化的 SECI 模型

该模型强调,隐性知识和显性知识之间存在着一种"连续性",两者之间的区分不是绝对的,可以相互转化。在这个转化过程中,知识的共享、创造与转化是一个动态的、自我超越的过程,是一个开放的、螺旋递增的过程,而不是一个简单的重复过程。从知识动态转化的过程看,知识转移的本质是实现人与人之间、组织与组织之间的隐性知识与显性知识的发送与接收,并且通过中介媒体将发送者与接收者连接起来。在教师学习共同体中,共同体成员从专家教师以及同行那里获取隐性知识,然后以个体的领悟和表现方式将其呈现出来,再将系统化的外显知识与他人分享并教授给学生。在此过程中,教师自身也有了新的收获,按照该流程如此循环往复,不断地积累个体的隐性知识。

3.隐性知识的相关研究

自波兰尼提出隐性知识的概念后,隐性知识就成为教育学、哲学、管理学和心理学等领域的研究热点,特别是知识管理和知识工程领域(郑作龙,等,2013)。国外研究者从不同视角对隐性知识做出了阐述。20世纪90年代以前,国外学者对隐性知识的研究一直停留在理论探讨层面上,他们从不同的角度和背景开展研究,形成了各自的研究传统。90年代后,随着知识经济的兴起,隐性知识的研究逐渐走出了"象牙塔",研究内容开始转向管理科学和应用的角度。外语教育领域的研究主要集中在隐性知识显性化、隐性知识和显性知识在二语习得中的作用两个方面。对前者的研究中主要存在无接口说、强接口说和弱接口说三种观点(顾琦一,2005),它们的分歧主要在于隐性知识能否转化为显性知识和如何转化的问题。针对后者的研究也存在分歧,研究者发现,显性知识和隐性知识对二语习得的各个方面均有不同程度的影响,只是侧重点不同而已。

国内涉及两种知识问题的探讨始于20世纪初的知识管理研究。早期的研究多集中在管理学、哲学、心理学等领域。刘仲林(1983)最早对隐性知识理论进行了系统的研究,他把 tacit knowledge 翻译为"意会知识",对波兰尼的理论进行了详尽的介绍。王德禄(1999)把隐含经验类的知识称为隐性知识,因为这些知识是个体或组织长期积累的结果,难以用语言表达,难以传授给他人。赵士英和洪晓楠(2001)认为隐性知识是高度个体化的,难以形式化,很难与人沟通和分享。进入21世纪,大量的研究涌现出来。郁振华(2001)从哲学的视角研究了默会知识的结构、内容和理论特点等。高湘萍(2003)从心理学的角度对隐性知识存在的理据、特征及意义进行了分析,提出了隐性知识显性化的有效途径。闻曙明(2006,pp.21-68)在研究中提出了隐性知识的存在方式,并从行业领域、个体发展史、主体、功能和内容五个方面对其进行了分类;他认为隐性知识存在于人的大脑中,必须靠自己的感受和实践来获取。在教学实践方面的研究中,赵莉和王荣存(2014)建构了高校教师隐性知识的共享模型和评价体系,认为共享意愿、氛围与效果对教师隐性知识共享有重大影响。程龙(2015)研究了隐性知识显性化在教学过程中出现过度的问题及其原因,并提出了相应的对策。

国内外语界在该领域的研究起步较晚,多数研究集中于对国外理论的介绍与评析以及显性知识和隐性知识与二语习得能力的关系等方面。如顾琦一(2005)从理论角度就国外关于隐性知识和显性知识的接口问题的分歧进行了研究,认为三种接口问题存在分歧的根源在于语言观问题,是天赋主义与行为主义语言习得争论的延伸。陈茂庆(2003)认为默会知识具有文化和个体的差异,它与第二语言在语用学上的运用有着不可分割的关系;他指出学习者应该充分发展和运用默会知识,吸收与学习目标相关的材料,调动各种因素来创造最佳的语言实践环境。陈亚平和曹荣平(2012)整合了巴尔斯(Baars)的全局工作空间理论和安德森的技能学习理论(ACT 模型),创建了外语课堂隐性知识的构建模式,指出有意识的言语输出是显性语言知识作用于隐性语言知识系统的途径。在实证研究方面,曾永红(2009)运用定量研究的方法探讨学生对隐性语法知识的运用情况,发现学生语言水平的高低在隐性知识方面有共性也有差异,与英语水平呈显著的相关关系。苏建红(2011)以显性知识和隐性知识为中介变量,研究了英语学习者个体思维方式的差异对其英语语言技能的影响,发现线性思维与显性知识以及显性知识与隐性知识之间的关系均显著,线性思维通过隐性/显性知识的中介对语言技能的掌握产生影响。苏建红(2012a)进一步研究了二语习得中隐性知识和显性知识的关系,发现显性知识与隐性知识之间有很高的对应度,显性知识的习得及其程序化程度受语言结构自身性质的影响。同时,苏建红(2012b)也研究了外语教学中显性/隐性教学与语言分析能力对二语习得的作用。

纵观相关文献可以发现,以往针对隐性知识的研究多停留在描述其"是什么"的层面,没有就"何以可能"进行深入挖掘,特别是对制约隐性知识转化的因素、隐性知识所涉及的情境等缺乏探究(郑作龙,等,2013)。在教师隐性知识显性化研究中,缺乏对教师内心深处的隐性知识与主体意识的探讨(徐锦芬,等,2014),且多数研究集中在其他学科,以大学外语教师为研究对象、针对外语教师学习共同体中隐性知识显性化的研究还很匮乏。针对这种状况,我们就如何实现教师学习共同体的隐性知识显性化制订了系列措施。

4.实现隐性知识显性化的策略

教师学习共同体建构的 LPP 模式中,"发表"是一种将理论性隐性知识系统化为教师显性化知识的过程,是教师走向教学学术的关键一步。为了更好地促进教师学习共同体知识的共享与转化,我们按照 SECI 模型,结合德裔学者冯·克罗(Von Krogh)提出的关于隐性知识显性化的策略和步骤(策略是:分享隐性知识、创造新的概念、验证提出的概念、建立基本模型与显现和传播知识,步骤是形成知识愿景、安排知识谈话、刺激知识活动、创造适合环境、个体知识全球化等),在如何实现教师学习共同体知识的社会化、外在化、组合化与内在化等方面采取了系列措施(如图 5-9)。在共享转化的每一个过程中,都以提升教师的学习能力、自我反思能力和成果表述能力为目标。

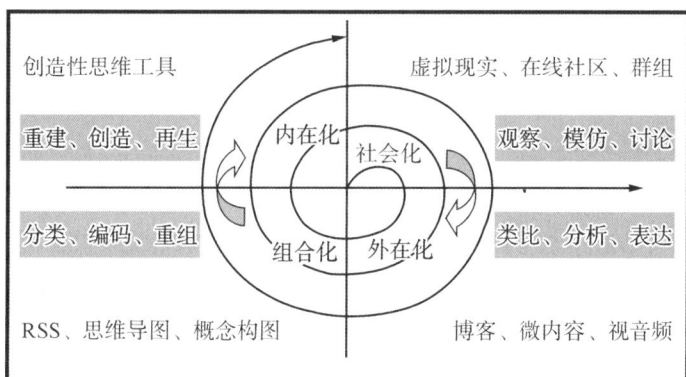

图 5-9　大学外语教师学习共同体知识共享与转化过程

按照该模型,我们开展了促进教师学习共同体隐性知识显性化的策略研究。

1.隐性知识的社会化阶段

社会化阶段(socialization)是指从隐性知识到隐性知识转换的阶段。在这个过程中,共同体成员通过课堂教学现场观察,对专家、同行的教学进行模仿和学习,开展隐性知识的学习、分享和积累。这是隐性知识的输入和知识螺旋循环过程的起点。在此阶段,教师学习共同体主要实施了"师徒制"与教师自主学习相结合的方式。

首先,建立"师徒制"和"以老带新"的培养机制。我们通过传、帮、带的方式让隐性知识丰富的专家和青年教师结成对子,促使青年教师通过观察、模仿和亲身实践,学习专家教师的教学经验和智慧。同时,老教师学习青年教师在知识、观念和技能上的新思路、新理念。在教学实践中,专家教师帮助青年教师解决教学中的困惑和难题,进行面对面、手把手的指导。新老教师通过实践—反馈的方式进行交互活动,互相学习,共同进步。其次,开展阅读活动。共同体定期举办学术主题的讨论和学习,组织成员查阅与学习主题相关的文献资料、自主学习其他成员的博客、阅读下载网络中相关的教学和科研资料,进行广泛阅读。在阅读过程中,教师根据自己缺乏的相关知识和技能进行自我补充学习,遇到问题通过咨询专家教师、小组讨论、网络交流等方式解决,通过个体自主学习提高内隐学习能力。

石文典和李宇龙等(2014)的研究发现,专家教师的内隐学习能力与隐性知识水平显著高于青年教师。通过师徒传授的方式,一方面,青年教师听从专家教师指导并进行观摩和模仿,学习到不一样的教学理念和教学方法,在不知不觉中习得其中的隐性技巧,从而对其自身的教学产生影响,这是青年教师获得专业领域隐性知识的重要途径,同时也可以促使隐性知识在不同的个体之间实现转移与传承。另一方面,拥有隐性知识的专家在对青年教师进行指导的过程中,其垄断的知识会随着知识的流动而逐渐形成共享,源于隐性知识主题的知识节点会因知识的流动而网络化。专家教师在交流过程中实现了知识的更新与经验的积累,青年教师则通过师徒传授的方式,得到了专家个体的隐性知识,丰富了个体知识。隐性知识跨越了时间与空间的壁垒,经过了不断的交流互动,在否定中产生新的知识,实现了隐性知识的最大价值。正如施琴芬和崔志明等(2004)指出的,隐性知识的流动与转移是隐性知识价值化的必要途径,也是唯一途径。

2.隐性知识的外在化阶段

外在化阶段(externalization)是指从隐性知识到显性知识的转化。根据SECI模型,实现教师学习共同体知识创新的最重要过程就是外在化。这是显性知识的生成环节,是知识创造过程中至关重要的环节。在这个阶段,教师个体借助于一定的环境,将在社会化阶段感受的知识和技能,用隐喻、类比、演绎和推理等方式进行表达,将自身的收获、经验、体会等进行归纳整合,对隐性知识进行编码处理,促使其转化为具有逻辑性的外显知识,以文字、图形、数字等手段进行阐述,成为共享的共同体知识,如文档库、媒体库、试题库等。在此阶段,我们采取协商和讨论的方式促进教师个体知识的外在化。

施琴芬和崔志明等(2004)认为,显性知识的交流与传播通过电子工具就能实现,但隐性知识转移的最有效途径是面对面的交流。这种转移是面对面的人与人之间的交流、模仿和观察,是协商式的交流。交流方式有两种,一是讨论,一是深度汇谈。首先,共同体成员之间的讨论和争辩是通过逻辑和证据来进行的,而不是取决于专家的权威,争论是探索更好的解决方法的有效途径。通过讨论,学习共同体才能辨识出那些无可避免要出现的错误和误念。其次,要保持共同体持续创新的学习能力,仅仅通过讨论和争辩是不够的,还需要开展深度汇谈,这是一种更加开放、更具有合作性的沟通方式。它是指共同体成员以面对面的方式谈出心中全部设想,运用推论不断反思、探询他人的思维及行动,与他人一起思考,进入共同思维的状态。这是一种反思性的学习过程,通过深度对话,激发成员觉察被认为是理所当然的一些假设,从而建立互信,形成凝聚力,实现意义的建构。深度汇谈的实施步骤是:(1)悬挂假设,即共同体成员将内心深处的信念、价值观、观点和实践困惑"悬挂"在面前,进行自我剖析,其他成员不指责,不压制,而是令其不断接受探询、质疑与观察;(2)所有成员视彼此为工作伙伴,接受其他成员的询问和观察,倾听别人的见解和经验,反思自己的经验和内隐知识;(3)由"辅导者"来掌握深度汇谈的架构和精义,保持对话的方向性和开放性,引导成员养成深度汇谈的经验和技能,将对话的内容与自己以后的教学活动相联系,并分享自己教学行为的变化(陈雅玲,2011;郑葳,2012,p.216)。

在实施的过程中,我们对共同体成员进行了认知培训,内容包括深度汇谈与对话模式的理论机制、重要性、步骤和要求,特别是如何探询、如何用心聆听以及如何利用推论的四级阶梯进行反思等,同时让每位成员了解深度对话中要避免自我肯定、克服习惯性的自我防卫,否则深度对话就难以继续下去。具体做法包括:(1)在悬挂假设阶段,共同体前期的文化氛围的铺垫使每位成员抛弃了成见或偏见,卸掉了自我防御心理,能够互相、互信的氛围中大胆提出个人的假设,运用反思与探询的技巧,倾听他人的看法,展开对话活动。(2)共同的愿景把每位成员紧密地结合在了一起,生态化的文化氛围加强了成员之间的信任,消除了彼此之间的心理距离。多种观点的碰撞激发出了新的思想和观点,遇到问题时,成员能够以更广泛的视角审视问题,实现了知识的沟通、汇集、融合。(3)根据每次共同体探讨的主题,我们指定每个成员轮流担任辅导者的角色,该角色类似于导演、过程顾问或者主持人,而不是专家。辅导者的任务是掌握深度汇谈的架构和精义,启发或者引导汇谈的方向。因此,辅导者需要在讨论之前做大量的工作,以保证其所提的问题能够引发有待证明的假设或暗示,保证每位成员充分自由地表达观点。深度汇谈极大地促进了成员的领导力、自信心与责任感。

3.隐性知识的组合化阶段

组合化阶段(combination)是指从显性知识到显性知识的转化,这是显性知识传递、共享和吸取的过程,即将外在化阶段所获得的碎片化的显性知识和个体元认知结构相结合,通过归纳、整理、分类,实现知识的系统化,并将系统化的知识进行扩散,与他人交流和分享,最后将显性知识重新进行归纳和整理,形成更为系统和复杂的显性知识。在此阶段,我们采取教育叙事的方式来促进个体知识的共享和重组。

教育叙事是指教师讲述自己日常教育生活中的经验、体验、知识与意义。教师以叙事的方式表达对教育的理解和认识,描述教学中发生的真实事件和感悟。在这个过程中,教师对自己亲历的教育生活进行反思,对教育生活中的细微脉络进行揭示,这是增长实践性知识、表达实践性知识的一种有效方式(张仙,黎加厚,2007)。教育叙事研究是教师专业成长的必由之路。首先,它为教师心声和经验的呈现提供了途径,通过讲述和解释教学活动和教育事件,帮助教师认识自身的经验在职业生涯中的价值和意义。其次,教育叙事能够促使教师成为研究者,因为它是教师以自传的方式研究自己的教学实践活动和事件,这些事件是教师个体的经历,是教师反思的工具,所讲述的事件是发生在课堂教学情境中的结构化故事,教师通过实践取向的研究而成为研究者。最后,教育叙事研究有助于形成反思型实践共同体,教师的故事和经验以研究文本的形式呈现出来,为共同体内的交流提供了经验基础,在共享和交流中,教师需要理解经验的意义及其对他人和社会问题的意义,通过对经验和反思的追问获得新的诠释,形成教师个体和共同体的新的实践性知识。

在具体操作过程中,我们首先对教育叙事的概念、特征、目的、基本要素和类型等进行了培训。教育叙事包括课堂教学、课外教育、教师专业发展、教学研究等类型,我们重点对课堂教学叙事,如课堂关键事件、课堂教学反思日志以及专题教育叙事等进行了研究和学习。然后,共同体成员利用教育技术在博客、微信等网络系统上记录日常教学中的感悟、心得和研究成果,并通过网上阅读和学习,对个体知识进行管理和梳理,形成个体化的知识体系,实现教师知识的重构。在这个过程中,我们体会到,教育叙事具有真实性和反思性的特点。真实性是指所叙述的事件是教师亲身经历的,具有故事情节,叙述的内容是真实的教育事件,是在课堂教学、社会实践、教学研究等活动中发生的典型的事,能够触动心灵,发人深省,也体现了教师的能力水平、情感体验、思维方式、价值观念等。反思性是指在讲述日常教育生活事件的过程中,教师表达了自身对教育的理解和解释,体现了教师教育意识的全面觉醒,虽然是对教师日常教学的叙述,但它超越了日常的教育生活,帮助共同体成员突破了时间、地域和个体身份的界限,其本质是反思和认同,能够促使共同体成员在互动交流中实现深度沟通和碰撞,促使个体反思走向群体反思,实现从肤浅走向深度的思想转变,从而改变教师个体的内心世界。概括地说,教育叙事能够赋予隐性知识声音,是教师专业发展研究的最重要的方法,也凸显了人文关怀(徐锦芬,文灵玲,2013)。同时,教育叙事能让教师看到自己成长的轨迹和内在的专业结构的发展过程。博客具有交互性和开放性的特点,是小型的教师个体知识管理系统。教育叙事与博客是一种完美的结合,把教师的所思所想和数字化交流环境融为一体,为教师发展提供了一个崭新的视角(黎加厚,2004)。

4.隐性知识的内在化阶段

内在化阶段(internalization)是指从显性知识到隐性知识的转化。在这个阶段,个体将综合化阶段获得的显性知识和经验经过汇总和组合、反思和总结,实现知识的形象化和具体化,并通过共同体内个体、群体的吸收和消化,将其运用到教学中,形成个体的隐性知识。这是隐性知识升华的环节,是“做中学”的实践反思过程,既是知识创造、转化和共享的过程,也是一个动态和自我超越的过程。在该过程中,我们采取课堂行动研究的模式促进教师完成个体知识的内在化。

行动研究的代表人物凯米斯和麦克塔加特(Kemmis & Mctaggart,1988,pp.11-14)指出,行动研究是在特定情景、特定地域文化中的实践和研究活动,教师在教学实践活动中验证理论,增强对教学大纲和教学的认识,从而改进教学,更好地诠释和验证教学理论。厄内斯特(Ernest,2013,p.1)认为行动研究是指个体在具体情境中,为了提高对所从事实践的理性认识,开展系统的探究活动,以便解决实践活动中的问题(转引自陈效飞,等,2018)。可见,行动研究是一个行动与研究相结合的过程,在这个过程中,教师在理论的指导下,通过制订的计划,开展即时的行动、观察与反思,从而达到改进实际工作的目的。同时,行动研究是一个不断反思、不断实践的过程,促成这一过程的重要手段是反思。如前所述,隐性知识具有情景性和实践性的特征,隐性知识的获得需要学习者亲自参与到行动中去理解和体验,这种体验需要根植于实践活动的具体情景,因此,行动研究和隐性知识在内在化阶段的特征是一致的。

在具体实施中,共同体成员首先通过共同协商,确立以课堂关键问题为抓手,在专家教师的指导下开展课堂行动研究的方案。在这个过程中,我们采取过程回忆反思、情境模拟、内省等具体策略来完成教师显性知识的内在化过程。过程回忆是指教师借助于背景信息,激活大脑记忆中相近节点的相关信息,使模糊的直觉印象上升到意识层面。情境模拟是指个体努力使自己回到事件发生的具体情境中,借助于熟悉的情境激活记忆痕迹,帮助与事件相关的直觉印象上升到意识层面。内省是指个体根据自己的意志,努力把注意的焦点集中到微弱的隐性知识上,使其显性化(高湘萍,2003)。在整个过程中,反思起着关键作用。教师通过对自身教学行为的质疑和自我挑战,重新审视自己的教育理念、专业自信心、教学策略的运用以及对学生的态度,通过螺旋式的行动研究探索,不断完善自己的知识结构,形成正确的隐性知识,并使之显性化,进而将其开发为可传播的显性知识,在共同体内交流和讨论。同时,教师在自身教学情境中发现问题、解决问题,在基于课堂问题的探索中寻找专业权威,这一做法促进了教师对教学的掌控和自主权能的实现,使其能体验到对教学的支配感和拥有感,并实现自身潜能的增长。

需要指出的是,隐性知识显性化的四个阶段之间没有绝对的界限,彼此之间是一种相辅相成、融为一体的关系,而教师的自我反思和彼此之间的互动是每个阶段知识转化的催化剂。共同体组织的学术研讨、师徒结对、专家引领、同行交流等活动是隐性知识显性化实现的平台,也是知识创新的关键。共同体采取的每项具体措施不是孤立的,上述内容只是每个转化阶段中最显著的特征和策略。表 5-3 对该过程及效果进行了简单的归纳:

表 5-3 教师学习共同体隐性知识显性化的简化过程

隐性知识转化阶段	知识转化表现	知识转化典型模式	共同体活动	成员的感悟(摘自博客与微信)
社会化阶段	隐性知识 ↓ 隐性知识	师徒传授 自主学习	1.建立 QQ 群、微信群,在群内咨询专家、同行,参与网络互动 2.实行师徒制,按照传帮带的模式观摩专家、优秀教师、同行的教学视频 3.阅读和学习维基、博客等网络资源,开展自主学习	团队专家具有渊博的专业知识和丰富的教学经验,从不有所保留,有求必应,有问必答。跟随他们,我的专业知识、育人理念都有了长足的进步,也开始了解如何进行学术写作了。
外在化阶段	隐性知识 ↓ 显性知识	协商交流 深度汇谈	1.提高成员自信心 2.专题讲座、学术沙龙等互动活动 3.学习"左手栏"探询技巧 4.学习推论的四级阶梯技术 5.利用网络与专家、同事对话,寻求帮助,探讨问题	通过"金鱼缸"和"录像金鱼缸"的游戏活动,我找到了自信心,学会了如何思考问题,如何辨别进行推论。通过这样的活动,我学会很快理清问题的根源,及时地进行修正,教学效率提高很多。

续表

隐性知识转化阶段	知识转化表现	知识转化典型模式	共同体活动	成员的感悟（摘自博客与微信）
组合化阶段	显性知识↓显性知识	教育叙事	1.关于如何进行教育叙事的培训 2.课堂关键事件的叙事 3.课堂教学反思日志 4.学期专题教育叙事 5.在博客上发表自己的教学成果和研究论文	教育叙事活动帮助我了解了自己的教学行为和长进。学期结束，回过头来再看时，真的感觉自己在不断成长。自信和学习动力更强了。
内在化阶段	显性知识↓隐性知识	过程回忆 情境模拟 内省	1.开展行动研究 2.做学术报告 3.在博客上撰写教学日志 4.在 QQ 群里发表看法 5.利用微信、QQ 等交流感悟	下课后我都习惯性地回顾这节课中满意和不满意的地方。记下满意的地方，提醒自己继续保持，对于不满意的地方，我会思考问题出在哪里。针对这些问题，虚心向别人请教，寻找解决办法。极大地提高了我的反思能力。

通过对隐性知识显性化的研究，我们认为共同体建设和发展的重要目标是知识管理。实现隐性知识的共享并非一日之功，需要从文化背景、共同体成员心理、学校制度和网络技术环境等方面开展细致的研究。共同体发展的动力源是全体成员拥有的共同愿景，其培养基是生态型的文化氛围，共同体知识增值和创新能力的保障来源于知识共享的激励机制。在隐性知识显性化的过程中，教师是隐性知识的载体，是创造隐性知识的内生力量；网络技术促进了隐性知识显性化的进程，是隐性知识转移的重要维度。在经历了社会化、外在化、组合化、内在化这四个隐形知识显性化的阶段后，共同体内实现了个体与个体、个体与共同体之间隐性知识的传递。对教师个体而言，学习显性知识并将其内化为隐性知识，是人力资本投资和形成的方法；对共同体而言，将显性知识转化为隐性知识的过程是培养核心竞争力的重要途径。

通过几年的努力，我们建立了一个互动、合作、包容的教师学习共同体。生态取向的共同体文化使共同体成员在互信、互敬、互助的情感氛围中坦诚地讲述教学中的困惑与问题，敢于提出自己的见解。通过倾听、商谈、反思等手段，对自己的教学进行解构，并借助共同体研究者与教学经验丰富的教师的鼓励和引导，关注自身教学能力在课堂环境中的动态发展，在和谐、共享的文化氛围中不断成长。共同体的建立一方面促进了教师的反思能力,使教师的知识和理念有了较大的提高。通过专题讲座、文献阅读、成员之间的交流、课堂实践、撰写和分享教学日记和报告等活动,教师的反思能力得到了极大的提高,能够主动地交流,互相学习,共同探讨教学中遇到的各种问题。同时,这些活动也使教师自身内在的隐性概念得到了提高,加深了教师对教育理论的理解和认识,丰富了教师内在的知识体系,使教师内隐理论和外显行为相结合的水平不断提高,并在教学中不断体现出来,教师的教学认识和教学行为由此而发生变化。另一方面,一线教师的科研和教学能力也得到了初步的提高。教师个人开始主动学习和借鉴相关理论,结合教学中的实际问题开展研究,并积极申报、参与各级各类课题的研究。

5.7　启示

当代社会是一个竞争与合作并存的社会。教师的专业成长若只依靠自身力量,发展到了一定水平后往往会呈现出"高原"状态,难以实现突破,如果有集体的专业力量支持,有"合作""平等""共享"的组织原则,就会形成"水涨船高"的发展态势(文剑辉,2017)。合作既是一种素质也是一种智慧,没有合作意识和合作能力的教师是根本无法完成真正意义上的教书育人的使命的。因此,教师的专业发展需要与同行(同事)的协作、与学生的合作,这是教师专业发展的必由之路。

教师学习共同体的建立既符合时代的要求,切实可行,也满足了教师发展的诉求。它建立在教师之间的对话、合作、分享、互动的基础之上,这种文化力量一旦作用于教师身上,就会对教师的心灵成长产生潜移默化的影响,加速大学外语教师专业的蝶化发展,不断推动个体与群体的共同发展,进而促使区域教育焕发出新的生机与活力。

教师学习共同体建设的顺利开展,既要结合本地区教师专业发展和教学实际情况,还需要有下列保障条件:(1)共同体的学缘结构、年龄结构、专长特点等要科学合理;(2)在教学任务繁重、科研成果作为教师业绩评价指标的大环境下,参与成员要积极参加共同体的各项活动,在没有经费支持的情况下,要有乐于无私奉献的精神;(3)要有足够的时间组织成员进行情感和认知活动,建立安全感、信任感;(4)共同体的建立和发展需要学校政策和有关领导的支持。

第六章　大学外语教师专业学习共同体之课堂行动研究

　　行动研究是在 20 世纪后半叶研究方法的革命中出现的。它是一种质化研究方法,是融教育理论与教育实践于一体的教育研究模式,现已应用于多个学科领域。国内外的研究证明,行动研究是建构教师知识、提高教学效能、提升教师专业发展能力、推动教师专业发展的有效途径。具体来说,行动研究能够促进教师思考,帮助教师解决教学现场的问题,改革教学实践活动,同时影响学生的学习效能。本章是在教师专业学习共同体理论指导下的课堂行动研究。

6.1　行动研究的起源与发展

　　最早把"行动"和"研究"这两个不同范畴的概念联系起来并进行研究的是美国学者科利尔(Collier)。1933 年至 1945 年,他担任印第安人事务局(Bureau of Indian Affairs)局长,为了改善印第安人与非印第安人之间的关系,请局外人士参与到他和他的同事的合作研究过程中。他称这种方式为"行动研究"。1946 年,社会心理学家库尔特·勒温(Kurt Lewin)在《行动研究与少数民族问题》一书中阐述了行动研究的目的、方法、步骤、功能和实践模式,正式提出了此概念。勒温认为"没有无行动的研究,也没有无研究的行动"。作为一种研究方法,行动研究对当时的美国社会科学各领域的研究产生了很大的影响。1953 年,斯蒂芬·科里(Stephen Corey)将行动研究介绍到教育领域。在《以行动研究改进学校实践》中,科里强调了行动研究的重要性,提出遵循某种科学方法的正规研究对教育的实际影响是很小的,而行动研究却可以使人们看到教育领域的诸多变化。随着行动研究概念在教育领域的扩展,教育研究实现了从行为到心理、从外显到内隐、从局部到整体的转变。

行动研究历经了兴起、衰落与复兴的演变过程。20 世纪 40 年代,理论和实践的分离以及由此造成的理论研究的空洞、实践效果低下等原因促使了行动研究的产生。60 年代,行动研究逐渐走向衰落,60 年代中期"研究—开发—推广"(RDD)模式的创立和推广,造成了理论与实际的脱离,致使行动研究停滞不前。受该模式的影响,在专家与教师的合作研究中,专家往往把自己与教师的责任分割开来。他们期望能从知识者的角度获得纯客观的、超出个别具体现象之上的一般知识,因而与常态下的课堂实际、学校生活有了距离。研究者常采取居高临下、单向指示式的研究方法;而教师则以个人的经验作为依据,对理论研究不关注。70 年代初期,行动研究再次兴起,许多学者,如劳伦斯·斯腾豪森(Lawrence Stenhouse)、约翰·艾略特(John Elliott)、斯蒂芬·凯米斯(Stephen Kemmis)等人通过不断改进和完善,使行动研究在英国、澳大利亚等国的教育领域迅速得到推广,其内涵更为清晰和充实,人们渐渐意识到这种研究方法的独特之处。行动研究不止局限于某一学科或流派的知识,它能够主动采纳各种有利于解决问题、提高行为质量的经验、方法、知识、技术与理论。行动研究重视实践工作者对于具体问题的感受、认识和经验。研究者能够深入实践活动中去,通过实践检验理论和方案的有效性与可行性。大桥正夫(1980,p.13)曾预言:"可以说行动研究法将会构成教育心理学研究法的主流。"

总的来说,自 20 世纪 40 年代科利尔和勒温在心理学和社会学领域提出行动研究以来,经过第二代如斯蒂芬·科里、A.斯腾豪森(A.Stenhoure)、J.施瓦布(J.Schwab)等以及第三代如 D.舍恩(D.Schon)、约翰·艾略特、斯蒂芬·凯米斯等倡导者的共同努力,到如今,行动研究已经发展成为一种十分有影响力的研究思潮。从行动研究经历的兴起、衰落和复兴的演变过程,可以看出行动研究能够拉近理论与实践的距离,是连接理论和实践的桥梁,因其能有效地解决实践中的问题而得到广泛的应用。

6.2　行动研究的内涵

行动研究的理论背景及实践较为复杂,学者们在不同的侧面对它的内涵特征进行了探讨,至今还没有统一的界定。

最早提出行动研究概念的勒温认为,行动研究是将科学研究者与实际工作者的智慧和能力结合起来以解决某一问题的研究方法。行动研究理论的主要代表人物凯米斯和麦克塔格特(Kemmis & Mctaggart,1988,p.5)认为,行动研究是一种自我反思方式,其最基本的特征是将行动与研究结合,在实践中验证理论。社会工作者和教育工作者通过反思来提高对自身所从事事业的理性认识,对自身的工作过程和环境做出正确评价。作者还(1988,pp.11-14)指出行动研究是一种螺旋式自我反思的行为过程。教育工作者在实践中验证理论、改进教学,以增强对教学大纲、教学和学校的认识。艾略特(1991,p.19)指出行动研究是实践者在实践中进行的研究,是由社会情境的参与者所进行的探究,旨在增进理性和正义行动的自我反省。作者认为行动研究的最终目的是对复杂的实践活动形成总体的实践智慧,这种整体的智慧能帮助人们清晰地理解和阐释认识过程中遇到的问题。努南(Nunan,1992,p.63)概括了教学行动研究的基本特点,即教育者在实践中探讨新的观点和方法,提高对教学大纲和学习过程的理解与认识,目的是进一步改进教学质量。舒尔曼(1987)认为行动研究旨在帮助实践工作者省察教育理论与实践之间的联系,将研究行为整合到教育背景中去,使研究能够对实践的改善起到直接而迅捷的作用,帮助实践工作者成为研究者,拉近研究者和实践工作者之间的距离。华莱士(2000)把行动研究表述为对日常教育工作进行系统的数据收集和分析,以便对未来工作做出合理决定的过程。

在教育领域,多数研究者认为行动研究是指教师对自己的教学行动进行系统的观察和反思,通过发现问题、提出问题,最终解决问题。在解决问题的过程中分析和评估教学效果,继而发现和提出新问题,使教学研究持续发展和循环,达到改进教学方法、提高教学效果的目的。目前,人们普遍接受的行动研究的概念是凯米斯在《国际教育百科全书》中从教育的角度提出的定义,即"行动研究是由社会情境的参与者为提高对自己所从事的社会或教育实践的理性认识,为加深对实践活动及其依赖背景的理解所进行的反思研究"。

在理论研究方面,行动研究的归属问题至今没有统一的认识。艾略特认为行动研究是一种取向,凯米斯把它归结为一种研究方式。有的研究认为行动研究是一种研究过程,一种专业实践形式,对教师来说是一种反思性教学方式(Arhar,Holly & Kasten,2002,p.9)。我国研究者朱永祥(1991)认为行动研究是一种研究模式,邹芳(1994)提出它是一种值得推广的教育研究方法,董树梅(2014)则将其论证为一种研究范式。广义的行动研究是实践者用来改进自我实践的,一种系统的、科学的探究活动。在教育场域中,行动研究是指教育工作者与研究者互相合作,在具体的教育情境中,以解决教学实际问题为目的的一种教育科学研究。它反映了教师在行动研究中的主体地位和实践的理性化,主张教师与理论工作者共同参与研究过程。因此,行动研究既是一种科研方法,也是一个研究与行动结合的过程。在该过程中,研究者在先进理论的指导下,制订可修改的实践计划,开展即时行动,通过观察与反思,达到改进实践工作的目的。

6.3 行动研究的特征

传统的应用型研究的目的是为理论提供应用于实践的潜在可能,传统的基础研究则旨在发展理论本身,强调因果关系的对照、结果的重复(即研究的可靠性)和对可衡量结果的系统分析(即验证假设)。与这两种研究不同的是,行动研究的研究结果是用来改进实践的,它是一种有明确目标的、干预式的研究方法。因此,无论基础研究还是应用研究,聚焦的都是理论重要性的问题,而行动研究则关注实践中出现的问题。凯米斯和麦克塔格特(1988)总结了行动研究的三大特点:(1)由教学第一线教师参与;(2)具有合作的性质;(3)探究的目的是解决教学中存在的问题,改变现状。支永碧(2008)把行动研究的特点归纳为:(1)参与性、批判性;(2)反思性、调节性、评价的多元性、反馈的及时性;(3)灵活性、开放性、研究方法的兼容性;(4)主体性、特殊性;(5)合作性;(6)务实性;(7)循环性、实验性、动态性;(8)微观性、针对性、可操作性;(9)系统性。作为研究方法和理论联系实践的桥梁,行动研究的主导思想是引导教师通过观察与反思,利用教学理论和方法对课堂上遇到的问题进行分析和研究,并采取一定的行动加以解决,目的是提高教学效果,达到教师与教学的同步发展。概括地说,行动研究的基本特征主要包括:

1.双主体性。教师既是教育教学实践的主体,又是教育教学研究的主体。其研究课题来源于教师本身的需求和具体的教学实践活动,也就是说行动研究者研究的是自身的实践,而不是他人的实践。从事研究的人也是应用研究结果的人,即研究结果的应用者也是研究结果的产生者。

2.行动性。教师的行动研究是对"行动"进行研究,是在"行动"中进行的研究。其研究策略是在真实的课堂教学环境中,一边教学一边研究。即教师在发现问题、思考问题、解决问题的过程中,自始至终不脱离教育教学工作,教师研究的情境就是教师工作的实际环境,研究工作与教学工作有机地融为一体,教学的过程就是研究的过程,追求研究结果的及时反馈。

3.理论与实践的结合性。行动研究的首要目标是解决教学实际问题,提高教育质量。它并不追求得出系统的理论,建构理论体系,但重视理论对解决实践问题的价值,力求解决教师在特定的工作场景遇到的真实问题,为实践提供一个基本框架。

4.合作性。行动研究强调研究者与研究人员及其他教师的合作,提高研究的客观性和可靠性。

行动研究的特点为解决我国目前外语教师迫切需要发展专业技能,但培训手段陈旧低效的矛盾提供了可能。它是一种系统性、反思性的探究活动,由教师直接参与发现自己教学中存在的问题,并按步骤对这些问题开展深入的调查研究。目的在于不断改进教师的教学实践,取得最佳的教学效果,提高教师对教学过程的理解和认识(王蔷,2002)。行动研究强调研究者的主动参与,促使研究者对日常工作中视而不见、习以为常的事物进行用心观察,并进行改革,以便改进教学行为,提升个体的行为意义。同时,行动研究还鼓励研究者与教师之间进行群体合作,在合作中提升课堂教学质量。

6.4　行动研究的过程模型

行动研究的过程具有开放性的特点,它不十分强调研究计划的严密性,也不十分强调研究过程中控制的严格性,允许在实际工作中对研究方案进行不断的修改与完善,这就导致了研究者们对行动研究具体过程的不同阐释。

麦利夫(McNiff,1988)提出了行动研究的五个步骤:(1)教师通过对教学实践的反思,意识到存在的问题;(2)提出有针对性的解决办法;(3)制订与实施教学方案,以期解决该教学问题;(4)评价教学行动结果;(5)在分析、评价的基础上,重新确定教学问题,并进行下一轮研究。

斯特林格(Stringer,1996)将行动研究的过程描述为相互作用的螺旋过程,认为行动研究是一个"简单而功能强大的框架"。该框架由观察、思考与行动组成。在行动研究的每个阶段,参与者都要观察与反思,然后做出行为调整,进入下一个阶段的研究。

卡尔霍恩(Calhoun,1994,p.127)认为行动研究不是作为螺旋过程出现的,而是一个建立在周期性概念基础上的过程,如图 6-1。其中实线代表行动研究阶段的主方向。虚线表示作为细化与澄清信息的向前或向后的运动。

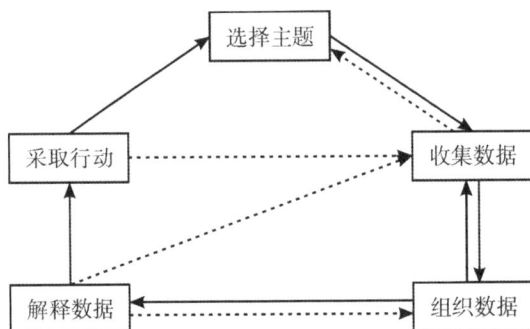

图 6-1　卡尔霍恩(Calhoun,1994)行动研究过程模型

阿尔特里希特、珀施和索梅赫(Altrichterr,Posch & Somekh,1993)的研究模型表明,行动研究以一个起点为开端,通过对话和访谈以及其他搜集资料的方法收集相关资料,然后对资料进行分析,厘清情境,随之开发行动研究策略,并把策略付诸于实践。通常行动研究策略无法直接解决问题,研究者要检查所做过的行动,从经验中学习,从而进一步改进行动策略。

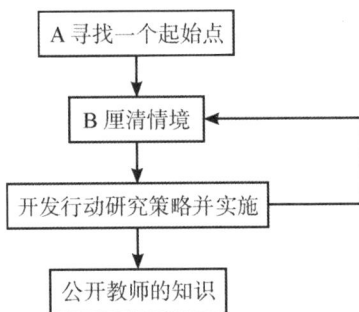

图 6-2　阿尔特里希特、珀施和索梅赫(Altrichterr,Posch & Somekh,1993)的
行动研究过程模型

凯米斯和麦克塔格特(1988,pp.11-14)把行动研究步骤分为:(1)计划,即设计一个研究方案以改进现状;(2)实施,即把这个方案付诸实践;(3)观察,即观察并记录实施这一方案的效果;(4)反思,即在实施过程中进行反思,分析、评估结果,并在此基础上设计下一步的研究方案。

伯恩斯(Burns,2011)以凯米斯和麦克塔格特的模型为基础,把行动研究分为两个循环过程,以展示其互动和循环的特点,如图 6-3:

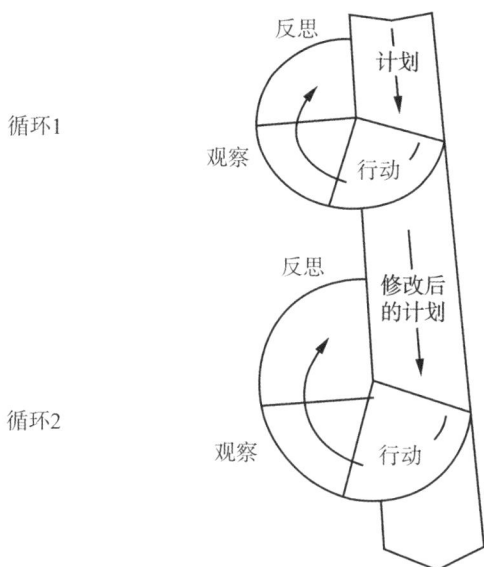

图 6-3　伯恩斯（Burns,2011,p.10）的行动研究循环模型

国内学者王蔷（2002,p.13）认为行动研究的实践过程一般经历以下步骤：（1）发现问题、提出假设、初步调查、确认问题；（2）制订行动方案或改进措施；（3）在教学中实施这个方案；（4）在实施中根据观察和反馈调整计划；（5）分阶段、有计划地收集数据；（6）分析数据、反思过程、评价效果；（7）撰写行动研究报告。

文秋芳和韩少杰（转引自 Burns,2011,p.xiii）分析了伯恩斯对行动研究的描述，认为其描述不完整、缺乏动态感。针对大学英语教学中的行动研究，文秋芳（2011）提出行动研究是由外在的三种活动和内在的四个具体环节组成的不断循环的过程。

从上述分析可以看出，各个模型有所不同，有些模型设计较为复杂，另一些相对简单。但各种模型都具有许多相同的要素，都表明行动研究是一个动态的过程。无论哪种模型，都是从核心问题或者主题开始，都是教师在对当前实践进行观察与监控的基础上，收集综合信息和数据，最后，某种行动被执行，并作为下一个阶段行动研究的基础。即计划、行动、观察和反思四个步骤。具体来说，行动研究可以分为以下步骤：（1）计划，即确定教学过程中某一亟待解决的问题，对其进行分析，并制订出解决该问题的计划；（2）行动，即把计划付诸实践；（3）观察，是对计划实施过程和结果的观察，可采取访谈、问卷、课堂观

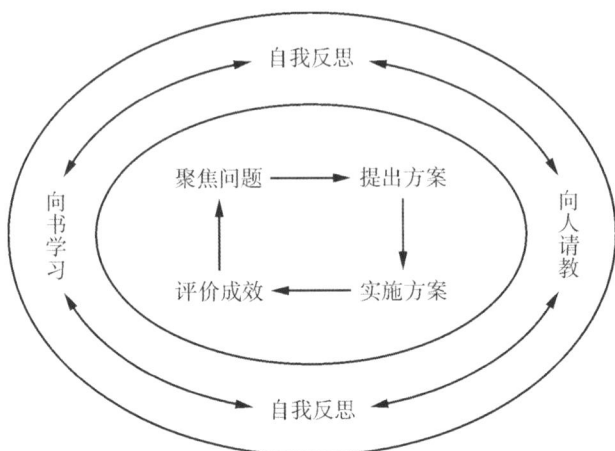

图 6-4　文秋芳(2011)的行动研究模型

察等多种方式收集有关资料,对研究的过程和结果做出全面、透彻的分析;(4)反思,是指对整个行动研究过程进行反思,对课堂行动进行评价。

　　行动研究的步骤并不是一成不变的,大致上包含了问题反思、问题确定、情境厘清、行动规划、行动实践、反思讨论、行动监督、行动修正与再实践等反复循环的历程,直至研究者认为问题已经解决或者研究目的已经达成,或进入最后公开发表阶段,才标志研究的正式结束。

6.5　行动研究与教师专业发展

　　许多研究证明,复杂的实际问题需要特定的解决方法,而特定的方法只能在特定的情境中发展出来,其中实践工作者是关键,起着决定性的作用。在外语教学中,教师逐渐认识到,注重对教学本身的研究,不仅有利于提高自身的教学水平,而且对专业发展有着十分重要的意义。凯米斯(2007)认为,行动研究的目的不是要求实践工作者的实践要符合理论家的理论,而是把实践者变为理论者和研究者。这种身份的转变能够促使实践者发现自己的主体性,意识到其活动和生活方式不是本能的、无意识的和不假思索的。因此,行动研究对教师的专业发展有较高的实效性和可操作性,能够在促进课堂互动和师生相互了解的同时,促使教师学习新知识,修正教学理论,完善教学理念,更新课堂教学方法和手段。因此,开展教育行动研究既符合教师开展教学科研的特点,又有助于外语教师专业的发展(胡胜高,谭文芬,2012)。目前,行动研究已成为国际上流行的一种教师研究和教师校本培训模式(支永碧,2008),是提升教师自身专业能力的重要手段。

伯恩斯(2005)认为行动研究在语言教学领域有六个研究目标:(1)在具体教学和学习情景中解决具体的问题;(2)巩固和研究课堂改革或创新;(3)缩短科研成果和教学实践之间的差距;(4)促进反思型教师的职业发展;(5)促进教师自己的实践理论的发展;(6)帮助教师了解研究方法、丰富科研知识。亨森(Henson,1996)认为,行动研究能够促使教师发展新的知识、扩展教学策略、加强反思意识、获得专业自主。可见,行动研究的理论认同其对教师专业发展的重要意义,可以概括为以下几个方面:

首先,提升教师的问题意识。行动研究和其他研究一样,首先要提出问题,然后进行探索,最后解决问题。发现问题是行动研究的第一步,是分析问题、制订计划的前提。只有通过反思才能发现问题,才能制订解决问题的方案和具体步骤,并在实践教学中加以验证。这就要求教师在课堂教学过程中仔细观察、思考教学现象,进行反思并形成详细的行动计划,同时还要求教师在教学过程中将教学实践作为研究对象,不断主动地进行计划、评价、反馈、检查、调控和改进。因此,通过反思发现教学中存在的问题是开展行动研究的首要条件。

其次,加强教师的反思意识。由于行动研究的主体是直接参与教学的一线教师,这就要求教师有不断改进教学的意识,对自己的教学行为进行反思,发现教学中存在的问题,确立行动研究的问题和解决问题的方案,并按步骤对问题进行分析调查,开展系统的反思性探究活动。只有当教师意识到问题的存在,自己行动起来开展教学研究时,课堂教学才会得到真正意义上的改进。这也是外语教师专业发展的有效途径和关键所在。

王蔷(2002)认为,反思是行动研究的核心工程,是教师专业发展的必然过程。叶澜曾说过,一个教师写一辈子教案不可能成为名师,但如果一个教师写三年教学反思就有可能成为名师,可见反思的重要性。美国心理学家波斯纳(Posner)提出了教师成长的简单公式:经验+反思=成长。他指出没有反思的经验是狭隘的经验,如果教师只是满足于获得的经验而不进行深入反思,那么教师的专业发展将受到限制(转引自芮燕萍,2011,p.36)。华莱士(1991,p.15)认为教师发展意味着变革,卓有成效的变革没有反思是十分困难的。教师只有通过实践—反思—实践—反思这一不断循环的过程才能促进专业发展。

在外语教学过程中,教师对自己的教学理念、教学过程以及开展的各项教学实践活动进行重新认识和定位,通过反思来调整教学行为,组织课堂教学,优化教学策略,从而达到预期的教学效果。外语教师的反思活动能促进其把他人的理论转变为自身的理论,再转变为教学行为,最终促进学生的学习,提升教学质量。对专业知识与经验知识进行不断反思的实践过程,能够促进外语教师专业能力的形成。

再次,提高外语教师理论联系实际的能力。行动研究的目标是解决教学中的具体问题,要对这些问题进行思考和研究,教师就必须具有理论与实践相结合的能力。这个过程可分为开放式研究过程和定向型研究过程。开放式研究从发现问题开始,提出某种假设,制订实施计划,在解决问题的过程中发展出一种适合具体教学环境的理论。定向型研究是指在他人的研究成果基础上,将一种新理论或新方法应用于具体的教学环境,并根据情况做出具体调整,通过分析和评价教学效果来验证该理论或方法对具体教学环境的适宜性。开放式研究是在实践中发展理论,定向型研究是在实践中验证理论,两者都是将教学实践与理论密切结合,无论哪种方式都能够在教学改革中提升教师理论联系实际的能力。外语教师的专业发展既不能没有理论的指导,也不能脱离教学实践,因此,行动研究无疑是实现外语教师专业发展的一条十分有效的途径。

最后,培养外语教师的科研能力。随着教育领域的改革,教师专业化逐渐成为教师专业发展的一个标志,成为专业化教师的途径和标志就是成为研究者,研究者最核心的要素就是对教学进行不断的反思并开展教学研究。行动研究是针对特定情景、特定地域文化的实践,是针对具体问题开展的研究活动(李晓媛,俞理明,2007)。这一活动过程能促使外语教师转变观念,树立教学与科研相结合的理念。教师不再只是单纯的教学任务的执行者,他们也是教学活动的实践者和研究者。教师不再是单纯的教书匠,而是一个研究者。研究过程就是问题解决的过程,研究结果就是问题的初步解决。

总之,行动研究能够促使外语教师不断地进行教学反思,改变教育教学理念。促使教师敢于向固有的传统教学理念进行挑战,有意识地、有针对性地选择和改革教学方法与手段,使教学不再是一成不变的过程,而是一个丰富的、多变的、充满乐趣与创新精神的过程。行动研究促使教师从教学型转向研究型,促使教师的专业结构不断更新、演进与丰富,促使教师的教学和研究同时发展。行动研究还提倡研究者与实践者的合作、实际工作者之间的合作,通过合作促使教师个体在理论学习与反思中不断提高自身的研究能力、理论分析能力与教学实践所需的专业技能。因此,行动研究既能促进教师的专业发展,又能实现教师的自我完善。

6.6　国内外相关研究

20 世纪 50 年代,行动研究的思想被介绍到教育领域,教育行动研究在美国风行一时。许多学者认为行动研究是联系教育理论与实践的重要中介,其重要性在于促使教育实际与教育理论密切配合。行动研究的目的是改进学校的各项措施,其研究对象是学校中存在的问题,研究人员是学校的教职员。几十年来,教育领域中的行动研究呈现出从技术型、实践型到批判型的演化过程(Hinkel,2005,p.242)。

虽然教育领域内开展行动研究的时间较长,但在语言教学这一专门领域内,直到 20 世纪 80 年代,教师行动研究才得到正式呼吁,这归功于以课堂为基础的研究的兴起和学界对教师地位的重新认定,也就是教师由教学理论的实施者转换为教学的思想者和建构者理念的确立(张培,2010)。卢立涛和井祥贵(2012)认为,行动研究在某种程度上解决了教育理论与教育实践相脱离的问题,并被作为教师专业化发展、推动课程和教学改革的有效途径。20 世纪 90 年代以来,行动研究与语言教师发展的关系变得紧密起来,学者们从不同角度开展了有关行动研究与英语教师发展和英语教学的研究(Wallace,2000),如约翰森(Johnson,1992)、努南(Nunan,1992)、努南和兰姆(Nunan & Lamb,1996)等开始探索在外语和第二语言教学中开展行动研究的问题,但研究成果相对较少(Bell,1997)。

国内的教育研究涉及在中国文化语境中如何恰当地、合理地运用国外先进理论和教学方法的问题。这种恰当性就是情境特定性和动态过程性,它不依赖于专家学者提出的普遍模式,而依赖于一线教师在具体的教学实践中的探索。这种行动研究是一种与外语教学、学术适配的研究方法,它以实践者为主导,针对具体问题开展研究,其研究成果是即时性的,为教师教学提供切实有效的方法。我国的行动研究经历了实证主义取向—解释主义与实证主义取向并存—解释主义取向的过程(周钧,2012)。20 世纪 70 年代末,"青浦实验"代表着我国教育行动研究实践的开始,随着教育行动研究在许多地方的逐渐开展,大量的相关课题涌现出来,如华东师范大学陈桂生教授主持的"大学——小学教师合作行动研究"、叶澜教授主持的"新基础教育探索性研究"、北京师范大学王蔷教授主持的"高中英语教师行动研究"等等(周钧,2013)。到了 90 年代,外语界也对行动研究逐步重视起来,研究也得到了广泛的开展。如吴宗杰(1995)、庞继贤(1998)、高一虹等(1999)以各种方式介绍了行动研究,并提倡英语教师大力开展行动研究,逐步走上自我指导和自我持续发展之路。

进入 21 世纪,外语界行动研究取得了一定的成果,但外语教师行动研究的意识还有待进一步加强。2000 年,雷尼(Rainey)在全世界 10 个国家的 240 名非母语英语教学(English as a Foreign Language,EFL)教师中进行了问卷调查,发现有 75.5% 的教师从未听说过行动研究,调查的 30 名中国教师中,只有 2 人听说过。还发现,真正开展过行动研究的教师寥寥无几,极少开展甚至不开展研究的人占了 57.4%,还有些教师虽进行了行动研究但并没有形成文字材料。刘润清和戴曼纯(2003)通过对全国高校英语教师的调查研究发现,只有 5.8% 的教师了解和熟悉行动研究。为了提高外语教师行动研究的意识,有关行动研究的文献陆续问世。如 2000 年,外语教学与研究出版社和人民教育出版社联合推出《语言教师行动研究》一书,向读者系统地介绍了语言教师行动研究的全貌。《第二语言课堂的反思性教学》(人民教育出版社出版)、《第二语言教师教育》(外语教学与研究出版社)等也对教学行动研究进行了介绍,提供了许多教学行动研究的例证。另外,有关行动研究的学术会议也相继召开,如 2010 年,外语教学与研究出版社主办了全国高校外语教师教育与发展研修活动,会议以"外语教学中的行动研究"为主题,首次将行动研究作为应用语言学研究方法之一推出,凸显了行动研究的重要性,使行动研究在国内学界再次成为热点。近年来,国内外语类核心期刊,如《外语教学与研究》《外语界》《外语学刊》等陆续刊发教育行动研究的研究报告,进一步推广了行动研究的成果,使其更具学术交流和共享价值。

随着外语教育改革的不断深化,行动研究的成果呈不断上升趋势。作为国内较早开展行动研究的学者,王蔷(2000)在《英语教师行动研究》一书中对行动研究进行了全面分析,探讨了教师参与行动研究的具体方法及意义,指出教师自身发展需要行动研究。郑敏和陈凤兰(2000)就大学英语阅读教学开展了行动研究,发现教学行动研究不但对学生的学习产生了积极的影响,更重要的是激发了教师在实践中的自我意识,使其重新建构了对教学的理解。李炯英(2003)从行动研究的定义特征、理论依据及应用、模式等方面开展了综述研究,提出借鉴和吸收行动研究的理念和方法,对外语教师科研工作本身、教师职业素质,特别是外语教育实践和理论的发展都具有重要的意义。裴学梅(2003)探讨了教师行动研究的形式和功能、原则和方法、内容和步骤,认为教师行动研究是外语师资培训的关键环节,是外语教师发展的重要途径。阮全友和陈奇梅等(2005)通过检索国内 1994 年到 2004 年年初的主要学术期刊,发现我国计算机辅助语言教学(CALL)研究的趋势是行动研究和对行动研究之研究。作者提倡在 CALL 中引入行动研究,认为行动研究不但能够让教师成为研究者,而且对从事行动研究的教师和专业研究者都有利。

最近几年,行动研究在更广的范围内展开。秦枫和洪卫等(2013)、应洁琼和宁强(2017)在不同的理论指导下开展了英语口语教学中的行动研究,发现行动研究在很大程度上改进了口语教与学的方法,调动了学生的积极性,有利于发展学生的思维能力、语言表达能力、合作沟通能力与自主学习能力。李新涛和韩少杰等(2015)依托"英语教学法理论与实践"课程,开展了对职前教师反思能力的行动研究。该研究认为,将反思能力的培养渗透到英语教学法理论学习、示范课观摩、教学设计与实践等各个环节,能很好地提升教师的教学反思能力,使反思成为其日常教学的重要组成部分,对其职业发展起到促进作用。

总的来说,行动研究对教师专业发展具有深远的意义。把行动研究作为教师发展的重要手段,在西方教育界已有很多成功经验。与国外研究相比,我国在行动研究领域的广度和深度有一定的差距(王晓军,陆健茹,2014),多数研究还是对其定义和特征、原则和方法等方面的梳理,缺乏实证方面的研究。原因主要有两点:(1)多数教师不太了解行动研究的概念,在教学中即使开展了行动研究,也没有从深层次去探究;(2)一些专家和刊物认为行动研究的报告没有高深的理论,信度和效度不高,不能登大雅之堂,很少考虑予以发表,由此导致了行动研究的欠缺。通过以上分析,我们认为教师在行动研究中的教学实践探索、创造、总结、归纳等是教育理论发展的需要,也是提高教师工作自主性的需要,是提升教学评价能力的需要,更是教师自身专业发展的需要。

6.7　地方高校大学外语教师课堂 "关键问题"的行动研究

在外语教育领域中,行动研究既是解决理论脱离实践问题的有效途径,也是解决目前我国外语教师迫切需要发展专业技能而培训手段陈旧低效矛盾的有效手段(支永碧,2008),"聚焦课堂"成为一种新的研究趋势。面对教学中存在的问题,临沂大学大学外语教师学习共同体针对地方高校的外语教学环境,围绕"深化教学改革,提高课堂教学效率"这一主题,开展了以"课堂关键事件"为主题的行动研究。该行动研究以提升课堂教学效率为目标,促使教师将掌握的理念、策略和方法等教学认知转变为实际的教学行为,巩固和发展教师专业学习共同体在"学习"阶段的成果。

关键事件的概念是沃克(Walker)在研究教师职业发展时提出的,专门用来考察教师生活中经历的各种事件对教师发展的影响。赛克(Sike)等人(1985)在此基础上,把"关键事件"界定为"教师个人生活和教学中的重要事件",围绕该事件,教师做出某种关键性的决策,该关键事件"促使教师对可能导致教师特定发展方向的某种特定行为作出选择"(转引自白益民,2002)。特里普(Tripp,2005,p.5)在《教学中的关键事件》一书中指出,教学关键事件是在教师观察情境的方式中产生的,是对事件意义的阐释。教师的价值判断决定了是否把某些事件判断为教学关键事件,而判断的基础是教师对事件的重视程度。由此,我们可以把课堂关键事件界定为在课堂教学实践过程中发生的,能引起教师关注与反思,促使教师产生认知冲突,激励教师改变认知和教学行为,从而做出某种关键性决策的教学事件。可见,课堂关键事件发生在具体的、实际的教学过程中,它可以是教学中不经意间发生的小事,或者是日常教学情境中少有的大事件,也可以是教学中频繁发生的事件,可以是对教学有积极作用的事件,也可以是不成功的教学事件。

关注教学中的关键事件对教师的专业成长有着十分重要的意义。一方面,它要求教师在经历关键事件时,通过认真解读和反思,做出自我职业形象、自我认知角色与自我职业认同的选择。关键事件给教师创造了选择与改变的机会,促使教师对自我原有的内在专业知识结构(如教育理念、知识和能力、专业态度、自我发展意识等)的合理性、适应性进行评价和决策,体现了教师对长期累积的教育教学经验的感悟。另一方面,关键事件能够引发教师个体自我澄清、个人思维清晰化的过程,促使教师对自身的教育理念和专业知识结构进行解构与重构(白益民,2002),促使教师重新思考个体的认知局限和关键事件的联系,从而提高认知水平。在这个过程中形成的行为、态度更容易转化为教师的缄默知识,对教师的专业发展具有很大的影响。

课堂关键事件的研究是一种聚焦课堂中真实发生的、具有普遍意义的、典型的教学事件,通过对事件的回顾、解释、批判来发展教师的专业判断力,并以反思性实践的方式重构教师课堂教学的行动研究。课堂关键事件作为课堂教学行为的载体,蕴含着大量的教师教学行为,而不同教师教学行为的特点又可以通过一系列的课堂关键事件反映出来。因此,以课堂为平台,开展对教学关键事件的研究,关注教师解决问题的过程,对于培养教师的反思能力、提高教师的专业自主发展能力非常重要。按照行动研究的操作程序,我们制订了课堂关键事件行动研究的基本思路。

1.发现问题。这是行动研究的起点。教师通过理论学习,从日常教学实践中获得研究问题的灵感,反思教学实践中的具体情境和自己的做法,发现某些有必要加以改进的问题(事件),该问题或事件就可以作为研究的主题。

2.计划与假设。根据问题进行初步分析,明确研究方向,思考解决问题的基本思路。然后,确定研究步骤,制订一个粗略的计划,包括总体设想和具体行动步骤。要保证计划的灵活性和开发性,以便在研究过程中随时进行修正。

3.探究和观察。研究成员带着问题开始搜集相关资料,进行必要的调查和观察,记录和分析资料,做出结论。

4.策略与行动。研究成员深入课堂,执行计划,解决问题,并在实践中验证研究计划是否存在问题,不断修正计划,边执行,边评价,边修改。同时要注意在实施计划的行动中,关注每一步行动的反馈信息。

5.实施与检验。对整个研究工作开展总结和评价。在这一阶段,除了对研究中获得的数据和资料进行处理得到所需的结论外,还要对课堂关键问题做出解释与评价。

6.反思与再研究。教师的教育教学实践是一个复杂的系统,多种因素影响着它的顺利发展。一个行动使某个问题得以解决,但往往会同时引发另一个问题。因此,教师要不断地进行反思,明确引发的问题,并采取相应的行动,开始新一轮的研究。

行动研究是一个循环往复、呈上升趋势的研究过程。我们结合教学实际把这一过程具体化为发现问题—提出方案—实施方案—寻找原因—再尝试—再发现问题的循环模式,每次的循环都是一个逐步升华的过程,如图6-5:

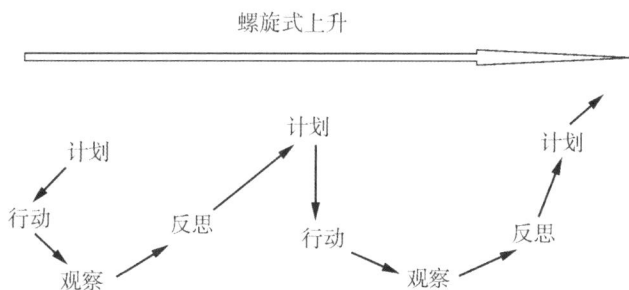

图 6-5　行动研究螺旋过程

按照上述思路,大学英语教师学习共同体成员学习了行动研究的相关理论,明确了行动研究的定义、方法、步骤与实施过程中的注意事项,以及行动研究在教师专业发展中的作用等。在理论学习的基础上,于 2015 年 3 月至 2016 年 6 月开展了为期 3 个学期的行动研究。

6.7.1 发现问题——制订计划

在互助、平等、协作的文化生态学习环境中,共同体成员在讨论活动中畅所欲言,诉说教学中的困惑和难题。围绕着"深化教学改革,提高课堂教学效率"这一主题,每位成员针对自己教学班的具体情况,提出自己将要开展的课堂行动研究问题。全体成员对这些问题进行深入讨论与协商,选择出覆盖面广和具有普遍性的问题作为研究选题。经过共同讨论,根据课堂教学实际,我们确立了大学英语课堂教学中关键问题(事件)的选题:

1.如何提高大班学生的参与意识

2.如何提高课堂教学中的提问艺术

3.如何提升课堂中多媒体课件的艺术性

4.如何打破艺体类学生的课堂沉默

在确立了上述四个研究方向的基础上,我们按照关键事件的构成要素(如图 6-6)开始对这些问题进行界定,诊断原因,确定问题的性质和范围,找出解决问题的理论依据,论证问题解决的可行性,结合课堂教学实际情况提出改革方案,制订实施计划。

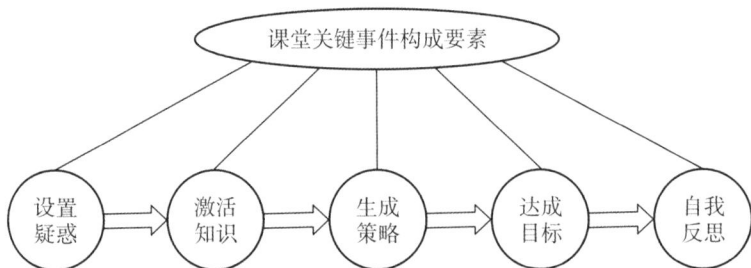

图 6-6　课堂关键事件的构成要素

6.7.2 实施计划——反思评价

我们按照上述研究问题把共同体成员分为 4 个小组,每组 4 到 5 人。各小组聚焦各自的研究问题,深入具体化与动态化的真实课堂中。在有经验教师的引领下,开展充满创意的个性化教学研究。为了不增加教师的负担,小组成员听的都是常态课,而不是"表演课"。我们按照理查兹和洛克哈特(Richards & Lockhart,2002,pp.2-26)的听课步骤开展听课活动。包括:(1)双方讨论听课的性质、材料、主要教学方法、教学对象等;(2)确定听课的重点,如课堂组织、教学时间的安排、生生互动的情况等;(3)确定听课人的记录方法;(4)开展听课活动;(5)组织听课后的反馈活动。在课后的反馈中,成员各抒己见,畅所欲言,从不同的角度对课堂教学的闪光点进行点评,同时也指出教学中的不足之处。教师也可自制课堂录像,在两周一次的集体活动中,全体成员观看课堂录像,开展讨论。

听课评课是提高教学能力的抓手,也是共同体成员共同成长的平台。和以往的听评课不同,教师共同体确立的原则是不分等级,不和教师评价挂钩,没有对比,不用放大镜去寻找授课老师的缺点,尽量找优点,并区分局部问题与全局问题。每次听课都要有明确的目标,听课人遵循一定的步骤,听课人只是听课人,不是教学活动的参与者。在评课中,采用如"如果是我,我会这样做……""或者……"等建议性的话语,提出不同的改进意见。评课的程序是:授课教师说明本课的意图和背景—观看授课录像—授课教师报告对教学的反思—团队成员提问—评论(包括优点和建议)—总结。评课涉及的方面包括:教学目标是否恰当、全面;教材处理是否突出了重点、难点是否清晰;教学程序中教学思路和教学活动的安排是否合理;教学方法是否符合学生的水平、是否具有多样性、是否有创意;现代教育技术使用是否得当;课堂气氛是否活跃、学生的受益面是否广泛、学生是否学到东西;等等。

此外,教师还需要撰写教学反思日记。华莱士(1991,p.15)认为教师只有经历实践—反思—实践—反思这一反复循环的过程才能促进专业发展。为了提高教师的反思能力,我们鼓励教师撰写教学反思报告或反思日记。在撰写反思日记之前,团队成员一起研究了写作要求。我们在写作方法上不做具体要求,只要意思表达清楚即可。在内容上,要求真实地记录教学中的重要事件和事实,描述课堂教学的体会和对课堂问题的分析与判断等。除了有规律地(每次课后或每周一次)撰写反思日记外,教师还可进行每个单元的反思教学总结,总结积极有效的与效果不明显的课内外教学实践活动。也可以针对教学中某个方面,如课堂提问技巧、组织方式、多媒体使用方法等进行单项的反思。在团队活动中分享教学中的困惑与喜悦,共同探讨问题并解决问题。通过这种方式能了解到面对面交流时难以触及的教师内心情感层面,极大地促进教师之间的合作交流。

通过 3 个学期的行动研究,我们发现课堂中生生互动、师生互动的情况有了极大的改善,教学效果显著。同时,每位教师发现了下一轮课堂教学改革的问题,使行动研究达到了一个更高的循环阶段。对教学实践的反思与总结促使教师实现了自我监控,激发了教师的内省活动,帮助教师将外显的理论知识内化。通过反思—实践的循环过程,教师在实现教学创新、突破自我、实现教师的"全人发展"等方面迈出了一大步。参与行动研究的教师撰写了学术论文,这些论文详细记录了他们的专业成长历程。下文摘选了 4 个小组成员实施行动研究的具体案例:

6.7.3 案例之一: 提高大班学生课堂参与意识的行动研究

研究背景

我国大学英语教学主要是在课堂中进行的,课堂上学生接触目的语知识,进行目的语的输入和输出,习得语言能力。这种特定的语言学习场所使课堂教学效果在很大程度上取决于课堂中师生互动或生生互动的情况。课堂中的"互动"是师生之间、生生之间进行语言交际,通过彼此的讨论来传递信息和表达感情的过程。互动式教学是以一个任务或课题为目标,通过语言交流来完成目标的教学活动。

自 1999 年以来,我国高校相继进行了大规模的扩招,学生人数迅速增加,造成了教学资源短缺、师资严重不足等问题。很多学校为了缓解压力,对大学英语采取了大班授课的模式。大班一般指的是 2 个或 3 个自然班(每个自然班约 40～50 人)合在一起上课的班级。在人数多达 80～90 人的班级里,为了维持正常的教学秩序,教师只好采取传统的教学模式,按部就班地按照词汇、课文、课后练习的顺序教授课文,很少设计课堂互动活动,在很大程度上影响了教学效果。为了改变这种现状,2015 年 3 月,在大学外语教师学习共同体的指导下,我们开始对大班课堂中的互动教学开展了行动研究。该研究持续了 3 个学期。

问题与反思

为了获得大学英语课堂教学互动情况的第一手资料,笔者对所教授的非英语专业一年级 3 个大班的课堂教学进行了录像,观察并记录了学生参与课堂互动的方式及参与人数等。3 个班级的学生分别来自中文、法学和教育专业,每个大班学生平均人数在 80 名左右。学生课堂参与行为总体状况如表6-1:

表 6-1　学生课堂参与行为

参与方式	中文(80 人)	法学(85 人)	教育(86 人)
主动发言	15 人	20 人	10 人
点名后回答	8 人	11 人	13 人
齐声回答	10 次	10 次	10 次
课堂提问	0 人	1 人	0 人
学生讲解	3 人	3 人	3 人
记笔记	80％	90％	80％
做练习	75％	77％	80％
默读	80％	85％	77％
身体语言	65％	70％	63％

课堂观察结果显示,学生的言语活动有 6 项,非言语活动有 3 项。非言语活动的参与率基本都超过 60％,言语活动的参与率普遍较低。笔者认为原因是:(1)大班的人数是原来一个自然班的两倍,每节课的时间没变,言语活动参与人数的比例无形中大大降低,互动频率自然降低;(2)由于学生人数多,教室空间大,坐在后几排的学生发言时,前面的同学几乎听不见,虽然有时教师把话筒传递给他们,但要花费较多的时间,所以,教师只好和前面几排的少数学生进行互动,坐在后面的学生参与机会很少;(3)受传统教学模式的影响,在课堂上学生习惯了被动地学习。

依据上述观察结果,笔者根据张烨和周大军(2004)的课堂参与模式研究,就影响课堂互动效果的因素设计了问卷调查,并选取 100 名学生参加了此项调查。发放问卷 100 份,回收 100 份,其中有效问卷 80 份。结果如表 6-2:

表 6-2　课堂活动对学生的影响

原因	影响很大	有一些影响	影响很小
学生理念	60％	25％	15％
学习策略	90％	7％	3％
课堂焦虑	40％	30％	30％
教师理念	35％	25％	40％
教学技巧	30％	40％	30％
人际关系	88％	10％	2％
课堂任务	87％	7％	6％
班级大小	45％	40％	15％
教学环境	38％	45％	17％

调查问卷结果显示,影响课堂互动的原因既有客观因素,也有主观因素,虽然这些因素之间互相影响,但其中学习策略、人际关系和课堂任务的影响均达到了 80％以上,成为课堂互动的主要障碍。笔者结合具体的教学情况找到了原因。

第一,虽然学习英语多年,但很多学生并没有掌握正确的英语学习策略,没有意识到积极参与课堂互动的重要性,主动意识不强。多数学生对言语交际活动缺乏兴趣,认为互动活动对英语学习帮助不大,课堂中的主要任务是做笔记,听老师讲,只要做好了这两件事,学好英语就有了保障。

第二,人际关系的问题。课堂中的人际关系是指师生、生生关系。一方面,教师对学生个体的关注程度低造成了师生关系的不和谐。以笔者教授的教育学院某专业教学班为例,该班由两个自然班构成,共 86 人。由于学生人数众多,一个学期结束后,笔者只记住了 1/3 学生的名字,在某种程度上来说,这影响了师生之间的关系。同时,课堂中的任务检测率和提问率低,师生之间缺乏有效的交流互动。再者,笔者在处理师生关系时过于严肃,学生感觉很难和老师建立良好的关系。另一方面,不和谐的生生关系也是因为班里人数众多,学生的英语程度参差不齐,交流起来有困难。因为临沂大学学生生源地分布差异极大,受不同方言、中学英语学习情况和家庭情况的影响,学生的英语水平,特别是听力和口语水平差异较大。

第三,课堂互动活动缺乏新意和吸引力。一方面,教师课堂提问多以低层次问题为主,很少关注训练学生的发散性思维能力的问题设计。另一方面,教师也很少组织同伴活动、小组活动等。想当然地认为即使设计了互动,由于人数多,也难以保证每位学生都能参与其中,达不到预期的效果。为了节省时间,教师只好采用比较容易控制课堂的传统教学方法。

制订方案

为了解决上述问题,共同体成员开展了讨论,帮助笔者对症下药,探寻解决问题的理论依据,并制订了切实可行的课堂教学改革方案。

克拉申(1985,pp.5-6)在讨论课堂互动和二语习得之间的关系时指出,语言习得的前提是学习者获得"可理解性输入"。朗(Long,1981)认为语言必须通过"对话性互动"才能习得。斯温(Swain,1985,pp.278-279)的语言输出假设理论认为语言只有产出,通过迫使学习者对语言表达的形式进行加工,才能促进语言表达能力的发展。三种理论阐述了语言输入、语言输出以及课堂互动与语言习得之间的重要关系,为课堂互动教学的实施提供了理论依据。有效的课堂互动是"可理解性输入"和"对话性互动"的前提,是语言输出的有效途径,那么如何达到课堂互动的有效性,提高学生的参与意识呢?针对所带班级的实际情况,在专家教师的帮助下,笔者制订了以下方案。

首先,帮助学生了解和掌握学习策略。"授人以鱼,不如授人以渔。"学习策略可以使学习更加容易、快捷、有趣,帮助学生成为更独立、更自主的人,使其养成自主学习的行为习惯,成为终身学习者。在教学中,笔者做好示范,注重学习策略的应用,促使学生认识学习策略的重要性,提高学习策略意识,在适当的时候选择合适的学习策略。同时,对学生开展英语学习策略的专题讲座和培训,重点讲述课堂参与在英语学习中的重要性,使学生学会使用各种适当的语言学习策略来提高学习效果。

其次,改善师生、生生关系。国内外很多研究关注师生关系对课堂互动的影响。项茂英(2004)的研究发现不好的师生关系会减少或减弱课堂互动;有的研究认为在积极互动的课堂上,教师和学生的行为常表现为相互尊重(Poulou,2009)。因此,笔者通过组织丰富多彩的课外活动,拉近与学生的距离,调整师生关系,同时,创造条件改善生生关系,促使学生之间更广泛地进行交流。

再次,改革课堂互动模式。教师的提问是课堂互动的重要形式,能够为互动教学创设一个良好的氛围。在众多的教师提问分类研究中,朗和萨托(Long & Sato,1983)的展示性问题和参考性问题是研究者常常探讨的话题。展示性问题的目的是考查学生对所学知识理解和掌握的程度,学生不需要过多地思考,把固定的答案准确表达出来就可以。参考性问题的答案多是不确定的,学生需要主动思考,自由发挥。布洛克(Brock,1986)认为参考性问题可以促进学生的语言输出,从而促进语言习得的进程。笔者需要精心设计多种提问问题的方式,激励学生积极参与课堂互动。

最后,创建灵活多样的课堂活动。根据学生的实际情况,笔者要创设丰富多彩的教学情景,采用灵活多样的教学手段和手法。巧妙地运用激励性评价,最大限度地激发学生的自信心。增加小组讨论和口头汇报的次数,组织角色表演、辩论、演讲等多种形式的课堂活动。

实施方案

1.第一阶段:学习策略培训

笔者从 2015 年 5 月开始对所教 3 个大班的新生开展了为期 2 个月的英语学习策略的讲座及培训,帮助学生了解自己的认知风格,找到适合自己的学习策略。首先,笔者通过设计调查问卷及训练项目帮助学生了解他们对学习策略的认知程度及其在英语学习中的重要性,针对学习策略的概念、分类以及如何使用这些策略等问题进行培训。通过培训来提升学生在学习过程中自觉运用学习策略的主动性,指导学生根据自身的认知风格及生理、心理特点等有效地选择学习策略,并重点向学生讲述积极参与课堂互动对提高英语水平的作用。在培训结束时,要求每个学生归纳总结出能够帮助自己提高听说读写能力的学习策略。鉴于大学英语课时较少的现状,多数讲座和培训活动都是笔者在课堂教学、课外活动、晚自习等时间内开展的。

2.第二阶段:采取多种措施改善师生关系,促进学生之间的交流

首先,笔者用两周的时间记住了班上每一位学生的名字。由于以前笔者不熟悉学生的名字,让学生回答问题时,多数情况下直接找学习好的同学回答,无意中伤害了一些学生的自尊心,挫伤了他们课堂参与的积极性。在记住每位学生名字后,学生感觉得到了老师的重视,能够积极回答问题,主动参与到课堂活动中。

其次,创造机会沟通,拉近笔者与学生之间的心理距离。为了方便交流,笔者和学生建立了各种联系方式,如利用邮件、博客、微信、QQ 等,及时了解学生的生活和学习情况,和他们一起讨论社会热门话题,并积极参与学生的课外活动,如圣诞节聚会、新年晚会、演讲比赛、歌咏比赛等。大班课堂的学生来自两个小的自然班,同学之间除了英语课在一起上,平时基本没有交流,为了增进生生关系,笔者联系每个自然班的班长合作开展了一些联谊活动,学生之

间迅速熟悉起来,促进了班与班之间、学生与学生之间的交流。通过这些措施,师生、生生关系有了极大的改善。

3.第三阶段:改革课堂互动教学模式

首先,笔者改变陈旧的教师提问—学生回答的简单互动模式,即对于语言基础知识,采用展示式的问题帮助学生掌握基本的语言知识。在整个教学过程中,笔者采取开放式的教学模式,即在课程导入、讲解与结束时以参考性问题为主。问题提出后,充分让学生发表看法并展开讨论。鼓励学生提出与课文主题有关的挑战性问题,然后分小组讨论解决,训练学生的发散性思维能力。笔者常用的参考性问题如下:

(1)Could you tell me something more you know to this…?

(2)What is your opinion about…? Why?

(3)What do you have to add…?

(4)If you were the person in this story, what would you do under this situation?

(5)Do you have some suggestions for the improvement of…?

(6)Why do you think so?

(7)How will you deal with this situation?

对于上述参考性问题,学生不能只是简单地回答是与不是、对与不对,必须经过思考才能做出回答。通过巧妙地设计问题,给学生提供输出语言和发展语言技能的机会,激励他们积极主动地参与课堂互动。

另外,笔者常根据学生的学习成绩和性格特点进行提问。对那些语言知识薄弱,或者不善言谈的学生,笔者有意识地让他们回答展示性问题,以此来提高他们的自信心和勇气;对语言能力较好的学生,则多让他们回答参考性问题,以此来提高他们的思辨能力和创新能力。无论学生的回答情况如何,笔者以激发他们的自信心为目标,努力使反馈语起到激励的作用。

其次,拓展教学内容,设计与学生生活实际密切联系的内容。教学话题从学生所熟悉的内容开始,逐渐扩展到需要学习的内容上。笔者使用的教材是上海外语教育出版社的《大学英语》,这套教材的课文都是原文节选,语言地道,但趣味性和时代感不是很强,学生对其中一些话题不感兴趣。为此,在学期开始,笔者与学生一起列出他们感兴趣的主题清单,让学生通过网络搜索相关信息,对每个主题进行简单的评价,扩展自己的思维。由于这些话题能够促使学生运用课本上所学的语言知识进行讨论,他们的热情被充分地激发出来。

最后,综合运用多种互动方式,营造轻松的课堂氛围。笔者在课堂上常采用师生合作、生生合作、全员合作、讨论、辩论、自主学习等形式,结合多媒体教学手段,增加课堂的互动效果。由于学生人数众多,很难让每个同学都有展示的机会,笔者就综合考虑学生的性别、英语水平、性格等将他们编成多个小组,在课堂中组织角色扮演、小组讨论、演讲、辩论、口头报告等团队活动,促进学生与学生之间的交流。同时,根据课程内容,采取师生角色互换的互动策略,促使师生从各自的身份和地位中体验对方的感受。例如,在每周两次的教学中,笔者安排一次小组成果展示活动,要求学生在课外精心准备的情况下,把团队的成果在课堂上展示,其他同学就小组的成果进行提问、讨论等。如在讲授完"College Life"一文时,笔者让学生做老师,讲述自己的 college life。在活动中,笔者成为一名学生,参与提问和辩论,同时起着引导、示范、解释和答疑的作用。在角色互换中,学生热情高涨,参与性高,师生、生生在和谐平等的活动氛围中,圆满完成了课堂教学任务。

实践结果及反馈

笔者对 3 个学期的教学改革效果进行了调查。从学生的反馈来看,95%的学生对课堂改革持肯定态度。90%的学生对学习策略有了较好的了解,并逐步找到适合自己的学习策略。85%的学生认为课堂学习气氛更加轻松、活跃。84%的学生认为互动活动加深了同学间的相互了解。75%的学生认为互动活动缓解了他们在同学面前回答问题时的紧张情绪。

第一,学生的参与性有了极大提高。

课堂气氛有了很大的改变,学生主动发言的积极性调动起来了。以前每节课中,只有大约 5~6 名学生主动发言,后来人数逐渐增加。班里比较腼腆的同学也开始主动争取交流机会。通过改革建立起来的良好的师生、生生关系极大地调动了学生的主动性和参与性。例如,一名来自西部偏远地区的学生英语成绩较差,特别是口语和听力方面存在不足,在学期初连课文都不敢开口朗读。笔者多次和他聊天,帮助他克服心理障碍并制订学习计划。通过学习策略的训练,几个月后该生在课堂上能够敢于回答问题,积极参与互动活动,口语水平也有了很大提高。

第二,学生自主学习能力得到了提升,团队合作意识增强。

为了能在课堂互动中有更好的表现,每位学生在课前都十分认真地预习、准备,很多难句、难词在课前就得到了解决,课堂中回答问题时更加自信。在小组集体项目的训练中,团队形成了互帮互助的合作气氛,在积极向上、互勉、互助的氛围中,学生的英语交际能力不断得到强化和提高。

第三,教学相长。

学生参与课堂互动的积极性的提高,也给予笔者极大的成就感。笔者备课、上课更加精益求精,师生之间形成了良性互动局面。在互动活动中,师生对已有知识展开新的探索,形成了对新知识的认知。这既能帮助学生形成独立思考和发表见解的能力,培养学生的创新精神,也有助于笔者自觉地建构知识,与学生一起获得新的发展,教学相长的真正意义得以充分体现,笔者体验到作为一名教师的自豪感和责任感。

总　　结

行动研究的过程使笔者对外语教学理论有了新的认识,对教学有了主动反思的意识。笔者曾觉得在实际教学中,语言教学理论对课堂教学的指导作用不大。但通过该研究,笔者逐渐意识到教学理论对教学实践的重要性。另外,教师的教学经验是通过在试错中摸索得到的,但前人在实践中已经总结出了很多有价值的理论和经验,可以帮助年轻教师大大减少试错的时间,教学团队专家教师的引导加快了这个进程。

由于本次参与调查的对象只是本校的部分学生,所反映的情况和得出的结论会有一定的局限性,而且该研究只是对影响大班课堂互动教学的三个因素进行了改革,即学习策略、人际关系和课堂教学任务,而学生的性格、基础知识、同伴的压力等也是影响他们参与课堂活动的因素,这成为笔者下一步研究的目标。同时,虽然笔者在行动研究中采取的措施激发了学生在课堂上参与互动的积极性,教学效果有了较大的提高,但也出现了一些新问题,如学生在更多地了解教师后,课堂纪律变得比较松懈,在课堂上变得随意起来。这些问题也成为笔者下一步探索的方向。

6.7.4 案例之二——课堂提问有效性的行动研究

研究背景

在我国,外语课堂是学习语言的重要场所,教师的提问对课堂互动起着重要的作用,是提高学生交际能力的直接、有效的方式。因此,如何有效进行课堂提问是大学英语教师关心的问题,也是学者们一直关注的问题。但长期以来,许多高校英语教师片面追求英语四、六级过级率,教学重点放在词汇、语法、篇章的讲解上,很少对课堂提问进行设计和研究。同时,由于多数高校的大学英语教学采取大班制的授课方式,为了节省时间,教师很少关心课堂提问设计的技巧和有效性,只是单纯地为了提问而提问,缺乏科学依据和合理性,致使大量的无效提问充斥课堂,导致学生逐渐失去了回答问题的兴趣,害怕老师提问,学生的主体性地位难以发挥。

笔者在教学实践中也发现了类似的问题。虽然从事教学工作已近十年,由于一直以来采用传统的教学方法,在课堂讲授过程中,把大量的时间用在词汇的运用、语法知识的讲解和篇章的分析上,很少进行课堂提问有效性的思考,认为提问是一种自然的教学行为,不需要计划,没有无效的提问。而且不论如何提问,问题难易如何,大多数学生仍是保持沉默。通过大学英语教师学习共同体组织的各种教学研讨会、听课评课活动,笔者对自己的教学理念和教学方式进行了重新审视和反思,试图就教师课堂提问的有效性进行研究。

反思——发现问题

为了了解课堂提问中存在的问题和学生的看法,笔者对所教授的非英语专业 180 名学生进行了问卷调查和访谈,发放问卷 180 份,收回有效问卷 175 份。并对 10 名参与问卷调查的学生进行了访谈。所设计问卷参考了国内外学者的相关研究,并结合了笔者的教学经验。所得数据如表 6-3:

表 6-3 学生对提问及回答方式的看法

项目	各项所占百分比(%)				
	A	B	C	D	E
1.点名回答	37.3	22.4	16.3	13.9	10.1
2.自愿回答	11.9	19.6	36.3	25.3	6.9
3.集体回答	12.0	12.3	20.1	22.6	33.0

注:A=坚决反对;B=反对;C=中立;D=赞同;E=非常赞同。

从表 6-3 可以看出,59.7%的学生不喜欢老师上课点名提问,55.6%愿意集体回答,仅有 34.2%愿意在课堂上自愿发言。在授课中,笔者一般采用点名提问的方式,偶尔采用集体回答的方式。点名提问的目的一方面是检查学生出勤率,另一方面是检验学生的课堂注意力。访谈中了解到,有的学生不愿回答,是害怕出错遭到同学的嘲笑,而集体回答则避免了尴尬。也有的学生说,如果自愿主动地回答问题,可能会被认为是故意显示自己的能力,既然老师没有点名,我为什么要做"出头鸟"呢?这显然是受到我国文化中谦卑的处世哲学的影响。

表 6-4　学生对提问内容的看法

项目	各项所占百分比（%）				
	A	B	C	D	E
4.课堂提问有趣味性	12.3	28.5	30.0	22.2	7.0
5.问题设计有科学性、启发性	15.1	30.2	20.6	24.0	10.1
6.问题设计和学生水平相当	33.0	14.3	18.1	22.6	12.0
7.对课堂提问感兴趣	12.1	34.2	27.8	19.4	6.5

注:A=坚决反对;B=反对;C=中立;D=赞同;E=非常赞同。

从表 6-4 看出,仅有 29.2％的学生认为教师课堂提问有趣味性,认为教师提问的问题有科学性和启发性的仅占 34.1％,认为老师问题的设计和自己水平相当的占 34.6％,仅 25.9％的学生对课堂提问感兴趣。可以看出,由于教师的提问缺乏趣味性、科学性,多数学生对教师的问题失去了兴趣。

表 6-5　学生对提问反馈的看法

项目	各项所占百分比（%）				
	A	B	C	D	E
8.教师对回答有反馈	25.2	8.6	12.1	22.5	31.6
9.回答问题正确时,老师明确表示鼓励,并做出确切的评价	12.3	22.0	7.0	28.5	30.2
10.回答问题不正确时,老师婉转表示,以保护学生的参与热情	14.1	15.1	21.5	24.1	25.2
11.回答问题不正确时,老师积极纠错,给出正确答案	12.0	12.3	20.1	22.6	33.0

注:A=完全不同意,B=不同意,C=不了解,D=同意,E=完全同意。

从表 6-5 看出,超过一半的学生认为教师对学生的课堂回答有反馈;58.7％认为自己回答问题正确时,老师能够明确表示鼓励,并做出确切的评价;49.3％感觉回答问题不正确时,老师会婉转表示,能够做到保护学生的参与热情,给予学生以自信心。在访谈中笔者也发现,教师对问题回答的积极反馈在某种程度上会激发学生的学习积极性。学生很看重教师的评价,对教师的评价有很高的期望,如果教师能及时做出合理反馈,可以极大地激发学生的学习兴趣。

行动方案

通过对数据进行收集和分析,笔者意识到大学英语课堂提问中存在的问题,通过学习共同体组织的研讨活动,笔者从理论和实践两个方面进行了反思。

课堂提问是教学的生命(卢正芝,洪松舟,2012),是师生之间展开互动教学的中心环节。恰当的提问策略能帮助学生理解所学内容,对概念、观点、内部联系和原则有一定的了解,激发学生的思考。布朗(Brown,2001)指出,恰当的提问能够产生不同的作用:为学生提供使用第二语言的动力和机会;使学生之间一连串的互动成为可能;为教师提供学生的学习反馈以及给学生提供发现自我的机会。可见,课堂提问的主要功能是激发学生的兴趣,启动学生的思维,反馈教学信息,检查教学效果以及培养学生的交际能力(杨雨寒,2012)。科学合理地设计课堂提问,能真正发挥教师的主导作用和学生的主体作用。由于笔者缺乏系统的理论学习和指导,对课堂提问策略的使用存在盲目性,提问仅限于形式而缺乏实用价值,不能有效地激发学生的学习兴趣。针对这些问题,在专家教师的帮助下,制订了以下改革方案。

第一,以教学目的为依据,以增加语言输入为目标。

英语课堂中的所有活动都是以提高学生的英语水平为目的的。因此,课堂提问也必须根据教学目标来设计。为了提高提问的有效性,教师首先要帮助学生做好前期知识的铺垫,保证他们在回答问题时具备基本的知识,以提高他们的自信心和参与意识,降低他们的焦虑感。其次,根据克拉申(1982,pp. 63-73)的输入理论,学习者习得语言的条件是必须获得可理解性输入,而且语言输入要稍微高于学习者现有的语言水平,即"i + 1"。因此,教师提问的问题要难易适宜,既不能过于宽泛、太深、太难,也不能过于狭窄、太容易。太难的提问会引起学生的畏难情绪,太容易的问题会让学生感到没有意义而不屑回答。

第二,保证问题类型的多样性和提问的技巧性。

朗和萨托(Long & Sato,1983)把课堂提问分为展示性问题和参考性问题两类。展示性问题是一种封闭的、限定答案的提问,目的在于检查学生是否掌握了某一信息;参考性问题的答案是开放性的,能激发学生的好奇心和表现欲,促使学生积极地思考,畅所欲言。教师的课堂提问应采取渐进性的办法,循序渐进,由浅入深,由易到难,把两种提问方式有机地结合起来,激发学生的参与意识,提升教学效率。同时还要提高问题的灵活性,根据具体的教学内容、环境和学生的性格等巧设问题。如教师针对同一个问题设计不同的提问方式,为什么、是什么,并举例说明,使问题能够帮助学生从不同的角度进行思考,或者有意识地设置悬疑来激活学生的思维,调动学生的探究兴趣,让他们从问题中有所悟,有所获。

第三,创设良好的心理环境,提供科学的反馈语。

有效的教学提问需要学生的积极互动,因此教师要为学生创设良好的心理环境。教师要由原来的管理者、传授者、评价者转变为课堂学习的组织者、引导者和参与者。通过角色的改变,使师生处于一种平等、理解、和谐的人际关系中。为学生回答问题创建良好的氛围,消除他们的顾虑。课堂提问的有效性还表现在学生回答问题之后的评价技巧上。通过教师的反馈语,学生可以了解自己对知识的掌握程度,产生运用语言的主动性。安尼特(Annett,1969)认为反馈一般有三种功能:刺激——刺激学习者更加努力;强化——强化学习者的表现;提供信息/知识——有助于更正答案。因此,教师要充分发挥反馈的作用,通过反馈促进学生的学习兴趣和积极性。

实施方案

通过对课堂提问的理论学习和研究,笔者在教学过程中采用了互动式反馈模式,即 IRE 模式:I(Initiation,教师提出问题)——R(Response,学生回答教师的问题)——E(Evaluation,教师对回答进行评价)。这种反馈模式改变了传统的教师反馈的附属地位,把学生对问题的理解逐步推向深入,从问题的表面深入问题的本质,使学生在回答的过程中积极地进行思考。对应此模式的有效提问顺序为:提出问题——停顿(给学生思考的时间)——提问学生——学生回答——停顿(给学生思考的时间)——理答与反馈。在这种模式下,笔者针对课堂提问的内容、提问方式、提问问题的特点和教师的反馈等方面进行了改革。以下以目前临沂大学使用的大学英语教材《大学体验英语(高级教程)》为例进行分析。

第一,问题设计密切联系学生的现实生活。

兴趣和动机是提高学生英语水平的强大动力,巧妙、有趣的提问能够吸引学生的注意力,激发学生的兴趣和求知欲望。因此教师要对提问什么、如何提问等进行精致的设计。笔者认为,根据所学课程的内容引入生活性问题能够调动学生的常识性知识和经验性知识,促进他们积极思考,发表见解,增强参与意识。教学中,笔者经常把课堂所学知识和学生的现实生活联系起来,促使他们积极参与课堂互动。例如在讲授第一单元"The Product Is You!"一文的时候,笔者在授课过程中提问学生关于未来职业规划的话题,如考研面试或者工作面试等,这些问题和学生的学习动机以及未来职业规划有紧密联系,激发了学生的积极性。在讲解第三单元"Anywhere,Anytime,Anything:IT and

Me"时,因学生对 IT 本身就很了解也很感兴趣,在提问展示性问题的基础上,笔者设计了参考性问题来激发学生的思考,如:

1.Why do people use internet? And what are your purposes of surfing online?

2.What are the advantages and disadvantages of the internet?

3.What changes has internet brought to your daily life?

这些问题和学生的日常生活密切相关,他们深有体会,在回答问题时表现积极,大大促进了课堂的活跃氛围,也促使学生对该单元的教学内容有了更深层次的理解。

第二,课堂提问顾全整体,方式多样化。

首先,课堂提问面向全体学生。许多调查发现,成绩较好的学生在课堂上被提问的次数要比成绩相对较差的学生多,这是因为很多教师考虑到课堂讲授时间有限,为了追求"效率",担心提问成绩较差的学生会耽误时间,这势必在很大程度上影响了部分学生课堂参与的积极性。为了改变这个现状,笔者在教学过程中倡导机会均等的原则,顾全大局,根据学生的不同性格和学习水平,使其回答不同层次的问题,努力调动学生的积极性,使每位学生都有参与的机会,如让水平较差的学生回答相对容易的问题以增加他们的自信心,让学习较好的学生回答有难度的问题。通过这种方式,促使学生共同进步。

其次,提问方式的多样化。提问本身不是授课的目的,只是一种教学手段,授课过程中既不能满堂提问也不能随意问。笔者根据不同的教学目标、不同的教学内容设计不同的提问方式,灵活地穿插运用点名、集体回答、自愿回答或者是自问自答等各种方式。如对重点、难点和需要加深记忆的内容,采用一问一答的方式;对课文中关键知识点则采用点名提问的方式,以了解学生对知识点掌握的程度;由于开放性问题的答案不是很固定,笔者让学生分组讨论然后由组代表陈述和总结,以此激发每个学生参与的积极性,增加学生之间的合作精神。恰当的提问方式能使教与学在互动、和谐的氛围中顺利进行。根据教学具体情况交替使用各种提问方式,避免了单调、乏味的课堂气氛。如在讲授第七单元"Defining Ecotourism"一文时,笔者采用先分组讨论,然后由小组代表汇报讨论情况的方式给 Ecotourism 下定义,以此来激发学生的团队意识。

第三,问题设计富有启发性和探究性。

富有启发性和探究性的提问能够很好地激发学生的创造力和批判性思维能力,促使学生学会发现,善于观察,勤于思考。如在讲授第七单元"Defining

Ecotourism"时,笔者采用特殊疑问词 who、what、when、where、why 和 how 来提问,帮助学生了解课文的主题,问题设计如下:

1.Who gave the definition of ecotourism?

2.What is the meaning of "green tourism"?

3.Where is the destination of ecotourism?

4.How does ecotourism strive to minimize the adverse effects of environment?

5.Why ecotourism is not only "greener" but also can protect the local culture?

6.What is the conclusion of this article?

以上问题采用特殊疑问句的形式进行提问,具有激发性和探索性,不但可以调动学生的思维活动,还可以引导学生理解文章的内容和写作思路,猜测作者的写作目的和意图,更好地理解全文。

再如,在讲授第四单元 Shopping Spree,Traditional and On-line 时,笔者让学生对传统的购物方式和现代的网购模式进行对比分析,设计了一些和他们网购经历相关的问题,如"What are the advantages and disadvantages of online shopping and the traditional shopping? How to avoid online shopping cheating? Tell your partner some experience of your online shopping"等,这些问题既和学生的生活密切相关,又不拘泥于课本内容,在回答这些问题的时候学生踊跃参与,课堂气氛活跃,教学效果良好。

第四,及时有效的反馈。

教学过程中的评价是指在课堂教学中教师对学生在学习语言、参与语言活动时的表现加以评点、肯定和激励并给予必要纠错或引导的做法。具有亲和力的教师通常会很重视课堂教学评价,通过有效的评价实现师生之间的情感沟通,并最终促使教学目标的达成。

在教师学习共同体组织的学术研讨活动中,笔者意识到积极的反馈并不是简单而笼统地采用 good、very good、well done 等评价语,这些评价语机械而且缺乏新意。如果只要求学生产出,而不提供有效、快捷的反馈,学生的产出动机会受挫,产出质量也难以保证(杨晓琼,戴运财,2015)。为此,笔者针对不同的问题采取不同的评价方式。对于展示性问题,除了用简单的话语进行鼓励和反馈外,还对问题进行重复,加深学生对知识的理解;当学生回答困难时,就降低问题的难度,或者给学生提供提示,加以引导,缓解他们的焦虑,激励学生积极思考,找到答案。对于参考性问题,笔者进行点评时,首先肯定优点,然后指出需要改进的地方,让学生对知识的掌握程度有所明了,引导学生进一步进行补充,并建立富有挑战性的问题,实现知识建构和发散思维能力的提升。

第五,适度提问,适时追问。

课堂教学中,教师通过信息铺垫、意义协商、引导启发等策略对学生的回答进行适时的提问、反馈和追问,将会对课堂互动的质量和效果有很大的帮助(朱彦,2013)。适度的提问是指教师不能为了课堂表面上的热闹而使用简单、随意、重复、低层次的问题,这样会抑制学生思维的发展。笔者根据不同阶段的教学内容和目标来设置不同类型的问题。如在课文导入阶段,笔者设计的问题和学生的实际生活、所学知识相联系,由学生已知的知识出发导入将要讲授的新内容。在课文内容讲解阶段,针对难点、重点知识,笔者多采用展示性问题,帮助学生掌握所要学习的知识点。在总结阶段,提供开放性的问题,展开课堂讨论,促使学生进一步思考,扩展学生的思维空间。

追问是一个促使学生积极进行思考并参与课堂活动的提问技巧。主要特点是促使学生不轻言放弃。追问可以避免学生在遇到困难时感到丢面子,也能够促使学生有更多的语言输出,继续参与到课堂活动中,增加自信心。例如:

T:What do you think of this story?

S:Mm,I don't know.

T:Ok.So,do you think it is a sad story or a happy story?

S:Oh,Yes.It is a sad story,and it tells us a very important thing…

在这个对话中,由于笔者灵活地调整了提问策略,适时地追问,让对话有了扩展,让学生不会因没有回答出老师的问题而感到尴尬。

实施效果及反馈

经过 3 个学期的行动研究,笔者对学生进行了访谈,发现,首先,学生对课堂提问的态度有较大的改变,不愿意回答问题的情况也大为改观。有的学生说以前老师每次提问问题时都感觉和自己没有多大的关系,没有积极地去思考和回答,现在每次老师提问问题时都感觉问题比较有深度、有启发性,促使自己去积极地思考。其次,学生对于课堂提问方式的转变和机会均等的原则持肯定态度。有的学生说以前整个学期自己被提问的次数寥寥无几,现在老师提问方式的转变以及各种提问方法的结合,使得每位学生每周都有回答问题的机会。笔者也感觉到课堂气氛更加活跃,学生的积极性被激发出来了。

最后,学生受益于教师对提问的反馈,笔者对课堂提问的反馈方式增强了学生的自信心,那些认为自己英语水平差、课上不敢回答问题的学生现在因为老师鼓励性的评价而变得越来越有信心,英语学习的兴趣和自主学习的能力都有了较大的提高。

总　结

本次的行动研究收获颇丰,笔者认为教师首先要在工作中不断反思,勤于思考,多向专家和资深教授学习,积极借鉴他们成功的教学方法。其次,还要学会合作。行动研究的顺利开展离不开同行的合作,通过教师学习共同体组织的各类学习活动,笔者意识到了自身在教学中的欠缺,开始积极主动地反思自己的教学行为和教学理念,为教学改革和课堂教学质量的提升奠定了基础。

6.7.5 案例之三——打破艺体类学生课堂沉默的行动研究

研究背景

沉默是大学英语课堂教学中一个很普遍的现象。针对这一现象,国内许多学者,如文建(2003)、谢元花(2006)、陈雪(2008)、滕明兰(2009)、程熙旭(2011)等进行了研究,但缺乏针对地方高校艺体生课堂沉默的行动研究。笔者自2010年从事艺体类学生的英语教学工作以来,发现学生课堂沉默的现象十分严重。艺体类学生的专业性较强,花很多的时间进行专业训练。与其他专业学生的英语水平相比,他们的英语基础差、底子薄、对英语学习重视不够,课堂中常常保持沉默。因此,如何提高艺体类学生的学习兴趣、提升他们参与课堂活动的积极性是英语教师值得反思的问题。

教育部《关于全面提高高等教育质量的若干意见》中提出,高校教学改革要"突出学科专业特色和行业特色",实施"以提高实践能力为重点"的人才培养模式。作为教育部第三批大学英语教学改革示范点,临沂大学针对艺体类学生基础弱、人数多等特点,于2012年专门成立了大学英语教学艺体部,激励艺体部教师集思广益,探讨提高学生英语水平的举措。在教学中,笔者积极改进教学方法,但收效甚微。在困惑迷惘的时候,外国语学院成立了大学英语教师学习共同体,笔者有幸成为其中一员。该共同体定期举办学习研讨活动,在教研活动中促进同行之间的沟通,探讨课堂教学中存在的问题。针对艺体类学生的实际情况,在专家教师的帮助下,我们以提高学生的学习兴趣、打破课堂沉默为主题开展了课堂行动研究。下面是对该过程的报告。

行动预干预阶段

最初的调研与反思：

为了使研究具有针对性，课题小组成员走访了音乐、体育、美术等院系的一些学生、教师和教学副院长，利用微信、QQ 等工具对部分学生进行了问卷调查，发现临沂大学艺体类大学英语教学中存在以下问题：

1.班级人数过大。由于艺体类学生人数多，教师和教室缺乏，只能采取大班教学的模式，每个班有 80～90 人。这就导致了任课教师以完成教学任务为目标，难以兼顾每个学生的需求，挫伤了学生的积极性。

2.教材难度高。艺体类学生使用的教材和其他专业学生一致，学生普遍反映课文内容冗长，趣味性和实用性不够，学起来很吃力。

3.任课教师流动性大。由于艺体类学生基础薄弱、学习态度松散等特点，有的教师不愿从事艺体类学生的英语教学工作，只能采取轮流制，致使艺体类英语教学师资队伍流动性较大，很难进行统一的教研活动。

4.学生对英语学习现状不满。访谈中发现很多学生对英语课堂氛围不满意，认为课上互动少，教师满堂灌，学生被动听，多数学生处于沉默的状态。另外，音体美专业学生的英语水平相对较差，学生缺乏自信，存在焦虑心理，自主学习能力不强。而且艺体类学生自律性相对较弱，节假日前外出活动多，课堂出勤率不高。

行动预干预阶段设计

针对以上现状，教师学习共同体成员进行了商讨，提出从改善课堂学习氛围、增强学生的学习兴趣入手，改革课堂教学。

1.选择合适的教材。经过多方调研，我们选取北京大学出版社出版的《大学基础英语教程》作为教材。该教材是原新闻出版总署"十一五"国家重点图书出版规划项目，适用于英语基础相对薄弱的非英语专业学生。通过本教材的系统学习，学生能够在英语语言知识、应用技能、学习策略和跨文化交际方面达到《大学英语教学指南》中规定的基本要求。

2.采取互动式、情境式的教学方法。首先，围绕教材内容开展互动式课堂教学。教师把学生分成若干小组，组织学生进行小组讨论、角色扮演等活动。小组成员在活动中进行情感沟通，轻松、和谐的学习气氛帮助他们减轻紧张感和焦虑情绪，消除心理障碍，激发参与意识，调动学习积极性。其次，利用情境式教学法,根据学生的学习特点和英语水平设计课堂互动活动,把多媒体的声、像、图、文等有机结合起来,吸引学生的注意力,让学生产生身临其境的感觉,促进他们的交际表达能力。最后,巧设教师课堂提问,注意问题的针对性、目的性和艺术性,通过问题的提出,鼓励学生参与课堂教学活动。

3.丰富第二课堂。为了增强英语学习的氛围、拓展学生的综合素质,我们在全校范围内定期举办英语活动,如学唱英语歌曲、进行话剧表演、电影配音大赛、演讲比赛、朗读比赛等。每学期开展为艺体生量身打造的大学英语学科竞赛,如英语词汇竞赛、英语阅读竞赛、英语写作竞赛、英语翻译大赛等第二课堂活动,营造英语学习氛围,提升学生的学习兴趣。

4.改革考核方式。采取形成性评价和终结性评价相结合的方式。为每个学生建立学习档案袋,存放学生在各类活动中所取得的成绩。总成绩采取平时成绩与期末测试相结合的方式,让学生在自我评价和教师有针对性的训练中看到自己的不断进步。形成性评价由考勤、作业、课内外表现、英文背诵、各类竞赛成绩等组成。通过这种方式,让学生了解自己在英语学习中取得的每一步成绩。

行动实施第一阶段

行动设计与实施:

该阶段我们采取各种措施提升学生的英语学习兴趣,促使他们积极参与课堂活动。

1.建立良好的师生关系。首先,教师将个人的联系方式公布给学生,告诉他们无论在学习还是生活中遇到困难都可寻求教师帮助。教师快速摸清班里每位学生的英语学习情况,在短时间内记住每一位学生的名字,拉近师生的距离。这不仅有利于教师对学生做出恰当的评价,也让每一位学生感觉得到了老师的重视,促使他们积极地参与课堂互动。班长协助老师做好小组划分,力争小组成员搭配合理,小组长做好组员档案。其次,教师经常和学生聊天、谈心,了解他们的学习情况,倾听他们的学习体会与对课堂讲授内容的理解和看法,了解学生的学习和生活需求。良好的师生关系能够让学生在课堂上放松心情,减少焦虑与不安情绪,促进课堂学习氛围。

2.设计适合学生水平的讨论话题。教师既备教材,也备学生。考虑到学生实际情况,课堂问题设计适当降低难度,将难题简单化,复杂的问题细化,多层次设计问题,以便迎合学生不同程度的需要。同时,教师还会注意提问的启发性,让学生有话可说。提问时答题机会分布均匀,提供给学生有效的答题等待时间。教师为学生提供大量的课外学习资料,使他们稍作努力就能完成,激发他们的自信心。

3.发挥学生的特长,开展丰富多彩的学习活动。基于艺体类学生的专业特长及个性化教学的需要,笔者根据教学内容组织各种英语活动,如在学习"Unspoken Love"单元时,让学生阅读《我修自行车的老爸》《我的父亲是一个收棒子的》等文章,学唱歌曲《You raise me up》,感受伟大的父爱和母爱。学完《Unconditional Love》一文,让学生将其改编成剧本并进行表演。在学习文化类内容时,组织学生用英语阐释中国传统节日,如清明节、中秋节等,通过东西方文化对比,加强学生的爱国精神。这些活动为学生搭建了一个展示一技之长的平台。

4.加强课堂互动,打破课堂沉默。鉴于大班授课的现状,教师组织适合小组讨论的活动。活动之前,教师告诉学生活动的规则、评分标准等,小组组长布置好每位同学的任务,让学生了解小组的成绩是每位组员共同参与的结果。例如,在电影配音、英语阅读汇报等活动中,小组成员各司其职,互相配合,学生的积极性高,集体荣誉感强。由于互动活动中学生思考的时间增加,有机会练习和接收其他同学的反馈,回答问题准确率得到提高,自信心也逐渐加强。课堂气氛非常活跃,课堂沉默现象大大改善。

观察与发现:

通过一个学期的改革,笔者发现学生在课堂中的沉默现象有所改善。学校督导专家在听课后反馈说,艺体类学生在英语课堂上表现如此活跃是很难得的。主要变化表现在:

1.师生配合融洽,学生的积极性高。每次课堂活动结束后,笔者主动和参与性不高的学生进行交流,详细说明教学中各个环节的目的和目标,了解他们的需求,明白他们在哪些环节上遇到了困难,根据他们的反馈改进下一次的教学方式。多次实践之后,学生的积极性有了极大提高,课堂教学步骤更加紧凑,以往教师提问时学生沉默而冷场的现象基本消失。

2.课堂话语量增多。与以前相比,学生能够积极参与课堂互动活动,发言时自信心更强,能更详细地阐述自己的观点。学习成绩好的同学成为其他同学遇到困难时的引导者和帮助者;对自己语言能力不太自信的学生也能积极地回答问题。

反思:

在第一阶段的行动研究中,笔者努力增进师生情感,建立平等和谐的师生关系,课堂上的沉默现象得到了改观,互动有了改善,课堂热闹了不少,教学目标似乎已经达到。但在期末考试中却发现有几个学生平时课堂表现非常好，积极参与各项活动，但期末考试成绩不理想，这极大挫伤了他们的积极性，也引起了笔者的深刻反思：是不是因过分追求教学内容的新奇性而忽视了语言输出的训练？或者是过分讲究教学方法而忽视了学生的接受程度？在学习共同体专家教师的帮助下，我们找到了问题的原因：由于教学重点放在趣味性上，忽略了教学的有效性，导致学生语言基础知识掌握不牢固。

经过认真的学习和反思，笔者意识到自己在教学中虽然因满足了学生对新鲜感的追求而受欢迎，但学生的喜好不能作为教学的唯一标准；过分强调教学的趣味性，忽视对大一学生语言基础知识的夯实，会影响到他们将来的学习。因此，下一步的教学应该在增加课堂趣味性的基础上，夯实学生的语言基本功，提高学生综合运用英语的能力。

行动实施第二阶段

行动设计与实施：

克拉申（1985）的语言习得理论强调输入的重要性，斯温（Swain，1985）强调输入和输出同样重要，输出可以帮助学习者检验语言假设，促进对语言形式的反思，输入和输出应该是个良性循环，两者缺一不可。哈默（Harmer，2000）指出投入、学习和运用是成功的外语课堂的三个基本要素。在第二轮的教学改革中，笔者继续开展师生、生生课堂互动活动，力图在增加课堂趣味性的同时，夯实学生的语言基础知识，提高学生综合运用语言的能力。

首先，加大语言输入和输出量。要求学生养成预习和复习的习惯，建立组员之间互相检查预习和复习情况的制度，规定组员之间每周组织一次课外学习活动。其次，开展大量的英语阅读活动。每次课前5分钟，小组成员就课外学习情况进行汇报，内容涉及课外所读英语报刊文章，或者自己感兴趣的话题。每位学生每学期必须阅读一本适合自己层次的原版图书或者简易英语读物，并做好阅读笔记。同时，加大英语背诵量，开展了背课文 summary、英语小短文、经典句子等活动。这些活动都记录在平时成绩内，学生的积极性很高，形成了浓厚的学习氛围。

观察与发现：

语言习得的主要途径是增加可理解性输入，同时将输入转化为输出。在第二轮的改革中，笔者发现由于课前做了预习，学生对文章理解更加准确，很多难句难词等问题在课前就得到了解决；课后的复习帮助学生牢固地掌握所学内容，提高了学生运用语言的能力和批判性思维能力。如有的学生能够就所学内容提出深刻的问题,在"A Dream Comes True"一课中,有的学生提出作者为什么反复提到几句话,每句都以 there is 结尾,这在任何一本教学参考书中都没有提到过。还有一个学生总结到,主人公卡卡在评价他人时常常使用 incredible talent、a highly talented new generation、inspire 等,显示了对他人的尊敬和自己的谦逊,也是他与媒体打交道能力的体现,不愧得到"优雅卡卡"的称号。然而,虽然第二轮的改革取得明显的成效,但是笔者也发现,仍有个别学生的积极性没有被激发出来,下一步需要针对学生的个体差异开展研究。

总　结

为期一年半的行动研究使笔者受益匪浅。教师学习共同体为我们提供了一个平等互助的平台,促使教师互相观摩教学,定期探讨和交流教学经验,在专家教师的带领下,发现问题,解决问题,提升个人的专业发展能力。正是同事之间畅所欲言的讨论,才使笔者发现了自身教学中的盲点。在行动研究中,从最初的贪求教学方法和内容新奇回归到注重培养学生的语言基本能力上来。本次行动研究让笔者认识到,建立平等和谐的师生关系是打破课堂学生沉默的关键,夯实语言基础知识是提升学生英语水平的第一步。当然,打破课堂沉默不是一蹴而就的,需要教师根据教学实际采取有效的教学办法,既要把课讲精彩,激发学生的学生兴趣,还要根据学生的个性特点设计互动活动,调动每位学生的积极性。这是一个巨大的挑战,也是笔者在以后的教学工作中进一步探索的方向。

6.7.6 案例之四——多媒体教学课件艺术性的行动研究

研究背景

作为信息时代的产物,多媒体教学被广泛应用于大学英语教学。多媒体课件能增加教学信息量,活跃课堂气氛,多渠道地吸引学生的注意力,提高学生的学习兴趣,给英语课堂教学注入了新鲜的血液,其优势日益凸显。因此,笔者在教学中充分利用多媒体课件集声音、图片、文字、动画于一体的特点,为学生提供了色彩艳丽的图片和活泼的动画等,极大地满足了学生的视听需求,增强了教学的直观性和生动性。笔者发现,每当穿插一些有趣的内容和悦耳的声音时,大多数学生都眼前一亮,注意力明显集中了。笔者意识到英语课堂教学成功的第一要素是提高学生的兴趣,只有这样才能使他们持之以恒地自主学习。因此,笔者把大量的时间和精力放在了课件的制作上,但教学效果却并不理想。

2014 年,临沂大学外国语学院成立了大学外语教师学习共同体,笔者有幸成为其中的一员。共同体组织教师参加了一系列的教学研究活动,如观摩优秀教师讲课录像、听评同事的课、听取专家和资深教授关于教学理论和教学实践的讲座等等,这些活动使笔者逐步认识到自己对多媒体教学理解的偏差。多媒体教学是一把双刃剑,它既可以提高学生的注意力,也能分散他们的注意力。通过重新审视和反思自己的教学理念,笔者发现了自身教学中存在的问题,在课题小组成员的帮助下开展了针对多媒体课件艺术性的研究。

反思

1.最初调查

为了了解学生对多媒体教学的反馈情况,笔者对所教的两个学院 160 名大学英语一年级学生进行了问卷调查,并对其中的 15 名学生进行了访谈。问卷内容主要包括以下三个问题,每个问题各包含三项对相关内容的陈述:

(1)你对教师 PPT 课件使用的态度是怎样的?

(2)你对 PPT 课件中的媒体素材(文本、声音、图片、动画、视频等)是怎么看的?

(3)你认为这些媒体素材对你的学习有什么影响?

统计结果如下:

大多数学生对教学中使用 PPT 课件持肯定态度。93.9%的学生表示喜欢 PPT 演示的教学模式,因为它避免了传统教学模式的单调和乏味;54.9%的学生提出了批评建议,认为 PPT 虽然具有很大的吸引力,但教师不能过度依赖教学课件,应该继续保持传统的板书方法,来加深学生的记忆;68%认为多媒体课件只是一件工具,其使用不能削弱教师在教学中的作用。

绝大多数学生对 PPT 课件中运用媒体素材持肯定态度。85.4%的学生认为多媒体素材的使用能够让教学内容更加生动、形象,并提供真实的语境和语言素材;91.6%认为在教学中不能孤立地使用课本材料,应该把课本和媒体素材结合起来;61.6%认为使用音频和视频模态能加深印象,帮助记忆,活跃课堂气氛,突出教学难点和重点。

在媒体素材对学习的影响方面,68.8%的学生认为多媒体素材能帮助记忆更多的知识点;82.6%认为视频和音频材料有助于提高听力水平和提升学习兴趣;20.3%认为教师应适度使用多媒体素材,过多的音频和视频会分散他们的注意力。

对15名学生进行访谈的问题主要涉及使用PPT课件的效果和音视频与教学内容的相关性等。多数学生认为课堂上PPT课件的使用效果良好,因为它能提供真实的语境,吸引学生的注意力,帮助他们记忆知识点。但也有的认为效果一般。一位学生说:"刚开始效果很好,感觉很有吸引力,但慢慢地就感到'腻'了。"一位学生认为教师PPT课件中加入太多图片、音频和视频的话,就会分散学生的注意力。有的学生说:"教师PPT播放的速度太快,留给学生的思考空间少,做笔记的时间太少,教师和学生之间的互动也少了,而且有的时候课件里的动画和教学内容关联不是很大。"

上述调查结果有点出乎笔者的预料,多媒体教学在大学英语教学中已广泛运用,在准备课件的过程中,教师花了大量的时间和精力,但课件的使用并没有达到预期的目的。在传统的教学中,教师使用一支粉笔、一本书、一块黑板、一张嘴就能够掌控课堂,教学效果显著,而在使用多媒体教学的今天,课堂知识信息量比传统教学中多好几倍,学生对教师的教学却并没有完全认同,这不得不引起我们的深思。

2.探寻原因

通过大学英语教师专业学习共同体组织的系列理论学习活动,在专家教师对课堂教学的点评启发下,笔者认为多媒体课件教学效果不理想的原因包括以下几个主要方面:

(1)忽视了教师的主导地位与学生的主体地位

多媒体教学突破了传统的教学模式,通过动画、声音、视频、图片、文本等形式创设外语教学语境,促进学生的多模态感觉,在语言交际活动中,使学生不断建构、更新、内化语言知识,不断提高语言能力(陈冬纯,2011)。然而在大学英语教学实践中,经过教师精心制作的课件并没有完全发挥其作用。教师大部分的时间在点击鼠标,逐一演示课件的内容,机械地按照课件制订的步骤开展课堂教学,希望尽可能将大量的课件内容展示给学生。教师常常站在电脑操作台后面,成为课件的"放映员",学生则盯着屏幕,欣赏漂亮的图片和动画,被动地接受屏幕上的信息,成了"观众",教学成了另一种意义上的满堂灌。教师没有发挥监督、指导等帮助学生进行知识意义建构的作用。传统的"填鸭式"教学变成了更为先进的"电灌",学生的主体地位和教师的主导地位没有充分发挥出来。

(2)多媒体课件过分娱乐化

多媒体课件为学生提供了生动的图像与悦耳的音响,能极大地满足学生的视听需求,增强教学的直观性和生动性。但如果课件过于花哨,过度追求娱乐化,就会造成形式与内容相脱离的现象,使 PPT 课件喧宾夺主,让学生的注意力受到干扰,忽视了教学内容的充实性。从表面上看,学生的学习兴趣被激发出来了,实际上,学生的无意注意过多,教学信息在传递过程中受到的干扰过大,导致学生的学习重心发生偏移,减少了学生对语言知识的获取量,影响了课堂学习效果。笔者在使用多媒体教学的最初阶段,为了使课件更加吸引学生的注意力,精心挑选每一张幻灯片和切换声音,认为多媒体用得越多,课件做得越精美,学生的学习兴趣就越高。把大量的时间花费在制作过程上,没有意识到多媒体课件是教学目标、教学内容、教学方法以及教学活动的具体体现。致使学生只记住了精美的图片,对教学内容却知之甚少,没有达到预期的教学效果。秦秀白(2012)指出"课堂娱乐化是实施有效教学的大敌",这种泛娱乐化的课堂表演使直观的形象抢占了思维和想象的空间,笑声代替了思辨,破坏了课程的学术性和知识的系统性,学生变成了多媒体课件的欣赏者,教师很难即兴发挥,这种泛娱乐化现象,只会使教学获取"眼球效应",偏离课堂主题。

（3）多媒体课件结构混乱

陈冬纯(2011)认为多媒体教学具有明显的语篇特征,在教学环节、主题意义、语境以及教师话语等方面存在相互关联,构成了一个连贯机制。在形式上由教学环境的相互关联而实现衔接,在语义上由以上各部分的相互关联而形成连贯。因此,多媒体教学是一个具有高度关联性的逻辑体。多媒体教学的语篇特征要求教师在课件制作中要实现图像、音频、文字等符号在语义、语境和意义上与主题、话题、课文和教师话语的连贯。然而,在实际教学中,为了活跃课堂气氛,教师常常忽视教学目标、教学内容和教学规律,添加与教学内容无关的图片、视频、背景音乐等,没有真正体现每个教学环节或者教学内容之间的逻辑性,整个课件显得杂乱无章,毫无逻辑地堆积知识点。课件设计思路不清晰,顺序结构跳跃很大,学生听起来如云山雾罩。

多媒体课件内部的语义也构成一个关联体,不同层级的提纲也应构成连贯的语义。笔者在听课的过程中,也发现了有的课件内容缺乏连贯性。如在一页幻灯片中,标题是 Teaching Objectives,而在内容框中却包括 dictation、discussion 等提纲,这页幻灯片本身在语义上就是不关联的。再如,课件第一页中描述到"In this unit, you will learn...",而在另一页幻灯片中,人称视角却转移到第一人称,如"In this activity, we will discuss...",课件描述的视角也缺少连贯性。

行动和研究

在反思的同时,笔者开始对多媒体课件制作和使用的艺术性进行了改革。

第一,课件制作围绕教学主题。

首先,笔者在认真钻研教材和教学大纲的基础上,围绕教学主题,使多媒体形式的选择和话题意义及隐含的语境相匹配,在图片、文字设置、字号及版面设置方面与整体的主题意义相符合。通过课件深化学生对主题的认识与记忆,力争每张幻灯片与所讲主题相关,选择合适的课文主题图像,按照最合理的比例集文字、图像和音乐等元素制作课件,达到内容与形式的统一,恰如其分地呈现学习资源。笔者还特别重视课件内容讲解中的先后顺序,按照恰当性、难易性循序渐进地进行;在内容安排上做到动静结合,松弛得当,帮助学生深刻地理解内容和主题,提高课堂教学效率。

同时,笔者根据教学内容,利用色彩、视觉效果和心理联想确定整个课件的基调。多媒体教学课件背景多采用给人以安静感觉的冷色调,这种色彩刺激性小,不容易引起视角疲劳。笔者也注重各种色彩的搭配,使参与画面的各种色彩的比例能恰好吸引学生的注意力。

针对难以割舍辛苦搜集来的大量资料的问题,笔者只挑选与所讲主题有关的内容,保证内容简练。如课文第一部分导入中的内容涉及的活动很丰富,教师很难把握时间,笔者遵循课堂活动少而精的原则进行取舍,组织了 Brainstorming 就不再进行集体讨论,组织了 Pair Work 就不再组织 Group Discussion,选用了听力录音材料就不再呈现相关话题的影视片段。课件制作遵循科学性、教育性、技术性、艺术性和交互性的原则。

第二,发挥教师的主导地位。

教师是教学过程的组织者、指导者以及知识意义构建的帮助者和促进者,在教学中起着主导作用,指导、组织和促进学生的学习。教师的主导地位充分体现在教材分析、学情分析、重点难点的把握、对学生反馈情况的处理以及课件选择等方面。教师的魅力是教学课件替代不了的,一个眼神、一个动作比课件上任何花哨的图片都要真实,更能表达教师的情感。努里和舍希德(Nouri & Shahid,2005)的研究表明,单纯的多媒体教学并不能对学生的学习产生影响,多媒体课件只是教学手段的丰富和延伸,是提高教学质量的辅助工具,不是教学内容和形式的全部。和传统教学一样,多媒体教学仍需要教师结合个人的经验和教学实际灵活多样地开展。在教学实践中,笔者随时转换角色,有时作为学生中的一员参与课堂活动,拉近和学生的关系,有时是学生的咨询者与帮助者,有时又是课堂活动的组织者,带动学生完成小组活动。通过教师角色的转变调动学生的学习积极性,活跃课堂氛围。

第三,坚持以学生为主体的原则。

以学生为本的教学理念要求教师注重学生的进步与发展,力争让每位学生积极参与教学互动,最大限度地给他们表现的机会,改变"一言堂"的教学方式,促使学生积极地参与到课堂活动中。笔者结合不同班级、不同学生的特点和课堂实际来调整教学内容和进度。对于基础较好、学习气氛浓厚的班,有的幻灯片可以省略;对于基础较差、课堂气氛不够活跃的班级,笔者利用图像、音频增加他们的兴趣。如在对广播电视编导专业的学生进行授课时,针对学生的专业特点,笔者把与新闻传媒、广播电视编导等相关的知识作为该班的扩展性知识。针对体育专业的学生,则把体育新闻、赛事等作为扩展性知识。这种有针对性的教学内容扩充大大激发了他们的学习兴趣。

另外,笔者改变了"信息爆炸式"的讲授方式,给学生留有足够的思考时间,确保学生理解和掌握相关的知识内容,而不是像电视或电影画面一样一闪而过。此外,笔者还注重培养学生做笔记的习惯。为了避免多媒体教学节奏快,学生无法做笔记的现象,笔者要求学生改变传统的做笔记方式,书本上的知识只需要做下记号。对于新增或者补充的内容,笔者在讲解中放慢速度,给予学生足够的时间做笔记,方便学生课后复习,巩固知识。

实践结果和反馈

3个学期的行动研究使笔者受益匪浅。首先,笔者发现学生的参与意识、学习兴趣等方面都有了提高。在学期结束时,笔者就多媒体课件教学制作的艺术性进行了简单的调查,发现多数学生给予了较高评价。他们认为课堂教学课件实用、有效,课件中的图像、音频等内容对教学内容起到了较好的辅助作用。但也有的学生希望增加课堂的娱乐性。从个人角度来说,笔者从最初追求课件形式上的精美转移到注重课件内容的充实性、关联性、有效性上来,是一个很大的挑战。

其次,该研究让笔者更加深刻地了解到多媒体教学的意义。多媒体课件用得恰当能起到"画龙点睛"的作用,用得不恰当则会"画蛇添足",甚至会背离课件设计的本意。科学合理地设计、使用多媒体课件,对调动学生的学习情绪,提高学生的学习兴趣能起到很好的作用。但是,如果为了吸引学生的注意力,设计一些与主题无关的课件,只会使学生眼花缭乱,达不到预期的教学效果。所以,多媒体课件制作要充分体现教学大纲的要求,明确地展示教学目标,体现内容的关联性和逻辑性。只有这样,才能发挥其优势,优化英语学习的环境,才能全面提高教学效率,促进学生的学习兴趣,提升他们的语言综合运用能力。

6.8　启示

迅速发展的社会促使人们普遍认识到,教师不仅是教学的实践者,更应该成为一名研究者。但在教师教育和教学研究的目的方面,人们的观点并没有统一,有的人把形成理论体系作为教育和教学研究的目的。因此,教师公开发表论文的篇数、论文所在刊物的级别就成为判别其教育和教学研究水平与能力的唯一指标,导致论文篇数增多,教学质量却并没有得到提高的现象,而行动研究则能够弥补这方面的缺陷。与传统的教育研究相比,在行动研究中,教师把自己的教室当成实验室,通过反思,针对自己的教学提出问题,制订解决问题的方案并付诸于教学实践,通过教学日志、课堂观察、座谈等多种渠道来进行数据分析和解决问题。其目的在于不断改进自己的教学,提高自身对教学过程的理解和认识,最终提高自己的教学质量和研究水平。

然而,行动研究和其他研究方法一样,有其局限性。行动研究是"计划—执行—反思—总结"不断循环往复的过程。在不同的研究周期,研究的重点可能有所不同。因此,教师要正确认识行动研究中的"失败",每一个"失败"都是研究的起点,做到及时总结教训,并据此调整研究方向与行动。在行动研究中,教师还要具备一定质的、量的研究方法和技巧,熟练把握行动研究的操作程序,学会观察和收集资料,加强自身的理论修养,充实必要的教育学、心理学及课程相关理论。

另外,行动研究的顺利开展还需要有效激励机制的保障。科学的激励机制能激发和调动教师的内在动力,增强教师开展行动研究的信心、热情和能力;合理的保障机制能为教师开展行动研究提供信息、时间和物质条件,帮助教师解决研究过程中的实际困难,使其全身心投入研究中。同时,学校还要有相应的支持政策和措施,对教师的行动研究进行科学、合理的评价。对教师行动研究的评价应从教育(教学)的合理性、有效性及学生与教师的发展性等多个视角进行,不能只顾眼前的分数而无视学生、教师的长远发展。

第七章 结语

　　2018 年 1 月,中共中央、国务院下发的《关于全面深化新时代教师队伍建设改革的意见》是 1949 年以来党中央出台的第一个专门面向教师队伍建设的里程碑式的政策文件,充分体现了党和国家对于教师队伍建设工作的高度重视和大力支持。强教必先强师,只有高水平的教师队伍才有高水平的教学质量。如何建设一支符合时代要求的高素质、高水平的教师队伍是我国教育领域的一项重要课题。本研究以提高地方高校教师的专业发展素质为目标,沿着时间维度,以具体的教师活动为基点,在地方高校这一场域内开展了大学外语教师专业自主发展的微观研究。

7.1　主要研究成果

　　1.厘清了与教师专业自主发展相关的概念

　　本研究按照突出概念特征和历史发展的总体脉络梳理了与教师专业自主发展相关的概念。从最初的师范教育到教师专业自主发展,探讨了相关概念的联系和特征,并界定大学外语教师专业自主发展的内涵为入职教师在外部驱动因素影响下,以自主意识为动力,通过各种与专业发展相关的途径和活动,不断学习新知识,包括更新教育观念与完善专业知识,从而提高专业能力和综合素质,由新手教师成长为专家型教师的过程。在这个过程中,教师的内源式发展,即教师的自主发展是其专业发展的根本保障。

　　2.探索出了一条以课程建设促进教师队伍本地化发展的新路子

　　在对国内外通识教育研究进行探究的基础上,本研究论证了地方高校大学外语教师在通识教育理念下的专业发展举措。构建了具有地方特色的临沂大学大学英语"四三三六"课程模式,实现了《大学英语课程要求》提出的"大学英语课程不仅是一门语言基础课程,也是拓宽知识、了解世界文化的素质教育课程"原则,保证了大学英语学习的持续性和针对性,满足了大学四年学生对英语学习的不同需求。在临沂大学"四个一"育人架构目标的实施中,我们结合本校的办学实际、外语师资队伍现状和学生的实际情况以及培养目标,组建了以优秀博士和经验丰富教师为中心的课程研发团队,开发了省级、校级精品课程。在课程建设中,组织团队编写了优秀校本教材,出版了一批临沂大学教授、博士学术专著,这些成果极大地提高了教师的科研水平,探索出了一条师资队伍建设本地化的新路子。

3.建构了教师专业自主发展学习共同体

在厘清了与教师专业学习共同体相关的理论知识的基础上,本研究根据临沂大学办学实际,按照教师自主的原则,组建了老中青相结合的大学外语教师专业自主学习共同体。这是一个教师自愿组织、自动发起的学习型组织,参与的教师不受行政的规约。在组织学习活动中,教师更具有自我发展的积极性、主动性、协作性和创造性。共同体确立了教师发展的共同愿景,制定了共同体发展的运行机制和保障,创建了互动合作、民主协商、和谐共享的学习氛围,以教师学习共同体的建设和发展为平台,探索提升教师专业自主发展水平的策略。

4.确立了教师专业发展的 LPP 三阶模式

教师学习共同体确立了自主与合作理念下的"学习—实践—发表"(LPP)这一教师专业发展的三阶循环模式。以该模式为指导,开展了教师自主发展的探索。由于知识管理是实现学习共同体知识价值最大化、培育核心能力和竞争优势的有效手段,是促使教师专业能力不断提升的重要举措,我们就教师学习共同体中隐性知识的显性化进行了探索,促使教师个体隐性知识在经历了社会化、外在化、组合化和内在化四个阶段后,专业发展能力得到了很大的提升。实践证明,教师专业学习共同体能够支持和帮助教师改进和完善自身的教学实践,能够缓解教师由于学校改革和变化而产生的危机感和不确定感,帮助教师适应变化的环境和面对新的挑战,也为学校办学水平的提升提供适宜的组织与精神资源。

5.以"关键问题"为抓手,提升了教师的教学和科研能力

许多研究者认为教师专业发展应该是内容导向的,并且内容应直接与教师在课堂中从事的日常工作相联系,因此,聚焦课堂是教师专业发展的必然途径。课堂教学是由一系列的事件组成的复合型链条,关键事件是其中的重要

环节。对课堂事件的回顾、解释和批判,能够提高教师的专业敏感性,发展教师的专业判断力,促进教师专业成长,改善教学效果和师生关系。本研究针对"大班课堂的互动""课堂提问的艺术""打破艺体学生的课堂沉默""多媒体使用的艺术性"四类课堂关键问题开展了行动研究。每项研究均以问卷调查、访谈等方式搜集数据,分析了四类课堂关键问题的本质、特征及影响因素,探讨了解决问题的路径,以反思实践的方式开展了课堂教学改革。研究表明,行动研究促使教师不断地学习新知识,修正教学理论,完善教学理念,从而提升自身的问题意识和反思意识以及理论联系实践的能力。通过行动研究,教师的课堂教学行为得到了优化,专业知识结构不断更新、丰富和演进,加速了教师从教学型转向研究型的过程,使其教学和研究得到了同步发展。

7.2　建议与启示

1.教师专业发展的策略

周坤亮(2014)基于1995 年—2011 年发表的具有代表性的促进教师专业素质发展的相关文献分析研究,总结了教师专业发展的有效措施:

(1)教师要掌握与完善学科内容与教学法知识;

(2)促进教师之间的团队合作与共同参与;

(3)教师发展要基于学校环境,要"嵌入"教师的日常教学科研工作中;

(4)教师发展需要跟进与持续不断的支持,需要不间断的学习机会;

(5)教师发展活动要基于教师的需求;

(6)有效的教师发展需要有效的评价;

(7)有效的教师发展需要充足的时间和其他资源来让教师去熟练掌握新的内容和教学法,并将其整合到实践中。

在综合分析的基础上,周坤亮(2014)进一步指出在设计教师专业发展活动时,要从专业发展的情境、内容和过程三个维度进行综合考虑。情境支持涉及国家与学校的教育教学改革政策、管理者的重视程度、教师专业发展所需的外部资源与教师发展需求等,良好的教师发展环境是提升教师质量的保障。教师专业发展的内容主要包括学科内容知识、学科教学法知识、有关学生的知识、课堂评价技能、课堂管理技能、辅导和指导技能等。教师需要在这些方面保持前沿性,通过持续的学习来加深和拓宽这些内容知识。有效的教师专业发展是一个持续的过程,它需要合作性、多样化的活动形式和持续的反馈,并且还应嵌入教师的日常教学实践。因此,教师专业发展是以实践为导向的,是一个在实践中发现问题——通过行动研究和学习分析问题并提出解决方案——在教学实践中解决问题的过程。

2.建构大学外语教师专业发展的有效机制

科学合理的大学外语教师专业发展机制能保障教师专业发展的良好循环,鼓励教师不断学习,提高教学和研究的水平,更好地适应社会发展对教师的要求。吴一安(2008b)通过历时性的个案研究发现了许多高校建立的机制对教师专业发展具有很大的促进作用。这些机制包括:(1)外语院系建立的教师专业素质发展机制;(2)外语院系建立的教师实践集体和教师学习群体;(3)基于教师发展需求,与外语教育研究前沿领域接轨的短期培训机制等。这些机制分别为大学外语教师专业发展的规范化、制度化和可持续性创造了条件。

因此,作为教师专业发展的主要场域(周坤亮,2014),学校要为教师专业发展提供全方位的支持。通过制定相应的政策,优化机制,关注教师发展实效和状况,拓宽教师发展的途径,实现大学外语教师专业的稳定高效发展。首先,学校要促使教师意识到教师专业发展的重要性,并为此营造氛围。其次,要从人本主义的角度关注教师发展,制定教师专业发展的激励机制,激发教师参与专业发展的积极性和主动性。最后,加大政策支持与资金投入,加强校园信息化环境与教师专业发展平台的建设,鼓励教师通过国内外进修、访学、攻读学位等方式提升专业发展能力,努力构建学习型的校园文化,为教师发展提供广阔的空间。

目前,教师培训仍然是促进教师专业发展的重要举措。针对我国教师迫切需要发展而培训手段陈旧低效的现状,夏纪梅(2012)倡议英语教师培训要有针对性、实用性、强化帮助扶持的功能。教师培训要关注教师的参与性,增加研讨型、反思型的互助交流培训活动。组织富有培训经验的专家设计培训活动、挑选培训材料和培训方法,为教师发展找出路。培训内容要关注完善教师专业发展的理念、丰富教师的专业知识和增长教师的专业能力三个模块。培训模式多以虚拟学习社区、教师素质发展平台为依托;培训方式要注重理论联系实践,突出大学英语教师专业素质在培训中的核心地位。

3.教师自主与教师合作相结合

事物发展的动力是内因和外因共同推动的结果,教师专业发展分为外驱式和内源式两种模式。内源式的动力来源于教师对职业的热爱和专业自我发展的强烈意识;外驱式动力由国家教育环境、积极向上的学校教学环境等组成。内在发展的动力在外语教师专业素质发展过程中起着根本性的作用,内外因素的有机结合共同促进外语教师专业水平的提高。

教师发展是教师在心智、经验和情感方面不断发展的过程,需要经历新手阶段、巩固阶段和提高发展阶段。每个阶段虽然有各自的发展侧重点,但在每个不同的发展阶段,教师学习者都会如同学生一样,在进行自主学习的同时寻求共同发展的途径。一方面,教师需要通过个人努力来实现自我完善。自主性的专业发展能力体现在教师作为自主的学习者在教学实践的各个环节有意识地学习和提高教学所需的技能,并在整个教学职业中不断改善和创新教学艺术。另一方面,教师发展还需要专家的指导或同事的相互影响。自主学习只是教师发展的一个重要环节,作为自主学习者,教师会受到外界因素的影响。在其他教师的观察、建议与批评或积极评价中,教师丰富和提高自己的专业能力,如通过教研活动、课程研究、课堂观摩、教学示范等相互学习新的教学模式,从而改进教学策略,提高学习成效,实现教育目标。因此,自主发展和共同发展两种方式同时存在于教师发展的不同阶段,两者相辅相成,缺一不可。

4.建立"教师参与型"评价体系,提升评价者资质

教师专业发展离不开教师评价。如何进行教师评价关系到教师的专业发展、教师队伍的建设和学校教育质量的提高。作为教育评价的重要内容,教师评价是对教师工作表现做出价值判断的活动。

首先,建立"教师参与型"的评价体系,改变教师在评价中的被动地位,完善教师在评价中的主动权。目前流行的教师评价方式主要以课堂观察和反馈为主,参与评价的多是行政人员、权威人士,这些评价者对职前和在职教师的课堂进行各种形式的观察;反馈方式则多以课后座谈会或学生问卷调查等形式为主。这种自上而下的教师评价方式完全忽略了教师自身的感受与感知。随之而来出现了各种问题,如课堂评价不切实际、评价的衡量标准一成不变、评价过程仅采取单向交流的模式等,导致了教师评价在教师和学校的发展中没有发挥应有的作用(Danielson & McGreal,2000,p.7)。这些问题出现的原因之一是教师评价中缺少人本主义的理念。因此,应提倡教师参与评价的模式,评价应从教师自身的角度出发,重视形成性评价,这样才能促使教师真正关注教学本身,投身教学,进而改进教学质量。

教师评价的另一种方式是学生评价。尽管学生是教学过程的主体,是课堂教学评价最有发言权的个体,但由于学生对课堂教学质量的认知水平不足,其评价必有不全面、不合理的方面。因此,学生评价只能作为课堂评价的模式之一,不能以此来一票否决教师的课堂教学质量,应适当调整学生评价的权

重。所以,无论哪种评价方式,都应该以提升学生的学习效果为目的,评价指标不应"以教师为中心"而设计,忽视学生的情感态度、创新能力及价值观的培养。

其次,提升评价者的胜任力。教师评价参与者是否具备相关的资质常常引起被评价者的质疑,如评价者的能力、角色的合法性、是否具备相关技能等。造成这种现象的一个主要原因是,职前的教师教育中缺乏评价方面的课程学习,教师不需要完成评价培训就可以获得专业教师资格,多数教师在不具备评价知识和技能的情况下参与评价工作(Taylor,2009)。由于评价者缺乏一定的胜任力,受主观性等因素影响,出现了人为的评价偏差,影响了评价信度与效果、公平与公正(毛利丹,2015),造成了评价水平与教学实践失衡,教师对评价结果不认可。因此,课堂观察应该作为教师基本技能纳入教师培训体系,这是实施评价改革所面临的关键问题(Davison,2004)。梁文艳和李涛(2018)提出了保障评价者资质的三条措施:(1)规定评价者的初始资质;(2)实施培训;(3)对培训者进行严格的资格认证和考核;(4)在观察者与被观察教师间实行随机匹配或单盲匹配,以避免刻板印象、偏见等主观因素的影响等。这些措施对于提升评价者的胜任力有很大的指导意义。

7.3　本研究的创新点

本研究在理论上为进一步研究地方高校大学外语教师专业发展提供了新的视角,为未来的研究提供了更广泛的素材,在实践上为建设科学合理的大学外语教师专业发展平台提供了可参考的操作模式,丰富了我国该领域的研究内容,弥补了国内该领域研究的不足。

1.本研究对教师专业发展相关概念进行了系统的梳理,在综合国内外相关研究的基础上,界定了大学外语教师专业发展的内涵,在理论上丰富了该概念的内涵和外延。

2.本研究对地方高校大学外语教师专业发展现状进行了初步调查,调查结果为各级各类教育行政部门制定相关的大学外语教师专业发展机制、政策、规划、评价体系等提供了有力的数据支撑。

3.本研究从历时的角度探讨了地方高校大学外语课程的发展过程,建构了本土化的大学外语课程体系,并对教师课堂教学交际行为的有效性进行了研究。通过对课程设置和有效交际策略的研究,提升了教师综合素养和教学反思实践能力,对其他高校大学外语课程体系的建构、课堂有效教学等具有启迪作用。

4.本研究探讨了大学外语教师在地方高校的教育教学改革发展过程中的专业发展问题。在教师自主理念下建构了大学外语教师专业学习共同体,提出了教师专业发展的 LPP 模式,研究了在教师学习共同体领域内隐性知识共享与转化的出场路径和内外环境,对于提升学校的竞争力以及对隐性知识共享转化所带来的管理组织形态、管理价值等变化的研究具有一定的启示意义。

5.以关键事件为突破口的课堂行动研究促进了教师的学习能力和反思实践能力,加强了教师之间的合作,在教师自主与合作的原则下极大地促进了大学外语教师的专业发展。

本研究打破了我国传统的外语教师培训模式,探索出了一条适合地方高校大学外语教师专业发展的新思路,把短期的教师培训渗透于教师日常教学的职业发展中,缩短了教师成长所需的周期,以最低花费发挥最大的效益,降低了完成外语教师持续发展所需的成本。同时,打破了外语教师职业发展的隔离状态,突破了教师职业发展的"高原期",提高了一线教师的教学和科研能力,促进了教师的学习能力和职业发展能力。特别是对于青年教师,教师学习共同体的活动促使他们正确认识自己,把反思活动融入日常教学实践,积极规划个人职业发展目标;通过思考和反省,他们增强了对职业发展的认同感、责任感和归属感,能更好地履行大学教师的职责,理论联系实际的能力也有所提高。因此,本研究在提升大学外语教师的教学和科研能力、促进教师专业发展方面探索出了一种行之有效的模式。

7.4 存在的不足与今后的研究趋势

本研究仅仅是对地方高校大学外语教师专业发展研究的一个初步尝试,所涉及的调查研究还有不完善的地方,参与调查的高校偏少,参与研究的都是英语教师,比较单一,高水平指导专家的数量有限。另外,教师专业发展同时会受到外部因素的影响,但本研究没有对此进行充分分析。研究对象仅为在职教师,没有涉及职前外语教师,也没有涉及职前和在职英语教师职业发展一体化的研究。

我国的外语教学研究从"方法"转向"后方法",从单一学科转向多学科,研究范式也逐渐从重法向重人转变,教师发展从培训走向专业发展。在这样的环境下,有关大学外语教师专业发展的研究也逐渐转向本土化的实证研究。未来研究需要更多地关注教师专业发展的案例,加大课堂教学中关键问题的研究范围。由于教师的成长经历、心理、社会文化背景和专业等各方面都对教师专业发展有影响,因此加强这些内部和外部相结合的研究十分必要。我国未来在该领域理论方面的研究还需要对现有的理论进行汇总和升华,进一步拓宽研究视角,丰富研究层次,注重研究对象的多样化,在研究方法方面也需要突破。

参考文献

Adendorff，R.（1993）．Code-switching amongst Zulu-speaking teachers and their pupils：Its functions and implications for teacher education［J］．*Language and Education*，7(3)：141-162.

Altrichter，H.，Posch，P. & Somekh，B.（1993）．*Teachers Investigate Their Work：An Introduction to the Methods of Action Research*［M］．London：Routledge.

Anderson，J. R.（1983）．*The Architecture of Cognition*［M］．Cambridge，MA：Harvard University Press.

Annett，J.（1969）．*Feedback and Human Behavior*［M］．Harmondsworth：Penguin Books.

Arhar，J. M.，Holly，M. L. & Kasten，W. C.（2002）．教师行动研究：教师发现之旅［M］．黄宇，陈晓霞，阎宝华，等译．北京：中国轻工业出版社.

Atkinson，D.（1987）．The mother tongue in the classroom：A neglected resource［J］．*ELT Journal*，41(4)：241-247.

Bailey，K. M.，Curtis，A. & Nunan，D.（2001）．Pursuing professional development research［J］．*Teaching and Teacher Education*，26：1088-1093.

Bartsch，R. A. & Cobern，K. M.（2003）．Effectiveness of Power Point presentations in lectures［J］．*Computers & Education*，41(1)：77-86.

Benson，P.（2006）．Autonomy in language teaching and learning［J］．*Language Teaching*，40(1)：21-40.

Benson，P.（2011）．*Teaching and Researching：Autonomy in Language Learning*（2nd ed.）［M］．London：Longman.

Benson，P. & Huang，J.（2008）．Autonomy in the transition from foreign language learning to foreign language teaching［J］．*DELTA：Revista de Documentação de Estudos em Lingüística Teórica e Aplicada*，24：421-439.

Bell，J. S.（1997）．Introduction：Teacher research in second and foreign language education［J］．*Canadian Modern Language Review*，54(1)：3-10.

Bianchini，J. A. & Cavazos，L. M. (2007). Learning from students，inquiry into practice，and participation in professional communities：Beginning teachers' uneven progress toward equitable science teaching [J]. *Journal of Research in Science Teaching*，44 (4)：586-612.

Birdwhistell，R. (1970). *Kinesics and Context* [M]. Philadelphia：University of Pennsylvania Press.

Boyer，E. L. (1995). *The Basic School：A Community for Learning* [M]. Princeton，NJ：Carnegie Foundation for the Advancement of Teaching.

Burns，A. (2005). Action research：An evolving paradigm? [J]. *Language Teaching*，38 (2)：57-74.

Burns，A. (2011). *Doing Action Research in English Language Teaching：A Guide for Practitioners* [M]. Beijing：Foreign Language Teaching and Research Press.

Butzkamm，W. (2003). We only learn language once. The role of the mother tongue in EL classrooms：Death of a dogma [J]. *Language Learning Journal*，28(1)：29-39.

Borich，G. D. (2007). *Effective Teaching Methods：Research-Based Practice* (6th ed.) [M]. New Jersey：Pearson Education，Inc.

Brown，D. (2001). *Teaching by Principles：An Interactive Approach to Language Pedagogy* [M]. Beijing：Foreign Language Teaching and Research Press.

Brown，J. S.，Collins，A. & Duguid，P. (1989). Situated Cognition and the Culture of Learning [J]. *Educational Researcher*，18(1)：32-42.

Brock，C. (1986). The effects of referential question on ESL classroom discourse [J]. *TESOL Quarterly*，20(1)：47-59.

Butzkamm，W. (2003). We only learn language once. The role of the mother tongue in EL classrooms：Death of a dogma [J]. *Language Learning Journal*，28(1)：29-39.

Calhoun，E. F. (1994). How to use action research in the self-renewing school [J/OL]. Association for Supervision and Curriculum Development. Retrieved July 26，2018，from http：//downloadpdfs. net/pdf082/how_to_use_action_research_in_the_self_renewing_school_emily_f_calhoun.pdf.

Canagarajah，A. S. (1995). Functions of code-switching in ESL classrooms：Socializing bilingualism in Jaffna [J]. *Journal of Multilingual and Multicultural Development*，16(3)：173-195.

Cook，V. (2001). Using the first language in the classroom [J]. *The Canadian Modern Language Review*，57(3)：402-23.

Cooper，P. J. (1988). *Speech Communication for the Classroom Teacher* [M]. Scottsdale，AZ：Gorsuch Scarisbrick Publishers.

Cutting，J. (2000). *Analysing the Language of Discourse Communities* [M]. Oxford：

Elsevier Science Ltd.

Danielson, C. , & McGreal, T. L. (2000). *Teacher Evaluation to Enhance Professional Practice* [M]. Princeton, NJ: Educational Testing Service.

Davison, C. (2004). The contradictory culture of teacher-based assessment: ESL teacher assessment practices in Australian and Hong Kong secondary schools [J]. *Language Testing*, 21(3): 305-334.

Denzin, N. K. & Lincoln, Y. S. (2000). *Handbook of Qualitative Research* [M]. London: Sage Publication Inc.

Dewey, J. (1933). *How We Think* [M]. New York: D. C. Heath and Company.

Eldridge, J. (1996). Code-switching in a Turkish secondary school [J]. *ELT Journal*, 50(4): 303-311.

Elliott, J. (1991). *Action Research for Educational Change* [M]. London: Open University.

Ernest, T. S. (2013). *Action Research* (4ᵗʰed.) [M]. New York: SAGE.

Ferguson, G. (2009). What next? Towards an agenda for classroom code-switching research [J]. *International Journal of Bilingual Education and Bilingualism*, 12(2): 231-241.

Flyman-Mattsson, A. & Burenhult, N. (1999). *Code-switching in second language teaching of French* [R]. Working Papers, Lund University, Dept. of Linguistics, Vol.47.

Freeman, D. & Richards, J. C. (1996). *Teacher Learning in Language Teaching* [M]. Cambridge: Cambridge University Press.

Gilroy, D. P. (1991). The loss of professional autonomy: The relevance of Olga Matyash's paper to the brave new world of British education [J]. *Journal of Education for Teaching*, 17(1): 11-15.

Green, W. , Hibbins, R. , Houghton, L. , & Ruutz, A. (2013). Reviving praxis: Stories of continual professional learning and practice architectures in a faculty-based teaching community of practice [J]. *Oxford Review of Education*, 39(2): 247-266.

Guichon, N. & McLornan, S. (2008). The effects of multimodality on L2 learners: Implications for CALL resource design [J]. *System*, 36(1): 85-93.

Hargreaves, A. (1998). The emotional practice of teaching [J]. *Teaching & Teacher Education*, 14(8): 835-854.

Harmer, J. (2000). *How to Teach English* [M]. Beijing: Foreign Language Teaching and Research Press.

Henson, K. (1996). Teachers as researchers [M]. In Sikula, J. , Buttery, T. J. & Guytong, E. (eds.). *Handbook of Research on Teacher Education*. New York: Macmillan: 53-64.

Hinkel，E. (2005). *Handbook of Research in Second Language Teaching and Learning* ［M］. New Jersey：Lawrence Erlbaum Associates.

Holec，H. (1981). *Autonomy in Foreign Language Learning* ［M］. Oxford：Pergamum. (First published in 1979，Strasbourg：Council of Europe).

Hord，S. M. (1997a). *Professional Learning Communities：Communities of Continuous Inquiry and Improvement* ［M］. Austin，TX：Southwest Educational Development Laborator.

Hord，S. M. (1997b). Professional learning communities：What are they and why are they important? ［J/OL］. *Issues … About Change* 6（1）：1-7. Retrieved July 20，2018，from. http://www.sedl.org/change/issues/issues61/Issues_Vol6_No1_1997.pdf.

Huffman，J. B. & Hipp，K. K. (2006). 学习型学校的文化重构[M]. 贺凤美，万翔，王大凯，褚保堂，译. 北京：中国轻工业出版社.

J. 莱夫，E. 温格. (2004). 情景学习：合法的边缘性参与[M]. 王文静，译. 上海：华东师范大学出版社.

Johnson，D. M. (1992). *Approaches to Research in Second Language Learning* ［M］. New York：Longman.

Kemmis，S. (2007). Action research as a practice-changing practice[J/OL]. Retrieved July 20，2018，from https：//www.infor.uva.es/～amartine/MASUP/Kemmis_2007.pdf.

Kemmis，S. & McTaggart，R. (1988). *The Action Research Reader* ［M］. Greelong：Deakin University.

Killion，J. & Todnem，G. (1991). A process for personal theory building ［J］. *Educational Leadership*，48(6)：14-16.

Knapp，M. (1978). *Nonverbal Communication in Human Interaction* ［M］. New York：Holt，Rinehart & Winston.

Krashen，S. D. (1982). *Principle and Practice in Second Language Acquisition* ［M］. Oxford：Pergamon Press.

Krashen，S. D. (1985). *The Input Hypothesis：Issues and Implications* ［M］. New York：Longman.

Kress，G. & Van Leeuwen，T. (2010). *Multimodal Discourse：The Mode and Media of Contemporary Communication* ［M］. London：Bloomsbury Academic.

LaGanza，W. (2008). Learner autonomy-teacher autonomy：Interrelating and the will to empower[M]. In Lamb，T. & Reinders，H. (eds.). *Learner and Teacher Autonomy：Concepts，Realities and Responses*. Philadelphia，PE：John Benjamins Publishing Company：63-79.

Lemke，J. (1997). Cognition，context，and learning：A social semiotic perspective ［M］. In Kirshner，D. & Whitson，J. A. (eds.). *Situated Cognition：Social，Semiotic，and*

Psychological Perspective. Mahwah，NJ：Lawrence Erlbaum Associates.

Li，W. & Martin，P. (2009). Conflicts and tension in classroom code-switching：An introduction [J]. *International Journal of Bilingual Education and Bilingualism*，12 (2)：117-122.

Lieberman，A. & Mace，P. (2009). Making practice public：Teacher learning in the 21st century [J]. *Journal of Teacher Education*，61(1-2)：77-88.

Lieberman，A. & Miller，L. (2011). Learning communities：The starting point for professional learning is in schools and classrooms [J]. *Journal of Staff Development*，32 (4)：16-20.

Lin，A. (1996). Bilingualism or linguistic segregation? Symbolic domination，resistance and code switching [J]. *Linguistics and Education*，8(1)：49-84.

Little，D. (1995). Learning as dialogue：The dependence of learner autonomy on teacher autonomy [J]. *System*，23(2)：175-182.

Little，D. (2009). 自主学习方法与途径 [M]. 邱永忠，林赟，江琴，等译. 福州：福建教育出版社.

Long，M. (1981). Input，interaction，and second language acquisition [J]. *Annals of the New York Academy of Sciences*，379：259-278.

Long，M. H. & Sato，C. J. (1983). Classroom foreign talk discourse：Forms and functions of teachers' questions [M]. In Seliger，H. W. & Long，M. H. (eds.). *Classroom Oriented Research in Second Language Acquisition*. Rowley，MA：Newbury House：268-285.

Martin，P. W. (2005). "Safe" language practices in two rural schools in Malaysia：Tensions between policy and practices [M]. In Lin，A. M. Y. & Martin，P. W. (eds). *Decolonization，globalization：Language-in-education policy and practice*. Clevedon，UK：Multilingual Matters.

Macaro，E. (1995). Target language use in Italy [J]. *Language Learning Journal* (11)：52-54.

Macaro，E. (2001). Analyzing student teacher's code-switching in foreign language classroom：Theories and decision-making [J]. *The Modern Language Journal*，85(4)：531-548.

Martin-Jones，M. (2000). Bilingual classroom interaction：A review of recent research [J]. *Language Teaching*，33(1)：1-9.

McGlynn，C. & Martin. P. (2009). "No vernacular"：Tension in language choice in a sexual health lesson in The Gambia [J]. *International Journal of Bilingual Education and Bilingualism*，2(2)：137-155.

McGrath，I. (2000). Teacher autonomy[M]. In Sinclair，B.，McGrath，I. & Lamb，T.

(eds.). *Learner Autonomy*，*Teacher Autonomy*：*Future Directions*. Harlow：Pearson Education：100-110.

Mckerrow，R. E. (2000). *Principles and Types of Speech Communication* [M]. Longman：New York.

McNiff，J. (1988). *Action Research*：*Principles and Practice* [M]. London：Macmillan Education.

Mehan，H. (1981). Ethnography of bilingual education[M]. In Trueba，H.，Guthrie，G. P. & Au，K. H. -P. (eds.). *Culture and the Bilingual Classroom*：*Studies in Classroom Ethnography*. Rowley，MA：Newbury House.

Meirink，J.，Meijer，P. C. & Verloop，N. (2007). A closer look at teachers' individual learning in collaborative settings [J]. *Teacher and Teaching*：*Theory and Practice*，12(2)：145-164.

Moodley，V. (2007). Code switching in the multilingual english first language classroom [J]. *International Journal of Bilingual Education and Bilingualism*，10(6)：707-722.

New London Group. (1996). A pedagogy of multiliteracies：Designing social futures [J]. *Harvard Educational Review*，66(1)：60-90.

Nonaka，L. & Takeuchi，H. (1995). *The Knowledge-Creating Company*：*How Japanese Companies Create the Dynamics of Innovation* [M]. New York，NY：Oxford University Press.

Nouri，H. & Shahid，A. (2005). The effect of PowerPoint presentations on student learning and attitudes [J]. *Global Perspectives on Accounting Education*，2(1)：53-73.

Nunan，D. (1992). *Research Methods in Language Learning* [M]. Cambridge：Cambridge University Press.

Nunan，D. & Lamb，C. (1996). *The Self-Directed Teacher*：*Managing the Learning Process* [M]. Cambridge：Cambridge University Press.

Pennington，M. (1995). Pattern and variation in use of two languages in the Hong Kong secondary English class [J]. *RELC Journal*，26(2)：80-105.

Pinar，W. (2002). *Understanding Curriculum*：*An Introduction to the Study of Historical and Contemporary Curriculum Discourses* [M]. New York：Peter Lang Inc.

Polanyi，M. (1958). *Personal Knowledge*：*Towards a Post-Critical Philosophy* [M]. London：Routledge & Kegan Paul Ltd.

Polio，C. G & Duff，P. A. (1994). Teachers' language use in university language classrooms：A qualitative analysis of English and target language alternation [J]. *The Modern Language Journal*，18(3)：313-326.

Posner，G. J. (1989). *Field Experience*：*Methods of Reflective Teaching* [M]. New

York：Longman Inc.

Poulou，M. S. (2009). Classroom interactions：Teachers' and students' perceptions [J]. *Research in Education*，82(1)：103-106.

Probyn，M. (2009). "Smuggling the vernacular into the classroom"：conflicts and tensions in classroom code-switching in township/rural schools in South Africa [J]. *International Journal of Bilingual Education and Bilingualism*，12(2)：123-136.

Rainey，I. (2000). Action research and the English as a foreign language practitioner：Time to take stock [J]. *Educational Action Research*，8(1)：65-91.

Richards，J. C. (1998). *BeyondTraining* [M]. Cambridge：Cambridge University Press.

Richards，J. C. & Lockhart，C. (2000). *Reflective Teaching in Second Language Classroom* [M]. Cambridge：Cambridge University Press.

Richards，J. C. & Nunan，D. (eds.). (1990). *Second Language Teacher Education* [M]. Cambridge：Cambridge University Press.

Roblin，N. P. & Margalef，L. (2013). Learning from dilemmas：Teacher professional development through collaborative action and reflection [J]. *Teacher and Teaching：Theory and Practice*，19(1)：18-32.

Royce，T. (2002). Multimodality in the TESOL classroom：Exploring visual-verbal synergy [J]. *TESOL Quarterly*，36(2)：191-205.

Samovar，L. A. & Porter，R. E. (1982). *Intercultural Communication：A Reader* [M]. Belmont，CA：Wadsworth Publishing Co.

Schon，D. A. (1983). *The Reflective Practitioner：How Professionals Think in Action* [M]. New York：Basic Books.

Sert，O. (2005). The functions of code switching in ELT classroom [J/OL]. *The Internet TESL Journal*，11(8). August 2005. http：//iteslj. org/Articles/Sert-CodeSwitching. html.

Shaw，M. E. (2003). Group dynamics [J]. *Annual Review of Psychology*，12(12)：129-156.

Shulman，L. S. (1987). Knowledge and teaching：Foundations of the new reform. *Harvard Educational Review*，57 (1)：1-22.

Skiba，R. (2005). Code switching as a countenance of language interference [J/OL]. *The Internet TESL Journal*，11 (8). August 2005. http：//iteslj. org/Articles/Skiba-CodeSwitching.html.

Smith，R. C. (2003). Teacher education for teacher-learner autonomy[J/OL]. Retrieved July 22，2018，from http：//homepages. warwick. ac. uk/～elsdr/Teacher_autonomy. pdf.

So，K. (2013). Knowledge construction among teachers within a community based on inquiry as stance [J]. *Teaching and Teacher Education*，29：188-196.

Stein，P. (2000). Rethinking resources：Multimodal pedagogies in the ESL classroom [J]. *TESOL Quarterly*，34（2）：333-336.

Stephenson，J. F. (2002).非常教师:优质教学的精髓 [M].周渝毅，李云,译.北京：中国轻工业出版社.

Stern，H. H. (1983). *Fundamental Concepts of Language Teaching* [M]. Oxford：Oxford University Press.

Stringer，E. T. (1996). *Action Research：A Handbook for Practitioners* [M/OL]. Thousand Oaks，CA：Sage Publication. Retrieved July 12，2014，from http://www. infed. org.

Swain，M. (1985). Communicative competence：Some roles of comprehensible output in its development [M]. In Gass，S. & Madden，C. (eds.). *Input in Second Language Acquisition*. Rowley，MA：Newbury House.

Swaless，J. M. (2001). *Genre Analysis：English in Academic and Research Setting* [M]. Shanghai：Shanghai Foreign Language Education Press.

T. S. 库恩. (1980).科学革命的结构[M].李宝恒，纪树立，译.上海：上海科学技术出版社.

Taylor，L. (2009). Developing assessment literacy [J]. *Annual Review of Applied Linguistics*，29：21-36.

Tripp. D. (2007).教学中的关键事件 [M].邓妍妍,译.石家庄：河北人民出版社.

Turnbull，M. & Arnett，K. (2002). Teachers' uses of the target and first languages in second and foreign language classrooms [J]. *Annual Review of Applied Linguistics*，22：204-218.

Vescio，V.，Ross，D. & Adams，A. (2008). A review of research on the impact of professional learning communities on teaching practice and student learning [J]. *Teaching and Teacher Education*，24(1)：80-91.

Wallace，M. J. (1991). *Training Foreign Language Teachers：A Reflective Approach* [M]. Cambridge：Cambridge University Press.

Wallace，M. J. (2000). *Action Research for Language Teachers* [M]. Cambridge：Cambridge University Press.

Wenger，E. (1998). *Community of Practice* [M]. Cambridge：Cambridge University Press.

阿春林. (2003).高等学校实施国际教育交流与合作的有关问题[J].青海师范大学学报（哲学社会科学版）(3)：110-114.

安桂清. (2013).话语分析视角的课堂研究：脉络与展望[J].全球教育展望(11)：21- 27.

安琦. (2011).外语教师自主教学实证研究[J].外语电化教学(7)：49-54.

白益民.(2002).教师的自我更新：背景、机制与建议[J].华东师范大学学报(4)：28-38.

毕继万.(1998).跨文化非语言交际[M].北京：外语教学与研究出版社.

博克.(2012).回归大学之道：对美国大学本科教育的反思与展望[M].侯定凯,译.上海：华东师范大学出版社.

蔡基刚.(2004).《大学英语课程教学要求(试行)》的衔接性和前瞻性[J].外语界(5)：10-17.

蔡基刚.(2007).转型时期的我国大学英语教学特征和对策研究[J].外语教学与研究(1)：27-32.

蔡基刚,廖雷朝.(2010).ELE还是ESP,再论我国大学英语的发展方向[J].外语电化教学(5)：20-26.

曹明瑞.(2006).母语在高校英语教学中的地位[J].外语教学(3)：67-68.

柴改英.(2010).以外语创新人才培养为目标的通识教育[J].外语电化教学(9)：14-19.

查尔斯·泰勒.(2001).自我的根源：现代认同的形成[M].韩震,王成兵,乔春霞,等译.南京：译林出版社.

常海潮.(2011).教学法"死亡"了吗？——论外语教学中教师中心角色的回归[J].外语界(3)：36-43.

陈冬纯.(2001).提高21世纪大学生的专业英语水平：对专业英语教学改革的几点思考[J].外语界(2)：32-35.

陈冬纯.(2011).基于语篇理论的多媒体外语教学设计[J].中国电化教育(9)：117-121.

陈冬纯.(2014).CBI理念下的大学英语教学与教师专业发展[J].外语电化教学(2)：68-72.

陈国明.(2009).跨文化交际学[M].上海：华东师范大学出版社.

陈厚德.(2000).有效教学[M].北京：教育科学出版社.

陈坚林,顾世民.(2011).试论大学英语教学课程在通识教育中的地位和作用[J].外语电化教学(1)：3-8.

陈立平.(2004).英语专业教师在课堂上语码转换调查[J].解放军外国语学院学报(5)：204-218.

陈茂庆.(2003).默会知识与第二语言习得[J].东北大学学报(社会科学版)(4)：298-300.

陈素娜,范怡红.(2009).英国大学教师发展的特色及其启示[J].理工高教研究(2)：118-120.

陈雯.(2018).台湾高校通识教育发展策略与改革趋势研究[J].高教学刊(11)：1-4,7.

陈向明.(2009).教师实践性知识研究的知识论基础[J].教育学报(2)：47-55.

陈向明,张玉荣.(2014).教师专业发展和学习为何要走向"校本"[J].清华大学教育研究,35(1)：36-43.

陈效飞,任春华,郝志军.(2018).论行动研究促进教师专业发展的机制:基于哲学解释学的视角[J].教师教育研究(4)：12-17.

陈晓端,龙宝新.(2012).教师专业学习共同体的实践基模及其本土化培育[J].课程・教材・教法(1):106-114.

陈晓端,Stephen Keith.(2005).当代西方有效教学研究的系统考察与启示[J].比较教育研究(8):56-57.

陈雪.(2008).探索非专业英语大班教学的课堂互动[J].长春师范学院学报(3):121-124.

陈亚平,曹荣平.(2012).外语课堂隐性语言知识构建模式[J].中国外语(6):51-56.

陈烨,王海啸.(2013).大学英语教师科研观的调查与分析[J].外语与外语教学(3):25-28.

陈雅玲.(2011).教师团队合作学习:生态取向的教师发展机制[J].当代教育科学(15):26-29.

程红,张天宝.(1998).论教学的有效性及提高策略[J].中国教育学刊(5):37-40.

程龙.(2015).隐性知识的过度显性化及其救赎[J].全球教育展望(7):31-38.

程熙旭.(2011).打破大学英语课堂中的沉默:提高课堂互动的行动研究[J].中国外语教育(1):25-30.

程晓丽.(2015).国内英语课堂语码转换研究的现状与展望[J].外国语文(5):150-157.

程晓堂,孙晓慧.(2010).中国英语教师教育与专业发展面临的问题与挑战[J].外语教学理论与实践(3):1-6.

从丛.(2000)."中国文化失语症":我国英语教学的缺陷[N].光明日报,2000-10-19.

崔允漷,王少非.(2014).教师专业发展即专业实践的改善[J].教育研究(9):77-82.

崔允漷,王中男.(2012).学习如何发生:情境学习理论的诠释[J].教育科学研究(7):28-32.

大桥正夫.(1980).教育心理学[M].上海:上海教育出版社.

戴维・H.乔纳森,等.(2002).学习环境的理论基础[M].郑太年,任友群,译.上海:华东师范大学出版社.

戴维・W.约翰逊,罗杰・T.约翰逊.(2003).领导合作型学校[M].唐宗清,等译.上海:上海教育出版社.

董金伟.(2012).促进大学英语教师专业发展的学习策略:以G大学为例的实证研究[J].外语教学理论与实践(2):14-22.

董连忠,朱庆龙.(2006).英语专业高级英语课母语使用情况调查[J].山东外语教学(6):56-60.

董树梅.(2014).主动,行动研究之魂:对行动研究本质的思考[J].天津师范大学学报(基础教育版)(2):20-23.

杜福尔・埃克.(2004).有效的学习型学校:提高学生成就的最佳实践[M].聂向荣,李纲,等译.北京:中国轻工业出版社.

范琳,李梦莉,史红薇,梁俊君.(2017).高校英语教师自我概念、教学效能感与职业倦怠现状及关系研究[J].外语教学理论与实践(1):53-59.

方志英.（2013）.社会文化视域下的教师自主研究：以中国大学英语教师为例［J］.重庆大学学报（社会科学版）（1）：173-178.

付安权.（2009）.论英语学科教师专业发展的再概念化［J］.外语界（1）：23-29，36.

国家教育委员会.（1996）.关于师范教育改革和发展的若干意见［Z/OL］.［2017-08-09］.http://www.jyb.cn/china/jyssdjt/201112/t20111205_467553.html.

甘阳.（2006）.大学通识教育的两个中心环节［J］.读书（4）：3-11.

甘阳.（2008）.大学通识教育的纲与目［M］//孙有中.英语教育与人文通识教育.北京：外语教学与研究出版社.

高长.（2017）.基于组织学习的大学英语教师专业发展路径探究［J］.外语电化教学（8）：91-94.

高吉利,李秀萍.（2011）.自主性外语学习环境下的大学英语教师自主能力调查与研究［J］.外语界（4）：29-35.

高强,秦俊红.（2010）.大学英语教师语法教学信念与课堂教学实践关系探究［J］.外语教学理论与实践（3）：50-56.

高四霞.（2011）.大学英语教学改革环境下教师效能感研究［J］.外国语文（5）：128-133.

高文.（1999）.维果茨基心理发展理论与社会建构主义［J］.外国教育资料（4）：13-14.

高翔,王蔷.（2003）.反思性教学：促进英语教师自身发展的有效途径［J］.外语教学（2）：87-90.

高湘萍.（2003）.隐性知识的获得及显性化的心理途径［J］.全球教育展望（8）：27-29.

高云峰,李小光.（2007）.近十年我国高校外语教师教育研究文献评析［J］.外语界（4）：56-64.

高艳.（2008）.从社会文化理论的角度论语言教师的中介作用［J］.外语教学理论与实践（3）：93-96.

高一虹,李莉春,吕王君.（1999）.中西应用语言学研究方法发展趋势［J］.外语教学与研究（2）：8-16.

顾佩娅.（2008）.外语教师教育和发展的理论、研究与实践［J］.外语教学理论与实践（3）：88-92.

顾琦一.（2005）.隐性知识、显性知识及其接口之争［J］.外语教学（6）：45-50.

顾曰国.（2007）.多媒体、多模态学习剖析［J］.外语电化教学（2）：3-12.

郭燕,徐锦芬.（2015）.我国大学英语教师专业发展共同体建设研究［J］.外语界（5）：79-87.

郭燕,徐锦芬.（2016）.专业学习共同体对外语教师教学能力发展的影响研究［J］.解放军外国语学院学报（1）：104-112.

郭晓佳.（2010）.英国大学教师发展研究［D］.长春：东北师范大学.

郭秀艳.（2003）.内隐学习与缄默知识［J］.教育研究（12）：1-10.

郭元婕,鲍传友.（2006）.实现教师专业自主发展的路径探讨［J］.中国教育学刊（12）：61-

63.

韩戈玲，董娟.(2011).多元生态化大学英语课程体系研究[J].外语电化教学(2)：21-5.

韩戈玲，祁小雯，戴炜华.(2009).立体化大学英语课程设置的实践和研究[J].外语界(2)：66-73.

韩雅君.(2010).通识教育视角下大学英语课程体系研究[D].南京：南京航空航天大学.

衡仁权.(2004).国外外语课堂教学中教师目标语和母语的使用研究述评[J].外语界(6)：64-68.

胡杰辉.(2014).目标导向的大学英语课程体系研究[J].中国外语(6)：4-9.

胡胜高，谭文芬.(2012).行动研究与外语教师专业发展[J].黑龙江高教研究(1)：88-90.

胡文仲，孙有中.(2006).突出学科特点，加强人文教育[J].外语教学与研究(5)：243-247.

胡壮麟，董佳.(2006).意义的多模态构建：对一次PPT演示竞赛的语篇分析[J].外语电化教学(3)：3-12.

胡壮麟.(2007).社会符号学研究中的多模态化[J].语言教学与研究(1)：1-10.

洪卫.(2012).高校外语课堂中PPT课件依赖问题的分析与思考[J].外语电化教学(11)：76-80.

黄芳.(2011).以培养"卓越工程人才"为核心的大学英语教学改革探索：以上海理工大学的改革实践为例[J].外语电化教学(1)：15-19.

黄和斌.(2001).外语教学理论与实践[M].南京：译林出版社.

黄景，Phil Benson.(2007).第二语言教育的教师自主性研究[J].外语与外语教学(12)：33-37.

黄若妤.(2002).Anderson的"ACT认知模型"与外语学习[J].外语教学(6)：19-22.

黄山.(2013).课堂话语研究的反思与展望：基于布迪厄社会实践理论的视角[J].当代教育科学(24)：8-11.

黄深源.(1998).思辨缺席[J].外语与外语教学(7)：1-19.

黄伟.(2012).教师话权运作及其话语霸权探查：基于课堂教学的话语分析[J].教育研究与实验(2)：22-25.

贾爱武.(2005).外语教师的专业地位及其专业发展内涵[J].外语与外语教学(4)：57-59.

贾爱武.(2006).美国外语教师教育及专业资格标准政策研究[J].外语界(2)：41-52.

贾玉新.(1997).跨文化交际学[M].上海：上海外语教育出版社.

江晓梅.(2003).英国当代语言教师学习理论综述及启示[J].外语界(1)：67-73.

蒋学清.(2013).北京五所高校大学英语教师培训项目：理论与实践[J].中国外语(1)：65-71.

教育部高等教育司.(2007).大学英语课程教学要求[Z].北京：外语教学与研究出版社.

金美福.(2005).教师自主发展论：教学研同期互动的教职生涯研究[M].北京：教育科学出版社.

康德.(1990).历史理性批判文集[M].何兆武,译.北京:商务印书馆.

康艳.(2017).从新手外语教师的课堂教学行为看教师认知的构成和作用机制[J].解放军外国语学院学报(2):95-103.

蓝仁哲.(2009).高校外语专业的学科属性与培养目标:关于外语专业改革与建设的思考[J].中国外语(6):4-16.

黎加厚.(2004).信息时代的教育叙事与教师主体意识的觉醒[J].中国电化教育(10):40-44.

李航.(2008).有效教学研究及其对外语教学的启示[J].外语界(1):33-39.

李炯英.(2003).行动研究:概述、理据及应用[J].四川外语学院学报(6):134-138.

李俐.(2013).英国高校教师发展研究[D].重庆:西南大学.

李四清.(2012).通识教育理念下的大学英语教师发展探究[J].外语电化教学(3):26-30.

李四清.(2015).对外语教学视域中教师自主概念的审视与再界定[J].外语电化教学(1):37-42.

李太平.(2006).论教师研究范式的转换[J].教育理论与实践(6):42-45.

李晓媛,俞理明.(2007).国外行动研究趋势及其对中国外语教学研究的启示[J].外语教学(2):48-52.

李新涛,韩少杰,罗双好.(2015).行动研究视角下大学英语教学反思能力的职前培养研究[J].中国外语(5):95-99.

李颖.(2010).母语在第二语言教学中的应用与认知分析[J].中国外语(6):74-78.

李中国,辛丽春,赵家春.(2013).G-U-S教师教育协同创新模式实践探索:以山东省教师教育改革为例[J].教育研究(12):144-159.

连榕.(2007).教师专业发展[M].北京:高等教育出版社.

连秀云.(2003).教师专业化建设:一个影响教育改革与发展的时代课题——中国教育学会第15次学术讨论会综述[J].中国教育学刊(2):48-51.

联合国教科文组织总部中文科,译.(1996).教育:财富蕴藏其中[M].北京:教育科学出版社.

梁文艳,李涛.(2018).基于课堂观察的教师教学质量评价:框架、实践与启示[J].教师教育研究(1):64-71.

林沛生.(1993).关于促进青年教师职业成熟的思考[J].天津师大学报(社会科学版)(1):7-10.

刘立明.(2002).略论大学教师的有效教学[J].黑龙江高教研究(4):101-103.

刘济良,王振存.(2011).美国大学教师发展的经验及启示[J].教育研究(11):104-107.

刘莉.(2014).大学英语教师职业倦怠与信息技术环境中职业发展路径分析[J].外语学刊(6):136-139.

刘娜.(2013).地方高校外语专业青年教师专业化探析[J].中国成人教育(11):137-140.

刘乃美.(2005).交际策略研究对我国外语教学的启示[J].外语界(3):55-60.

刘乃美.(2011).英语教师课堂语码转换的"历时"研究[J].淮海工学院学报(社会科学版)
　　(12):58-60.

刘乃美.(2012).外语专业人文通识教育实施中的焦点问题探究[J].临沂大学学报(5):
　　105-109.

刘乃美.(2013).多模态 PPT 演示教学的有效性研究[J].北京印刷学院学报(5):63-66.

刘乃美,张建青.(2016).高校外语教师学习共同体中隐性知识显性化研究[J].外语教学
　　(4):51-55.

刘启迪.(2006).课程教学评价的理论与实践探索:课程教学评价学术研讨会述评[J].课
　　程・教材・教法(6):9-17.

刘润清,戴曼纯.(2003).中国高校外语教学改革现状与发展策略研究[M].北京:外语教
　　学与研究出版社.

刘润清,马丁・韦德尔.(2001).外语教学与学习:理论与实践(英汉对照)[M].北京:高
　　等教育出版社.

刘秀丽,张德禄,张宜波.(2013).外语教师多模态话语与学生学习积极性的关系研究
　　[J].外语电化教学(3):3-9.

刘学惠.(2005).外语教师教育研究综述[J].外语教学与研究(3):211-217.

刘玉杰,宋银秋.(2015).需求论视域下大学英语课程体系研究[J].现代教育科学(4):
　　73-81.

刘永厚.(2007).主体语框架模式在教师语码转换结构研究中的应用[J].西安外国语大学
　　学报(1):15-17.

刘仲林.(1983).认识论的新课题:意会知识——波兰尼学说评介[J].天津师大学报(5):
　　18-22.

龙宝新.(2013).论自我调适型教师专业成长观[J].湖南师范大学教育科学学报(6):75-
　　80,85.

吕乐,戴炜华.(2007).教学研究:英语教师职业发展的关键[J].外语界(4):22-36.

吕渭源,叶显.(1998).大学有效教学评估研究[J].湖北大学学报(2):90-97.

卢立涛,井祥贵.(2012).教育行动研究在中国:审视与反思[J].教育学报(1):49-53.

卢正芝,洪松舟.(2012).教师有效课堂提问:价值取向与标准建构[J].教育研究(4):65-
　　70.

卢植,茅丽莎.(2004).外语课堂语码转换的应用语言学思考[J].现代教育论丛(2):52-
　　55.

鲁团花,陈进封.(2013).高校青年外语教师自主专业发展结构与路径研究[J].中国成人
　　教育(9):93-95.

陆谷孙.(2003).英语教师的各种素养[J].外语界(2):2-6.

陆杨.(2010).MCALL 模式下英语教师角色动态发展的实证解析[J].外语电化教学(1):
　　65-80.

迈克尔·富兰.(2005).教育变革新意义(第3版)[M].赵中建,陈霞,李敏,译.北京：教育科学出版社.

毛利丹.(2015).教师眼中的教师评价：一个被忽略的研究领域[J].全球教育展望(7)：99-110.

毛秀琳.(2008).论高等学校外语专业的人文教育[M]//孙有中.英语教育与人文通识教育.北京：外语教学与研究出版社.

孟丽华,武书敬.(2015).网络环境下大学英语教师专业素质发展研究[M].北京：外语教学与研究出版社.

孟昭宽,杨丽娜.(2012).信息技术环境下的教师专业共同体构建研究[J].中国电化教育(8)：74-77.

倪胜利.(2011).通识教育：真谛、问题与方法[J].教育研究(9)：94-97.

牛利华.(2007).教师专业共同体：教师发展的新模式[J].教育发展研究(12B)：40-43.

牛利华.(2013).教师专业共同体的实践焦虑与现实出路[J].外国教育研究(7)：59-65.

潘洪建.(2013)."学习共同体"相关概念辨析[J].教育科学研究(8)：12-16.

潘懋元.(1996).新编高等教育学[M].北京：北京师范大学出版社.

庞继贤.(1998).外语教学中的"行动研究"[J].浙江大学学报(2)：106-116.

裴学梅.(2003).教师行为研究：外语教师发展新途径[J].山东外语教学(1)：41-43.

齐格蒙特·鲍曼.(2003).共同体[M].欧阳景根译.南京：江苏人民出版社.

钱晓霞.(2005).试论英语教师职业发展中的教师自主[J].外语界(6)：30-35.

秦枫,洪卫,郎曼.(2013).基于问题的教学模式在英语口语教学中的行动研究[J].外语电化教学(7)：70-75.

秦秀白.(2010).有好的外语教师,才有好的外语教育[J].中国外语(6)：31-32.

秦秀白.(2012).警惕课堂教学娱乐化[J].当代外语研究(7)：1-2.

饶从满,王春光.(2000).反思型教师与教师教育运动初探[J].东北师大学报(哲学社会科学版)(5)：86-92.

任其平.(2010).论教师专业发展的生态化培养模式[J].教育研究(8)：62-66.

阮全友,陈奇梅,雷小川.(2005).我国CALL研究的趋势：行动研究和对行动研究之研究[J].外语界(4)：2-8.

芮燕萍.(2011).大学英语教师专业发展状况实证研究[M].北京：国防工业出版社.

单志艳,等.(2013).中国教师发展报告2012[M].北京：教育科学出版社.

施琴芬,崔志明,梁凯.(2004).隐性知识转移的特征与模式分析[J].自然辩证法研究(2)：62-68.

石文典,李宇龙,李秀君.(2014).专家与新手教师内隐与外显学习比较[J].心理科学(4)：912-919.

石文典,杨丽恒.(2009).实践社区中隐性知识转化研究[J].心理科学(6)：1448-1451.

束定芳.(2005).外语教学改革：问题与对策[M].上海：上海外语教育出版社.

束定芳.(2012).大学英语教学大赛与教师发展[J].外语界(3)：34-41.

束定芳,庄智象.(1996).现代外语教学[M].上海：上海外语教育出版社.

宋广文.(2005).论教师专业发展[J].教育研究(7)：71-74.

宋萍萍,黎万红.(2017).西方教师共同体研究：概念、实践与展望[J].中国人民大学教育学刊(3)：109-120.

苏建红.(2011).学习者思维方式个体差异对英语语言技能的影响：以显性/隐性知识为中介[J].外语教学与研究(1)：118-129,160.

苏建红.(2012a).二语习得中显性知识与隐性知识关系的实证研究[J].外语与外语教学(1)：26-30.

苏建红.(2012b).显性/隐性教学与语言分析能力对二语知识习得的交互作用[J].现代外语(4)：385-392.

苏鑫.(2015).当代美国犹太作家菲利普·罗斯创作流变研究[M].上海：上海三联书店.

苏鑫.(2015).菲利普·罗斯自传性书写的伦理困境[J].外国文学研究(6)：116-123.

孙倚娜,李翠英.(2016).大学英语课程设置优化与大学英语教师的可持续发展[J].中国外语(1)：19-24.

孙有中.(2008).英语教育与人文通识教育[M].北京：外语教学与研究出版社.

谭支军.(2015).智慧学习环境下教师隐性知识转化螺旋模型设计研究：基于具身认知理论的视角[J].中国电化教育(10)：116-119.

汤燕瑜,刘绍忠.(2003).教师语言的语用分析[J].外语与外语教学(1)：19-23.

唐丽萍.(2003).语言课堂语码转换述评[J].国外外语教学(1)：5-10.

陶涛.(2015).大学英语教学有效性问题研究[D].上海：华东师范大学.

滕明兰.(2009).大学生课堂沉默的教师因素[J].黑龙江高教研究(4)：146-148.

王爱菊.(2008).教师专业化批判：兼论教师幸福[J].教育发展研究(18)：72-75.

王长纯.(2009).教师发展学校研究[M].北京：北京师范大学出版社.

王春玲,高益民.(2006).美国高校教师发展的兴起及组织化[J].比较教育研究,(9)：56-61.

王德禄.(1999).浅谈文科大学生的知识结构[J].山西大学师范学院学报(1)：82-83.

王海啸.(2009).大学英语教师与教学情况调查[J].外语界(4)：6-13.

王海燕.(2011).实践共同体视野下的教师发展[M].重庆：重庆大学出版社.

王家芝.(2008).外语师资教育：理论模式及其应用研究[J].外语界(5)：30-37,51.

王瑾.(2007).语码转换的功能及其体现模式[J].外语与外语教学(7)：17-20.

王立非,文秋芳.(2004).母语水平对二语写作的迁移：跨语言的理据与路径[J].外语教学与研究(3)：205-212.

王琦,富争.(2011).英语教师在线合作行为：一项基于虚拟实践共同体的案例研究[J].外语电化教学(4)：28-33.

王蔷.(2000).英语教师行动研究[M].北京：外语教学与研究出版社.

王蔷.(2002).英语教师行动研究:从理论到实践[M].北京:外语教学与研究出版社.

王守仁.(2008).进一步推进和实施大学英语教学改革:关于《大学英语课程教学要求(试行)》的修订[J].中国外语(1):4-10.

王守仁.(2012).在构建大学英语课程体系过程中建设教师队伍[J].外语界(4):2-5.

王守仁.(2016).《大学英语教学指南》要点解读[J].外语界(3):2-10.

王帅.(2015).国外高校学生评教研究对我国教师评价研究的启示:以学生对外语教师评价为例[J].现代大学教育(5):77-83.

王天晓.(2013).教师教育共同体建设三题[J].中国教育学刊(6):85-87.

王天晓,李敏.(2014).教师共同体的特点及意义探析[J].教育理论与实践(8):25-27.

王文斌,徐浩.(2015).2014中国外语教育年度报告[R].北京:外语教学与研究出版社.

王文浩.(2012).哈佛的通识教育不能盲目拿来[N].中国青年报,2012-04-06(2).

王晓芳.(2014).什么样的"共同体"可以称作教师专业学习共同体:对教师学习共同体理论的审视与反思[J].教师教育研究(4):16-21.

王晓军,陆建茹.(2014).基于行动研究的高校外语教学团队建设:元认知策略视角[J].外语界(1):79-87.

王焰.(2010).多媒体英语写作教学中的多模态互动模式[J].外语电化教学(6):14-19.

王哲,李军军.(2010).大学外语通识教育改革探索[J].外语电化教学(5):3-8.

王哲,夏纪梅.(2010).网络与课堂相结合的可持续大学英语教学改革实践及其成效[J].外语电化教学(3):13-20.

韦理.(2005).国外第二语言教师教育研究新思路[J].外语教学(5):51-54.

韦琴红.(2009).多模态化与大学生多元识读能力研究[J].外语电化教学(3):28-32.

魏红,程学竹,赵可.(2006).科研成果与大学教师教学效果的关系研究[J].心理发展与教育(2):85-88.

文剑辉.(2017).地方高校教师专业发展的策略研究:基于教学学术的视角[J].高教探索(3):123-128.

文健.(2003).论英语大班教学的利弊及交际教学法的运用[J].北京第二外国语学院学报(6):75-78.

文秋芳.(2002).英语专业创新人才培养体系的研究和实践[J].国外外语教学(4):12-17.

文秋芳.(2011).《英语教学中的行动研究方法》评介[J].中国外语教育(3):59-63.

文秋芳.(2017).大学外语教师专业学习共同体建设的理论框架[J].外语教学理论与实践(1):1-9.

文秋芳,任庆梅.(2010).大学英语教师专业发展研究的趋势、特点、问题与对策[J].中国外语(4):77-83.

文秋芳,任庆梅.(2011).探究我国高校外语教师互动发展新模式[J].现代外语(1):83-90.

闻曙明.(2006).隐性知识显性化问题研究[M].长春:吉林人民出版社.

闻曙明，王剑敏．(2005)．隐性知识显性化问题初探[J]．苏州大学学报(1)：117-119.

吴白音那，文秋芳．(2015)．三语教师课堂语码转换结构类型与功能分布特征研究[J]．外语学刊(5)：106-111.

吴鼎民，韩雅君．(2010)．通识教育视角下的大学英语"三套车"框架构建[J]．外语电化教学(5)：9-13.

吴寒．(2011)．高校青年外语教师自主专业发展现状和对策研究[J]．中国外语(4)：71-75.

吴一安．(2005)．优秀外语教师专业素质探究[J]．外语教学与研究(3)：199-205.

吴一安．(2008a)．外语教师专业发展探究[J]．外语研究(3)：29-38.

吴一安．(2008b)．外语教师研究：成果与启示[J]．外语教学理论与实践(3)：32-39.

吴一安，周燕．(2008)．中国高校英语教师教育与发展研究[M]．北京：外语教学与研究出版社．

吴永军．(2007)．我国教师专业化研究：成绩、局限、展望[J]．教育理论与实践(10)：64-70.

吴宗杰．(1995)．行动研究：外语师资教育新途径[J]．外语教学与研究(2)：48-53.

吴宗杰．(2008)．外语教师发展的研究范式[J]．外语教学理论与实践(3)：55-60.

伍思静，陶桂凤．(2011)．基于知识地图构建大学外语教师专业学习共同体[J]．中国电化教育(5)：24-26.

武和平，高军德，张维民．(2013)．在线共同体环境下草根教师专业成长的个案研究[J]．中国电化教育(5)：47-53.

夏纪梅．(2002)．大学英语教师的外语教育理念、知识、能力、科研现状与进修情况调查结果报告[J]．外语界(5)：35-41.

夏纪梅．(2007)．大学英语教学改革对教师的挑战：教师发展问题与对策[J]．中国外语(2)：4-6.

夏纪梅．(2009)．论教师研究范式的多样性、适应性和长效性[J]．外语界(1)：16-22.

夏纪梅．(2012)．新时期大学英语教师发展的难点与出路[J]．外语教学理论与实践(2)：6-8.

夏洛特·丹尼尔森．(2008)．提升专业实践力：教学的框架[M]．杨晓琼，译．北京：教育科学出版社．

向明友．(2016)．试论大学英语课程体系建设[J]．中国外语(1)：1-9.

项茂英．(2004)．大学英语教学中的师生关系[J]．外语界(4)：37-42.

谢竞贤，董剑桥．(2010)．论多媒体与多模态条件下的大学英语听力教学[J]．外语电化教学(6)：9-13.

谢元花．(2006)．外语课堂学生沉默与教师的教学风格[J]．广东外语外贸大学学报(1)：30-46.

欣悦．(2003)．妙用肢体语言[M]．北京：中国纺织出版社．

熊庆年．(2014)．通识教育的理念与实践[N]．中国教育报，2014-09-15(11).

修晨．(2011)．新手教师关于认识课堂教学目标的行动研究[J]．中国外语教育(2)：31-35.

徐锦芬，文灵玲.(2013).论外语教师教育的创新研究[J].外语教学(1)：52-55.

徐锦芬，文灵玲，秦凯利.(2014).21 世纪国内外外语／二语教师专业发展研究对比分析[J].外语与外语教学(3)：29-35.

徐君.(2008).立足自我：教师专业可持续成长的最佳选择[J].课程・教材・教法(2)：77-81.

薛媛.(2008).香港高校英语增润课程对内地大学英语课程设置的启示[J].广东外语外贸大学学报(1)：109-110.

杨海燕，李硕豪.(2015).回顾与前瞻：我国高校教师专业发展问题研究十年[J].中国大学英语(4)：81-86.

杨甲睿，张洁.(2013).U-S 协作型专业学习共同体、国外教师专业化发展的新路径[J].高教探索(2)：134-139.

杨鲁新.(2010).高校英语专业教师写作教学信念与教学实践：经验教师个案研究[J].外语教学理论与实践(2)：59-68.

杨晓琼，戴运财.(2015).基于批改网的大学英语自主写作教学模式实践研究[J].外语电化教学(2)：17-23.

杨雨寒.(2012).大学英语分层教学课堂提问层次的区别[J].教育理论与实践(3)：71-75.

姚利民.(2004a).有效教学涵义初探[J].现代大学教育(5)：10-13.

姚计海.(2009).教学自主：教师专业发展的动力[J].中国教育学刊(6)：83-86.

姚计海，钱美华.(2004).国外教师自主研究述评[J].外国教育研究(9)：44-47.

姚利民.(2004b).论有效教学的特征[J].当代教育论坛(11)：23-27.

叶澜，白益民，王枫，陶志琼.(2013).教师角色与教师发展新探[M].北京：教育科学出版社.

应洁琼，宁强.(2017).合作学习理论下大学英语口语教学的行动研究[J].中国教育学刊(7)：98-101.

于国栋.(2001).显性施为句的顺应性解释：理解 Verschueren 的顺应性研究[J].外语学刊(1)：87-90.

于国栋.(2004).语码转换研究的顺应性模式[J].当代语言学(1)：77-87.

于兰，陈仁.(2014).论网络环境下教师专业发展的"共同体"及其现实建构[J].教育科学(3)：44-49.

余丽.(2013).论教师自主的内涵和结构[J].全球教育展望(12)：68-74.

鱼霞，毛亚庆.(2004).论有效的教师培训[J].教师教育研究(1)：14-19.

郁振华.(2001).波兰尼的默会认识论[J].自然辩证法研究(8)：5-10.

袁维新.(2010).教师学习共同体的自组织特征与形成机制[J].教育科学(5)：59-63.

臧乐源.(1987).教师学[M].天津：天津人民出版社.

曾方本.(2004).外语多媒体设计的语言学思考[J].外语教学(5)：45-47.

曾永红.(2009).英语专业学习隐性语法知识应用实证研究[J].外语教学与研究(4)：298-

302.

赵建华,李克东.(2000).协作学习及其协作学习模式[J].中国电化教育(10):5-6.

赵健.(2005).学习共同体:关于学习的社会文化分析[D].上海:华东师范大学.

赵莉,王荣存.(2014).基于AHP的高校教师隐性知识共享模型及评价指标体系研究[J].中国电化教育(10):100-105.

赵丽娟.(1999).跨世纪高校外语教师应具备的素质[J].外语与外语教学(5):51-53.

赵萍,杨泽宇.(2015).以教师研究促进教师改变的路径研究:对X市某教师专业发展项目的个案研究[J].教师教育研究(6):79-51.

赵士英,洪晓楠.(2001).显性知识与隐性知识的辩证关系[J].自然辩证法研究(10):20-33.

赵迎.(2013).课堂学习共同体:一种值得大学英语教学借鉴的理论策略[J].山东外语教学(4):66-73.

张典兵.(2012).高校教师专业自主发展:结构与路径[J].现代教育科学(4):62-64.

张杰,林丽.(2012).基于知识管理SECI模型的教师学习共同体构建研究[J].电化教育研究(9):31-35.

张璐.(2013).Anderson的ACT认知模型述评[J].海外英语(12):305-307.

张培.(2010).应用语言学质化研究发展综述[J].天津师范大学学报(社会科学版)(4):64-67.

张仙,黎加厚.(2007).基于Blog的教育叙事促进教师专业发展的调查研究[J].电化教育研究(3):56-60.

张西平.(2007).外语教育呼吁人文精神[N].中华读书报.2007-10-24.

张晓冬.(2009).我国教师发展研究十年:范式转换的视角[J].上饶师范学院学报(1):104-107.

张增田,彭寿清.(2012).论教师教育共同体的三重意蕴[J].教育科学(11):93-96.

张征.(2010).多模态PPT演示教学与学生学习绩效的相关性研究[J].中国外语(3):54-58.

张征.(2013).多模态PPT演示教学与学生学习态度的相关性研究[J].外语电化教学(5):59-64.

张正举,李淑芬.(1996).英语教学语言论[J].外语界(2):5-7.

张中载.(2003).外语教育中的功用主义和人文主义[J].外语教学与研究(6):453-457.

张雅君,吴彦彤,罗运华,常亚慧.(2017).蛰伏社会差异的课堂教学语言[J].教育理论与实践(31):53-57.

张烨,周大军.(2004).大学英语学生课堂参与模式研究[J].外语界(6):28-33.

郑葳.(2012).学习共同体:文化生态学习环境的理想架构[M].北京:教育科学出版社.

郑葳,李芒.(2007).学习共同体及其生成[J].全球教育展望(4):59-62.

郑敏,陈风兰.(2000).教学行动研究在阅读教学中的应用[J].外语教学与研究(6):431-

436.

郑作龙，朱凤青，孟庆伟，黄富强.(2013).行动视域下隐性知识探析：基于波兰尼视角和"行动的体现"理论的考究[J].科学学研究(10)：1454-1458.

支永碧.(2008).从"行动研究"到"行动教育"：英语教师教育和课堂改革的范式创新[J].外语与外语教学(9)：28-33.

中共中央，国务院.(1999).关于深化教育改革全面推进素质教育的决定[Z].[2017-08-09]. http：//old.moe.gov.cn/publicfiles/business/htmlfiles/moe/moe_177/200407/2478.html.

钟美荪.(2006).以精英教育理念深化外语教育改革：北京外国语大学本科教学改革[J].外语教学与研究(5)：254-256.

钟启泉.(2007).教学实践与教师专业发展[J].全球教育展望(10)：8-14.

钟启泉，崔允漷.(2003).新课程的理念与创新：师范生读本[M].北京：高等教育出版社.

周坤亮.(2014).何为有效的教师专业发展：基于十四份"有效的教师专业发展的特征列表"的分析[J].教师教育研究(1)：39-46.

周钧.(2012).行动研究在我国的发展：回顾与反思[J].天津师范大学学报(基础教育版)(1)：1-5.

周钧.(2013).教师从事行动研究面临的困难及解决建议：基于三个行动研究案例的分析[J].当代教师教育(1)：47-54.

周继良.(2013).核心与附加指标的统一：加拿大大学学生评教指标体系的精髓——以曼尼托尼大学为例[J].比较教育研究(5)：28-33.

周学恒，战菊.从《要求》到《指南》：解读《大学英语教学指南》中的课程设置[J].中国外语(1)：13-18.

周燕.(2002).英语教师师资培训亟待加强[J].外语教学研究(6)：408-409.

周燕.(2005).中国高校英语教师发展需求调查与研究[J].外语教学与研究(3)：206-210.

周燕.(2010).教师是外语学习环境下提高英语水平的关键[J].外语教学与研究(4)：294-296.

周燕，曹荣平，王文峰.(2008).在教学和互动中成长：外语教师发展条件与过程研究[J].外语研究(3)：51-55.

周燕，张洁.(2012).外语教师认知方式及需求：基于一项暑期研究的个案调查[J].外语与外语教学(1)：6-10.

周燕，张洁.(2014).外语教师的课堂角色定位探索[J].外语教学理论与实践(1)：30-33.

朱淑华.(2013).高校英语教师学习共同体的交互主体性研究[J].东北师大学报(4)：144-147.

朱淑华，伍思静.(2012).论大学外语教师专业学习共同体的构建[J].东北师大学报(哲学社会科学版)(3)：134-137.

朱彦.(2013).提高外语课堂教学有效性的关键因素[J].外语界(2)：50-58.

朱永生.（2007）.多模态话语分析的理论基础与研究方法[J].外语学刊（5）：82-86.

朱永生.（2008）.多元读写能力研究及其对我国教学改革的启示[J].外语研究（4）：10-14.

朱永祥.（1991）.国外教育研究方法论的发展趋势[J].教育科学（1）：56-61.

邹芳.（1994）.行动研究：一项值得推广的教育研究方法[J].外国中小学教育（4）：12-15.